新·全球文明史译丛

主编　王献华　周　楠

父权制与资本主义

[日]上野千鹤子　著

邹韵　薛梅　译

ZHEJIANG UNIVERSITY PRESS
浙江大学出版社

中文版序言

本书《父权制与资本主义》，其日文版副标题为“在马克思主义女权主义视域下”。中国以马克思主义为指导思想，因此本书被译介到中国应是情理之中的事。

然而，我们不能忘记的是，在以马克思主义为指导思想的地区与马克思主义并非主流意识形态的地区，这两种语境下的马克思主义者并不相同。苏联的马克思主义者属于体制内，而欧洲的马克思主义者则是反体制的。对于欧洲的马克思主义者而言，他们不是“由于苏联的存在”而成为马克思主义者的，他们是“无论苏联存在与否”，都会成为马克思主义者的一群人。而当下，中国与日本马克思主义者的关系亦是如此。在这种截然不同的语境下，拙著也许会被看作是“马克思主义”文献的其中之一，然而作为本书作者我对此不由得感到为难。

我曾多次强调，马克思主义的女权主义者并非完全“忠于马克思主义”的女权主义者，他们论述的主题是马克思主义理论未曾阐明的女性无偿劳动问题。女性在家庭之中所从事的家务劳动、育儿、养老看护等无偿劳动，我们称之为再生产劳动。社会为了再生产，不仅要进行物的再生产，人的再生产也是不可或缺的。再生产是指对人的生产、养育、照料、陪护等与生命再生产相关的劳动。我们之所以称之为劳动，是因为这种行为可以转移给他人。而这些劳动之所以被称为无偿劳动，是因为在较长的时间里，它一直被看作是私人领域之中的“无形劳动”，是任何女性都可以从事的免费劳动。

社会主义计划经济是一种统制经济。在这种经济体制下，社会不得不召集男女双方成为劳动力。当下，在处于新自由主义改革的众多社会之中，女性的劳动力化必不可缺。然而，一个社会亟待解决的问题是共通的，即为了使女性成为劳动力，就不得不减轻女性在家庭中所肩负的再生产劳动的负担。我们将之称为“再生产劳动的分配问题”。

对于这一问题，各国给出了各式各样的解决对策。这些对策又大体分为两种，公共化选项和市场化选项。所谓公共化选项，例如在北欧诸国，公共部门将育儿、养老看护作为一种社会服务提供给国民。这导致了公共部门尾大不掉，并出现了人力调配问题。为了维持这种服务反而增加了国民的负担。市场化选项是指，再生产劳动的转移问题虽然依托于私人领域，但人们可以在市场上购买到廉价的家务劳动服务商品。实现这种方式的前提是要处于贫富差距较大的阶级社会和移民社会中。最典型的便是美国、英国等盎格鲁－撒克逊（Anglo-Saxons）国家，亚洲地区则是新加坡。另外一种再生产劳动的转移，我们可以称之为“亚洲型解决方式”。也就是由亲属，特别是由祖父母来承担育儿的一种方法（然而这种方法无法解决养老看护问题）。

计划经济体制的中国，并不存在劳动市场，也不存在所谓的“失业”，所有的毕业生都会被“分配”到各个企业（正如“公司”一词的字面含义，企业曾经意味着国营企业）；所有孩子都会被送到负责日托（当天的托儿服务）或周托（每周回家一次的托儿服务）的企业附属的托儿所。而日本女性所苦恼的“兼顾劳动和家庭”的问题并不存在。

然而中国所提出的“妇女能顶半边天”，它真的意味着男女平等吗？实际上，育儿的公共化并不是“男女平等”的政策，而是一种为了动员女性劳动力的“劳动政策”。并且，由于它只是为了“减轻女性的负担”，因此男性并没有将此看作是与自己相关的事。尽管包括东欧各国在内的社会主义国家提供了丰厚充足的公共服务，但这些社会主义国家的男女平等形势并不乐观。这是因为家务、育儿问题仅仅被看作是“女人的问题”。与之相反的是，北欧诸国女性为谋求男女平等，纷纷致力于推动再生产劳动公共化的政策实施。加之，在劳动及承担家务的平等问题上，男女双方共同做出了努力，这才终于实现了如今的男女平等。

上述的各种选项，日本都无法实现。这是因为，日本无力实现再生产劳动的公共化，同时，日本的社会特点即是“全民中产阶级”，这使其无法选择市场化这一选项，并且实行“亚洲型解决方式”在日本也愈加艰难。这就导致了这样一种情况，日本女性在“兼顾工作与家庭”的问题上，就全世界范围而言是最为艰辛的。同时，不少处于分娩育儿期的女性选择了辞职，这就导致了就业曲线呈现出M字形，而这种育儿期中断工作的选择使得女性的经济地位每况愈下。

正如日本将再生产劳动私人化，采取男性在公共领域、女性在私人领域的性别角色分工方式，我们将这种传统方式称为男主外模式（男性稼ぎ主モデル）。除了日本，像意大利、西班牙、希腊等南欧国家以及亚洲地区的韩国也采取了该种模式。而欧美国家在20世纪70年代之前也一直维持着男主外的保守型社会模式。然而，这些国家后来受全球化的影响，为动员女性加入劳动市场纷纷开始了改革。而那些依旧维持着传统模式的国家则都面临严重的少子化问题。因为在这种传统模式下，职业女性的分娩、育儿一直都伴随着类似于惩罚的某些社会性不利条件。最后，在一些家庭中，再生产劳动作为一种个人之事，的确存在着男女双方完全平等分担家务、育儿的选择，但它是一种经常被女权主义者理想化的平等主义模式，这种模式由于无法获得机会成本较高的男性一方的同意，因而近乎不可能实现。

之后，在改革开放的浪潮下，随着市场化的推进，中国社会也由再生产劳动的公共化选项调头转向了市场化选项。随着商品市场以及劳动市场的形成，出现了失业人员这一群体。职业选择虽然更加自由，但女性的就业却越发艰难。因为企业纷纷开始避免招收女性劳动者，而偏好男性劳动者。对企业而言，女性的再生产能力只不过是徒增成本而已。在这一过程中，就出现了女性成为专职主妇的全新选择（又称为“妇女回家”）。在日本女性正想要脱离“专职主妇”的时候，中国女性却想成为“专职主妇”，我对此百感交集。“道格拉斯－有泽法则”的研究表明：在日本，大部分高学历女性倾向于做家庭主妇，而不去工作。由于高学历女性选择的配偶，通常是学历与自己相同甚至高于自己的男性，因此她们因婚姻而实现了阶层的上升，她们的丈夫普遍而言收入较高。该法则指出，丈夫的收入与妻子的劳动参与率呈反比。因此，“专职主妇”是一种身份地位的象征。当前，中国社会也在朝着这一趋势发展。

日本变成了贫富差距较大的格差社会，也有社会学家将其称为“新阶级社会”。在将再生产劳动市场化的社会中，存在着提供廉价家务劳动的移民劳动者。日本修订了出入境管理法，从今年春天（2019年4月）起，开始引进从事家务服务以及养老看护劳动等工作的非熟练劳动力。而且，随着专职女性的增加，还出现了夫妻双方收入和职位都相对较高的现象，而这种现象是“道格拉斯－有泽法则”都无法解释的社会现象。另一方面，中国有大量农村劳动者从农村进入城市，他们的待遇与日本的移民劳动者并无差异。而高学历夫妻能更容易将再生产劳动，尤其是养老看护的工作委托于他们。实际上，我在北京见过一位农村出身的年轻女性，她为了照顾一对年迈的夫妻而寄住在他们家里。我也知道有一些人在自己家里看护照料陌生老人，并以此作为谋生的职业。

无论是中国还是日本，都可能并存着公共化选项、市场化选项以及亚洲型解决方式。并且随着各自所处世代和时代、阶级以及地区的不同而又衍生出更加多样化的组合选择。我们生活在日新月异的社会之中，日本也在逐渐变化，而中国的变化更为显著。即便解决了育儿问题，养老看护问题仍亟待解决。日本对养老看护问题的解决方法是颁布养老看护保险法。面对即将到来的超老龄社会，中国又会如何应对呢？我将拭目以待。

目录

第一部分

第二部分

第一章　马克思主义女权主义的问题建构

马克思主义和女性解放

解放的思想需要解放的理论。如果不知道谁、从何、如何解放，那么源于对现状的不满和愤怒所产生的动力就会迷失方向。

在诸类阐述女性受压迫的女权主义解放理论中，可以说有且仅有以下三个方向：

1. 社会主义妇女解放论

2. 激进女权主义

3. 马克思主义女权主义［上野，1984：246］

社会主义妇女解放论、激进女权主义、马克思主义女权主义三个方向，均建立在马克思主义及其反论或修正的基础上。女性解放的理论之所以没有脱离马克思主义的范畴，是因为基本上只有马克思主义阐明了（近代）工业社会对女性的压迫和今后的解放理论。

传统意义上的社会主义妇女解放论，为解析歧视和压抑结构理论提供了阶级统治这一变量。它指出，压迫女性是阶级统治的因变量，那么反抗作为现今阶级统治形式的资本主义的斗争不单是解放女性的斗争，更是所有无产阶级男性和女性共同的战役。所以，如果阶级统治消亡的话，女性解放也自不必说了。

然而，对女性而言，无论是在“近代资产阶级革命”还是在之后的“社会主义革命”中，她们都曾被承诺给予“自由”和“平等”，最终却以“被倒戈的革命”而收尾。虽然革命承诺了“解放”，但那只是在利用女性的力量，而结果仅仅实现了“男性的解放”。除了“身份”和“阶级”的变量之外，女性在与男性相对的“性”这一独立的变量问题中走到了尽头，这些问题的理论化迫在眉睫。

第一个对长久以来指导女性运动的社会主义妇女解放论提出反论的是女性解放运动（Women’s Liberation），即激进女权主义。

值得玩味的是，女性解放运动初期的旗手无不是20世纪60年代末席卷世界的学生运动的产物，即“被倒戈的女性社会主义者”。英国的希拉·罗博瑟姆［Rowbotham，1973］就是这样的人。又如在法国，借着1968年“五月风暴”的高涨，出现了要求堕胎权的呼声。而在日本，1970年首次召开了女性解放运动大会。60年代末，学生运动的波浪趋于平静之后，激进女权主义才打响了第一枪。从此，对新左派运动中存在的性别歧视的揭露和批判相继出现。

激进女权主义主要以弗洛伊德理论为基础。

20世纪70年代之后的女性解放理论中，北美文化圈兴起了精神分析学的思潮，但这一理由不足以解释弗洛伊德为何产生了如此大的影响力。事实上，弗洛伊德的学说与马克思主义理论相同，都是阐明近代社会的压抑结构的社会理论。有一种说法认为，弗洛伊德的学说与社会无关，仅仅是“心理学”的理论，对这种误解我们需要重新解释。“俄狄浦斯情结”并非借希腊神话之名阐述漫无边际的游思妄想，而是“子为父的物语”，是通过神话实现男孩与父亲同一化的机制。从女性角度来看，这种理论意味着女孩通过“阴茎羡慕”将自己的劣等性内化，并被编入“性统治”之下的这一过程。弗洛伊德的心理学说，是人如何成为父亲和母亲、儿子和女儿的物语，也就是与“家庭”这一制度再生产机制相关的理论。而这个“家庭”制度，则呈现出“父权制”（patriarcy）这一历史形态，它是由性和世代之间的压抑性的不平等组成的。

弗洛伊德理论与马克思主义理论的区别在于，马克思主义理论旨在反抗压迫争取解放，而弗洛伊德理论则重在适应压抑——精神分析医生将此称为“治疗”。诚然，弗洛伊德的理论解析了家庭是一种压抑结构。但是，如果有被压迫者意欲从压迫中寻求解放而表现出歇斯底里的病症的话，精神分析医生则会称她们为“患者”，致力于先将其从压抑结构中救出，而后以“治疗”为名使其再次适应压抑。从这个层面看来，弗洛伊德理论可以说是解析压抑结构的理论，却不是解放理论。

要使弗洛伊德的理论成为“解放的理论”，需要对弗洛伊德的理论进行修正。赖希、马尔库塞等[1]弗洛伊德左派人士对弗洛伊德的理论进行了再阐释和误读。受弗洛伊德理论影响的女权主义者们，为了将弗洛伊德学说用于女权主义思想，认为“弗洛伊德理论应将其反女权主义思想的痕迹全部抹去”［Kuhn&Wolpe，1978：日译本17页］，如朱丽叶·米切尔提出的那样。

激进女权主义者们通过对弗洛伊德主义的控诉，最终想要阐明的是马克思主义理论没能触及的“家庭”这一再生产领域的存在及其压抑结构。马克思主义理论虽然在对近代工业社会的压抑结构的解析上充分展现了其卓越的分析能力，但在“市场”所涉及的领域内，其展现却极为有限。如果把“市场” 等同于“市民社会”，那么除了“市场”就没有“社会”

1　“五月风暴”的涂鸦标语中，“对我来说性高潮才是革命”一语鼎鼎有名，它把政治革命和性革命的“解放”同等对待。德国学生运动的战士——诺曼·布朗也受到了马尔库塞的影响。然而其理论依然是“男人的性解放”，而非“女人的性解放”，对此女权主义者表示不满。

了。事实上，在“市场”之外，还有市场原理并没有涉及的叫作“家庭”的领域，那里也有劳动力的供给。近代将社会领域（social sphere）分为公/私领域，关于私领域的研究在“自然”和“本能”的名义下则无人问津。比如父、母、孩子三个成员组成的极小的核心家庭，显然也是“社会领域”的问题，而正是弗洛伊德的理论成功解释了“家庭”这一市场之外的、另一种“社会理论”再生产的机制。

换言之，女权主义借弗洛伊德理论将近代社会领域分割为“市场”和“家庭”，而这种分割以及“市场”和“家庭”之间相互关系的现状，正是近代工业社会中歧视女性的根源。

关于阶级统治的理论，我们拥有马克思主义理论；而关于性统治的理论，我们也并不缺少，这就是弗洛伊德的理论。这也就解释了为什么激进女权主义者热衷于弗洛伊德的理论，并把弗洛伊德理论和马克思主义理论联合起来。马克思和弗洛伊德依然是20世纪思想界的两大巨匠，我们始终没有走出他们的思想范畴。

市场及其“外部”

激进女权主义者们发现了在“市场”之外，还有叫作“家庭”的社会领域。

他们指出，“市场”覆盖了社会全部领域的这个前提假设是错误的，并且明确了“市场”有其局限，以及“市场”之外即“外部”的存在。“市场”的局限与马克思主义理论中的“市场”论述有关。马克思主义理论者认为，“市场”支配能覆盖社会全部领域。

激进女权主义诞生于20世纪60年代末的反主流文化运动（countercul-ture movements），这带给我们许多启迪。“市场”的局限同样也是“近代”的局限。反主流文化运动以批判近代思想而登上历史舞台。随着反主流文化运动的展开，“市场”之外即“外部”的存在得到了证明，这也昭示了“市场”的尽头。

他们在“市场”的外部发现了“自然”和“家庭”这两个领域。“市场”不是封闭的，其实质是开放的，例如近代经济学曾一直认为“市场”是封闭的，一切只不过是在“市场”内部进行的交换游戏。然而只要是体制，就一定存在与之相关的外在“环境”。同理，“市场”这一体制一直不间断地从“自然”和“家庭”这两个外在环境中进行着对“人”和“物”的“投入”（input）与“产出”（output）［图1］。“市场” 从“自然”这一环境中获得资源和能源而随之产出工业废物。这里说的“环境”（“自然”）就如同黑匣子，我们无法直观地看到其中内容。长期以来人们一直以为“自然环境”中的能源和资源是取之不尽、用之不竭的，其处理污水废气等废物的自净能力更是无限大的。但是，日本在经历20世纪60年代经济高速发展并最终实现工业化后，无论是从环境到市场的“投入”还是“产出”都显示出了环境的极限。“投入”表现为资源和能源的紧缺，这就是1973年发生的石油危机，它唤醒了日本经济增长的美梦。而“产出”则具体表现为水俣病，工业废物造成的环境公害如梦魇般令人颤栗。这些事例无不向我们传达出了自然环境自净能力的极限。

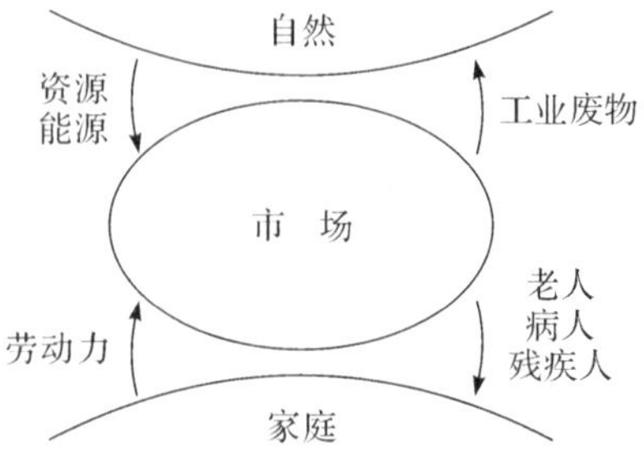

图1

女权主义者们所发现的“市场”之外那个叫作“家庭”的外在环境，居然跟“自然”有惊人的相似之处。“自然”与“市场”的关系，和“家庭”与“市场”的关系逻辑相似。首先，“家庭”以“人类的自然”——

性为基础。“市场”从“家庭”将“人”这种资源作为劳动力进行“投入”的同时，将那些无法成为劳动力的老人、病人、残疾人当作“工业废物”“产出”。对“市场”而言，“人”不过是劳动力资源罢了，而只有健康的成年男性才是有价值的“人”。如果说成年男性是军事工业型社会的“现役兵”的话，那么在社会其他成员中，儿童则是“后备军”，“老人”则是“退伍兵”，病人及残疾人就是“伤残兵”。作为二等公民的女性则是辅助照料他们的“非人”。她们同样在“市场”之外，被抛弃到“家庭”这个领域［图2］。只有健康的成年男性才被视为“人”（man）。在这样的近代思想中，儿童就是“人之**前**”，老人是“人之**后**”，而女性则是“人之**外**”的存在。近代资本主义对“人”这一词的定义，就是在创造“非人”并将其排除的过程中逐渐形成的。

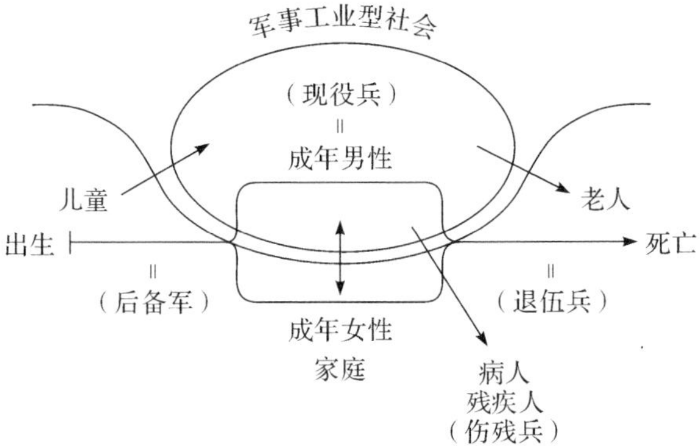

图2

但是自20世纪60年代到70年代涌现的家庭问题揭示了以下问题。那就是，家庭中“投入”一方即被作为资源的“人”（劳动力）的供给不是无偿的，且“人”不会自发工作。而在“产出”一方，接收“废物”的容量是有限的。支撑“市场”外部——“家庭”的成本重压几乎都落在女性的肩上，对此她们叫苦不迭，提出了抗议。

“自然”和“家庭”的分崩离析明确地告诉我们，在“人”和“物”的生产过程中，“市场”体制究竟支付给了我们什么（没有给我们什么）。“市场”的“外部”有“自然”和“家庭”，“市场”只有依存这样的“外部”才得以存在，为了维持这些“外部”环境，我们必须要付出成本。这些就是“市场”教给我们的。

马克思主义女权主义的建立

社会主义妇女解放理论把女性解放划归为社会主义革命，激进女权主义则把性革命作为重中之重。它们背后的理论实际上分别是阶级统治一元论和性统治一元论。马克思主义将近代工业社会中阶级统治的历史固有形态命名为“资本主义”（capitalism）。与此相同，女权主义者将资产阶级一夫一妻制家庭中所产生的性统治的历史固有形态命名为“（近代）父权制”（patriachy）。

马克思主义女权主义并非是从阶级统治一元论和性统治一元论出发的。它认为这两者是相互排斥的，并不能择其一。通过对马克思主义理论的批判，女权主义反省了过激的性统治一元论，转而把目光投向社会领域中“市场”和“家庭”的划分方法上，并认为这种分法本身就存在问题。女权主义以此为出发点，想要试着找寻“市场”与“家庭”之间的相互依存关系。马克思主义女权主义者们的立场是，先把阶级统治和性统治分别看作独立的变量，继而解析两者相互关系中所存在的历史固有形态。从这个立场出发，近代资本主义社会中存在的固有压迫形态就是“父权制资本主义”（patriarchal capitalism）。在近代资本主义社会中，女性不仅受“资本主义”的压迫，还受“父权制”的压迫。

（新）马克思主义女权主义，融合或者扬弃了（旧）社会主义妇女解放论和与其针锋相对的激进女权主义。因此，（新）马克思主义女权主义者们既不是以女权主义为视角的马克思主义者，**也不是**女性马克思主义者。她们的第一身份是女权主义者。若是为了女权主义的话，那么她们会利用马克思主义理论，必要的时候，甚至不惜对马克思主义理论做出修改。她们绝不会教条式地解释马克思主义理论。像她们这样的行为，绝不会是马克思主义理论对女权主义的**应用**，应该说她们是从女权主义的视角**重读**了马克思主义。

> 她们只不过是从女权主义者的视角对马克思主义原著进行了侵犯，并不惜对其修改的一群挑战者，我称她们为马克思主义女权主义者。［上野，1984：255］

马克思主义女权主义者为了解析我们“此时此刻”生活的社会即“近代工业社会”中产生的压迫女性的结构，承认“马克思主义”和“女权主义”这两种理论的必要性且兼收并用。慎重起见，需要补充说明的是，马克思主义理论的范围实际远超过女权主义。反过来说，就是女权主义的设问在马克思主义的“外部”。所以，通过马克思主义与女权主义间的相互作用，二者都发生了变化，但并不意味着女权主义可以被归为马克思主义，反之亦然。无论怎么说，我们都要看清其各自理论的范围和极限，只有这样才有谨慎地探寻和建构理论的可能性。

资产阶级女性解放思想的陷阱

下面我将论述为什么在女权主义理论体系中不包含近代主义式的资产阶级女性解放思想。

我在前文写道，女权主义理论体系中“有且仅有三个方向”：社会主义妇女解放论、激进女权主义和马克思主义女权主义。对此，水田珠枝提出异议并指出我低估了自由主义派女性解放思想。

诚然，在社会主义妇女解放论仍旧存在之时，历史上的女性参政权运动等“男女同权运动”以及废娼运动等“救助运动”也曾取得了不可忽视的成果。甚至可以说，这些运动与日本社会中作为少数派运动且孤立无援的社会主义妇女运动相比拥有更广泛的民众基础。我们也正是因为这些运动、这些女性解放运动先驱的奋斗，才有了这样的光辉历史。

近代女性解放思想的诞生，始于对“女性权利”（women's rights）的拥护，并基于任何人都无法剥夺的自然权利——“人权”（human rights）思想之上。如果说“女人也是人”这样的认知让女性解放迈出了第一步，那么女权主义运动就是从近代人权思想中找到其立论之本的。正因如此，近代诞生的“人”的概念既是女权主义运动的**思想之源**又是其**局限之处**。

然而，“女性的权利”究竟是解放的**思想**，还是解放的**理论**？资产阶级女性解放思想主张要求获得“女性的权利”，也就是要实现“公正”。然而并未阐明为何没有实现“公正”这一社会机制。在近代社会，为何女性必定会沦为“二等公民”？其“压迫机制”的理论性分析是资产阶级女性解放思想所缺乏的。

从原则上来讲，资产阶级女性解放思想与“资产阶级革命”的“自由”和“平等”的理论是共通的。那么“人权”的实现却未进一步实现“女权”，这一“非公正”的原因无非在于以下两点：资产阶级革命是保留“封建残余”的“不彻底的革命”或在资产阶级革命过程中的“男性的背叛”。前者意味着“万恶之源”是前近代的“封建残留”，而后者意味着不合情理的“反动”。无论原因为何，女性解放都需要比资产阶级革命更彻底的革命运动。

但是，正如有的学者指出的，被视作“封建残余”的日本“家族”制度，其实是随着资本主义制度的形成而诞生的近代制度［伊藤：1982；青木：1983］。众所周知，近代同时衍生出了公共领域和私人领域。我们需要阐明的是，原本资产阶级革命应当是不分性别的“自由公民”的解放，为何结果只是男性的解放，女性解放则被搁置了？“资产阶级革命”与“社会主义革命”一样，女性解放都以“被倒戈的革命”而收尾。1925年，《普通选举法》（竟如此恬不知耻地取名为“**普选法**”！）的实施使日本25岁以上的所有成年男子都获得了选举权，与此同时这也是“剥夺女性选举权的日子”。市川房枝等妇女参政运动的先驱称，资产阶级革命对于女性而言是“被倒戈的革命”。水田珠枝论证了资产阶级自由思想，从让－雅克·卢梭（Jean-Jacques Rousseau）开始，就从**内在性**上反映了对女性的歧视［水田：1979］。这是因为卢梭是“不彻底的思想家”吗？不，“男性的背叛”应当有着必然的理由。如果不能阐明这一问题，而仅仅享受资产阶级自由主义的理想的话，那么就只能沦落于强烈要求“公正”的实现，或是向既得利益者乞求“施舍”。

解放的**理论**缺乏解放的**思想**，只能回到启蒙思想或者社会运动实践中去。对于女性解放活动家来说，“性歧视”这种“社会不公正”在野蛮社会蔓延滋生，而允许这种“不公正”的正是“男性的强横”和“女性的愚昧”。“进步的理想”和“落后的现实”，这就是近代主义女权主义者经常陷入的“女权主义者的进步史观”。而掩埋在“进步的理想”与“落后的现实”之间的正是以“启蒙”为名的、徒劳无功的“西西弗斯式的劳动”。

对于女权主义启蒙者而言，人们落后的思想才是问题所在。而能够改变落后思想的正是启蒙的力量。对于那些经过启蒙和教育仍旧冥顽不灵的人，只得依靠强权政治，也就是说通过运动的力量在政治领域让那些少数分子下台。

然而，对于启蒙主义者而言，真理通常是纯粹的。在启蒙主义者看来，连“男女平等”这一纯粹的真理都无法接受之人是“不可理喻”的。对于这种“无可救药”之人，如若真理的力量无法拯救他们，那就只能通过暴力将其阻止——这种想法正如极度反对强奸而可能招致国家集权化，但这其实是与女性运动相悖的。女权主义启蒙主义者所陷入的陷阱在于，她们缺乏对于为何社会无法实现“男女平等”这么“纯粹的真理”的内在性分析。在此基础上，想一直做一名启蒙者，需要不知疲倦的奋斗精神。

女性解放另一面的原动力在于实践性的救助型运动。北美大陆的白人中产阶级女权主义者们继承了实践性志愿活动的优良传统。她们在讲述理论之前，率先设立组建了收容遭受丈夫虐待的妻子的收容所、未婚妈妈的诊所等。她们忙于眼前的活动，“无暇顾及理论”。

近二十年来，各地建立起了强奸援助中心和女性诊所。这些地方都是依靠女权主义者们孜孜不倦的活动才得以建立的。然而，面对那些不断被送来的被殴打的妻子、怀孕的未成年少女，倘若不知晓她们“被侵犯”的内在原因，女权主义者们的援助运动恐怕只会徒劳无功，没有尽头。曾经通过运动而救助弱者的活动家们，将自己放在“加害－被害”这一结构的“旁观者”的位置，建立崇高的女权主义理想，并不断创造理想的高峰。这种缺乏**理论**的**思想**，只不过是自身的执念和信仰。

我想再次重申，解放的**思想**需要解放的**理论**。缺少理论的思想只会陷入教条主义。宣称女性解放不需要理论的人，会被封闭在反智主义的牢笼之中。

批判近代的女权主义

女权主义的社会理论从批判近代出发。性歧视存在于“近代”之中。它不仅不是“近代”“不应该有的”或者“不可以有的”思想，相反，它还是组成“近代”内在性的重要因素。它既不是“前近代的残留”，也不是“近代的不彻底”的表现。女权主义正是要解析这种**近代**性统治的构造。

女权主义虽然是“近代”诞生的思想，在这一点上可以说是同马克思主义和弗洛伊德理论相同的近代思潮，但也是建立在对同时期的思想批判之上的。将女权主义和近代主义同等对待之人，只表明了他对此事的不解。下面我将阐述错综复杂的女权主义理论是如何解释“近代”的。

第二章　女权主义者与马克思主义

阶级分析的外部

有关女权主义者对马克思主义的看法，正如杰克·韦斯特（Jackie West）所言：

> 家庭在阶级分析的外部。［Kuhn & Wolpe，1978：日译本206页］

马克思在分析社会结构时，将“阶级”概念作为关键，但是“阶级”一词原本是关于生产关系的概念。根据是否占有生产资料，划分出了统治阶级和非统治阶级。近代工业社会中，生产资料被称为“资本”。因而根据是否占有资本衍生出了资本家（资产阶级）和劳动者（无产阶级）之分。劳动者[1]是指由于自身不占有生产资料而不得已将自己的劳动力作为商品向市场出售的人。围绕劳动力商品，在劳动市场上出现了两类人，即买方与卖方，也就是雇佣方与被雇佣方。市民社会的政治就是这两个阶级

1　本书作者在不同语境下运用了“劳动市场”、“劳动力市场”、“劳动”、“劳动力”、“劳动者”等相近术语，我们均按原文用语区别译出。——译者注

围绕生产关系进行的斗争[1]。

但是，那些没有出现在“劳动市场”上的人们，如女人、儿童、老人等又会怎么样呢？对市场而言，他们是隐形（invisible）的存在。他们虽然没有在市场上出现，但在市场的外部，他们不是孤零零的存在。他们被隔离于市场之外，在被称为“家庭”的这个领域里靠男性劳动者扶养。如果说只有出现在“市场”上的人才被视为“市民”（citizen）的话，那么女人、儿童、老人就不是“市民”。他们既不是资产阶级也不是无产阶级，只不过是资产阶级的“家庭成员”（被抚养者）[2]和无产阶级的“家庭成员”。正如韦斯特所言，马克思的“阶级分析”没有触及“家庭”这个领域。

麦克唐纳（McDonough）和哈里森（Harrison）在著作中也写道：“在马克思的著作中，基本上看不到他对女性特有从属地位的分析。”［同上：日译本38页］她们认为，当“马克思在呼吁世界各国劳动者团结一致的时候，恐怕也只是在呼吁**男性**吧”。

但这并不意味着马克思对于弗洛伊德所谓的“男权性”以及女性解放的问题毫不关心。对马克思而言，即便存在“无产阶级固有的从属问题”，也不存在“女性固有的从属问题”。“女性固有的从属问题”是属于并可以还原成“无产阶级固有的从属问题”的。正因如此，通过“无产阶级革命”，女性自然会被解放。

这正是女权主义者们与马克思主义的分歧之处。马克思主义理论的确

1　在市民社会中，除了资产阶级和无产阶级外，还有第三阶级，他们就是自己占有生产资料的劳动阶级，他们被称为小资产阶级（Petite Bourgeoisie）。但是，根据马克思的分析，他们必定会分裂成为雇佣方或被雇佣方。旧中间阶级向新中间阶级的转变就证明了这一点。但若新中间阶级占有金融资产的话，资本家与劳动阶级的关系就不会像马克思认为的那样简单了。

2　被抚养者的英语为“dependant”。他们是所谓的“附属品”，不能算作独立的个体。

是关于市场的精妙的理论分析。马克思和马克思主义者们假设市场这个社会领域可以覆盖整个社会空间。但市民社会原本的自我定义就是它覆盖了整个社会空间。马克思只是和与他同时代的人们一起，共享了那个市民社会的自我定义而已。马克思无法超越自己所存在的时代。这个“局限”，不仅是马克思的，也是我们共有的。

市场虽然看似就是整个社会领域[1]，但实际上它是以“外部”环境为前提，并依存于“外部”环境的。市场这一体制将“外部”变成了看不见的黑匣子。市场按自己的内在逻辑自我（automatic）运作着。市场不干预“外部”环境，更可以说是不受“外部”环境的制约。因此，如果市场上某种商品畅销的话，那么自然这种商品就会不断地从“环境”流入市场。这种情况直到供过于求，当需求达到饱和状态或者利润率下降时才会停止。对市场而言，像“环境”条件会限制供应这类的情况完全是意料之外的噪声而已。

劳动市场的问题也同理。劳动市场也必须从“外部”环境筹措调集劳动力资源。马克思也意识到了“外部”的存在，他写道：

> 劳动阶级不间断的持续和再生产仍然是资本再生产的永久性条件。资本家为了满足这一条件，将此依靠于劳动者的自我保存本能和生育本能。
>
> ［马克思《资本论》岩波文库版，第三卷：112］

“本能”是独立于市场之外的、市场无法进行干预调控的变量。马克思认为，当把劳动力的再生产“委任”于“本能”这一无法定义、不可知的变量之时，当资本家将劳动力再生产的条件作为黑匣子放逐于市场“外

1　理论上来说，市场拥有把所有“外部”“内部”化的机制，实际上它还有着可怕的自我扩张力。但这并不能否认，市场之外的确有“外部”的存在。无论是在何种市场社会中，“商品”与“非商品”（不能也不应该成为商品者）间的“界限”一直存在。

部”之时，他们也“心甘情愿地”放弃了对家庭的分析。

关于劳动力的再生产，市场“放心地让工人维持自己和繁殖后代的本能去实现这个条件”（中共中央马克思恩格斯列宁斯大林著作编译局编译，《马克思恩格斯全集》第23卷，628页）是马克思的一句名言。本能，即本就如此，所以一切有关本能的说法都是无意义的重复赘言，都无法解释说明其含义。马克思之所以主张对劳动力再生产本能“放心”是有其相应理由的。

那个时代的资本家们靠着高失业率和高出生率，丝毫不必担心向劳动市场筹措调集劳动力的问题。这就是那个时代的历史背景。劳动市场始终需要在市场“外部”随时能转化为劳动力商品的潜在劳动预备队。劳动力市场作为现实的劳动力（售出的劳动力＝雇佣者）与潜在的劳动力（滞销的劳动力＝失业者）之间的界线而产生，它更是流动开放的。与其他所有商品一样，劳动力只有在被售出时才转化为商品。因此劳动市场的成立也必然需要失业者和劳动预备队。细细斟酌起来，初期的工业资本主义其实依附于自给自足的（subsistence）农业经济，其自身就是“外部”经济。这个“外部”经济在经过膨胀最终达到独立的过程中形成了市场经济。在它整个形成的过程中，“外部”经济的“外部”曾是无限大的。

但是，它始终无法跳脱出历史条件。资本家们不仅仅只会一味地将劳动力的再生产“放心地委任于劳动者的本能”。联邦德国的鼓励生育的政策以及与此正相反的中国的计划生育政策，这些都反映了“生育本能”是随时代要求而变的，并且总是直接或间接地成为调控的对象。国家的调控，其表面是国家在进行“直接”管理，但毫无疑问这只不过是市场以间接的方式对再生产进行调控而已。“将生育委任于本能”这种行为虽被称为“自由放任主义”（laissez-faire），但这只是以“自由放任”为名的（间接）调控而已。被称为“自由放任”的市场经济，正是在“自由放放任”之名下的、由市场机制所进行的间接调控罢了。工业社会中，无论是生产领域还是再生产领域都处于以“自由放任”为名的同一种调控机制当中[1]。

马克思看穿了“自由”经济市场的所谓“自由”调控机制的把戏。他在《资本论》中彻底揭露了“自由”的市场是如何通过其机制一步步陷入失业和恐慌的“不自由”的境地中的。但是，马克思却没有同样地看待劳动力再生产领域中的“自由放任”。他把劳动力的再生产看作是人类发展“自然的过程”。

出乎意料的是，在马克思看来，男女性别分工是男性和女性基于身体差异的“自然”分工。他没把阶级对立、“精神劳动”和“肉体劳动”的“分工”看作是“自然”的分工，却将性别分工看作为“自然”的分工，并对其置之不理。“性别”是太过明显的阶级对立，以至于容易被忽略。将某种事态看作“自然”，就是对其置之不理。马克思和与他同时代的人一起共享了“自然”的女性观。

女权主义者们与马克思主义的分歧，主要在性别和生育问题上，也就是由于马克思将家庭看作是“自然的过程”而导致其理论分析没能包含“家庭”这一领域。

但与其说马克思主义理论的局限是马克思自身的局限，倒不如说这是市场局限的反映。将家庭置于市场之外的不只是马克思主义，更是市场本身。马克思主义只不过是作为市场理论，与市场一同共享了市场的局限而已。我们与其强求和批判马克思主义理论未涉及之处，倒不如对其理论的

1　再生产的调控机制表现为婚姻制度。近代结婚恋爱的意识形态是在以“无论与谁”都可以“自由”地结婚的原理之下，打破了以往陈旧束缚的婚姻制度。但这种“自由”的婚姻市场，究其实质，是与“自由”的商品市场一样的。它通过婚姻对再生产进行自然地调控，只不过是另一种“婚姻制度”罢了。有关婚姻作为再生产的调控手段的内容，我会在后文详细论述。

高度和局限予以积极的评价。这也是马克思主义女权主义者们“利用”马克思主义理论的意义所在。

“市场”和“家庭”：二者的辩证关系

家庭“位于阶级分析之外”并不意味着家庭领域位于阶级统治乃至资本主义压迫制度的“外部”，更不意味着自由。二战后的日本，在关于家庭主妇的反复论争中，出现了家庭是资本主义压迫制度的“解放区”这一家庭拥护论和家庭主妇赞美论。［上野，1982；松田，1997；武田，1972］[1]。这一观点对于反市场原理流派而言是极具吸引力的，也就是说“家庭”领域对于“市场”领域而言是独立（independent）且不相关的（indifferent），这种观点（或者说笃信）是错误的空想。第一，使市场与家庭分离且加强这种分离的是市场。第二，在市场“外部”的人们正是随着市场的形势被市场排除的。第三，通过市场“外部”的存在，市场本身获得了无法比拟的利益。

女性的确通过进入劳动市场而进入了资本的直接统治，然而即便仍在家庭之中，她们也会受到资本的间接性统治。这里的“间接性”并非指“相对宽松”的统治。“间接性”不过是相对于可视的（visible）而言的隐形的（invisible）统治。她们被剥夺了货币经济之外的可替代的生存（subsistence）选择，而在经济上傍人篱壁，被归入“他人抚养”的权力统治，这岂会是**间接**统治？这无疑是另一种形式的赤裸裸的直接统治。而所谓的“间接”仅仅意味着“从市场角度来看的不可见”。

相反，倘若女性进入市场，她们未必能够被当成“市民”。资产阶级女性解放思想和社会主义妇女解放论，二者在“女性进入职场才是解放战

1　近来，出现了加纳实纪代倡导的“从社缘社会大撤退”之说。［加纳，1985］

略”这一点上不谋而合。

> 女性解放，以全体女性回归公共产业领域为首要前提条件。
>
> ［恩格斯《家庭、私有制和国家的起源》岩波文库版：97］

即便女性进入了劳动力市场，但只要她们无法享有自己的劳动力所有权，女性就只会成为劳动力市场的奴隶。比如父母让女儿签订合同契约工作，其工资提前预支给父母。又如，丈夫去妻子的单位并替她领取工资等行为。在这些情况下，可以说，女性不是享有自己劳动力所有权的自由劳动者。

即便女性获得了自己的劳动力所有权，她们在劳动力市场里仍旧是不完全的、二流的劳动力。从理论上来讲，市场“内部”是与性无关的，而市场“外部”却并非如此。市场潜伏在与“性”有关的市场“外部”，即组成家庭的原理之中。它试图榨取性这一变量，男女同工不同酬便是其中一例。

因此，对于女性而言，无论是进入市场“外部”还是“内部”都不意味着解放。这两个方向看似是对立的极端，其实，其前提都在于市场及其“外部”二者是相互独立的。然而，如果市场“外部”并不是脱离市场存在的自由之地，那么市场也不会是独立于“外部”的。也就是说，市场否认其“外部”的存在与市场覆盖整个社会领域的假定都是错误的。同样，市场独立于“外部”，或者说“外部”独立于市场，两者均是独立且封闭的这一想法也是错误的。市场及其“外部”是相互依存的关系。

马克思所未涉及的市场“外部”，即是女权主义先驱们发现的家庭这一社会领域。家庭承载着市场中劳动力的再生产功能，是劳动力市场的终端，承担着人的投入和产出。

家庭并非本能地被放置到“自由放任”之中，它本身就是一种再生产制度。在这种制度之中，人们组成再生产的权利和义务关系，不是通过个人的形式，而是以夫妻、父母、亲子、儿女的形式达成的。这种角色是将规范和权威以性和世代的形式不均等地进行分配的权力关系。女权主义者将其称为“父权制”。再生产的制度是贯穿历史而存在的，而近代社会所固有的历史形态是父权制下资产阶级的一夫一妻小家庭。弗洛伊德称这种一夫一妻小家庭中父权制的性统治机制为俄狄浦斯情结。俄狄浦斯情结便是由再生产制度与其自身的再生产一起组成的结构。[1]

市场及其“外部”，即与家庭的关系，用历史名称来解释便是资本主义和父权制的对应关系，请参照表1。

表1

制度	资本主义	父权制
社会关系	生产关系	再生产关系
社会领域	公	私
统治形态	阶级统治	性统治
历史形态	市场	资产阶级一夫一妻小家庭
统筹原理	市场原理	俄狄浦斯情结
社会理论	马克思主义理论	弗洛伊德理论

马克思主义女权主义并不认同阶级统治一元论以及性统治一元论，而是暂且认同了资本主义和父权制这两个社会领域的并存，并去思考两者之间的“辩证法关系”（dialectic relation）[2]［Sokoloff，1980］。所谓“辩证法”就是矛盾和调节的辩证方法。资本主义和父权制既是互相对立的，又是互相补充的。二者并不是一方伴随着另一方，也没有必然的相关性。生产关系与再生产关系通过资本主义和父权制这一历史的固有形态，以相

1　南希·霍多罗夫（Nancy Chodorow）在《母性的再生产》（*The Reproduction of Mothering*）［Chodorow，1978］中精彩地解析了通过俄狄浦斯情结，父权制家庭进行再生产的机制。

2　索科勒夫的著书《金钱与爱情之间》（*Between Money and Love*）［Sokoloff, 1980］，其副标题为“家务劳动与市场劳动的辩证法”（“The Dialectics of Women’s Home and Market Work”）。

互“辩证”的关系而存在。马克思主义女权主义称这种近代工业社会的固有形式为“父权制资本主义”（patriarchal capitalism）。

纳塔利·J. 索科勒夫（Natalie J. Sokoloff）所说的资本主义和父权制的“辩证法关系”如表2所示。

表2

	父权制	资本主义
家庭	（1）	（2）
市场	（3）	（4）

比较典型的是，马克思主义所主张的阶级关系是市场的机制（4），父权制这一概念揭示了家庭机制（1），有关女性劳动的辩证法式的诸多关系给我们探求家庭中的阶级关系（2）和市场中的父权关系（3）提供了可能［Sokoloff，1980：日译本267页］。

所以，“在女性劳动的辩证法关系之中，父权制资本主义的马克思主义女权主义理论家（后期马克思主义女权主义者[1]）的认识给女性劳动提供了最强有力的全面理论”［同上：267-268］。

性统治的唯物主义分析

马克思主义女权主义是指“对女权主义者的问题进行马克思主义的回答（Marxist answer to feminist question）”[2]［Seccombe，1986a：190］。

1　索科勒夫提出了前期马克思主义女权主义者［本斯顿（Benston）、莫顿（Morton）、塞科姆（Seccombe）、米切尔（Mitchell）、罗博瑟姆（Rowbotham）、达拉·科斯塔（Dalla Costa）等］与后期马克思主义女权主义者［哈特曼（Hartmann）、爱森斯坦（Eisenstein）、凯利（Kelly）等］的不同［参照Sokoloff，1980：第四章注（3）及第五章注（3）］。前期与后期的不同在于，前期主张“有关女性工作方面的理解，直接吸收了马克思和恩格斯的经典思想”［同上：177］；而后期主张“资本主义和父权制相互作用，给社会带来了自律性影响”［同上：238］。

2　除此之外还有“对女性问题进行马克思主义的回答”（Marxist answer to woman question）这一说法。

女权主义者的贡献在于揭示了性统治的现实，并引入了“父权制”这一概念。而马克思主义女权主义者认为，对于父权制的分析，马克思主义仍然有效。马克思主义女权主义者之所以选择马克思主义，其原因在于他们认为父权制不仅仅是心理上的统治和压迫，更需要物质依据（material basis）的“唯物主义分析”（materialist analysis）。因此，性统治不是一种意识形态或心理（因此它并非是女性摆脱被害妄想症、男性要进行思维转换这种心理问题的解决方法），而是一种明确的物质性的——社会和经济的统治。由此可知，若想反抗这种压迫，我们只能通过改变物质基础而获得解放。

马克思主义女权主义者认为，马克思主义理论作为解放理论的有效性在于“马克思主义和女权主义都是有关权力（power）及其分配，即解析不平等（inequality）的理论”［Mackinnon，1982：2］。

相反的，马克思主义女权主义并非忠诚地遵从马克思主义理论，而是承认在性统治问题上马克思主义的局限性，并以此作为出发点。

> 阶级分析并未包含家庭内部的权力不均等的讨论，那是因为其分析对于性和年龄（权力的分配差异）的问题付之不问。［Macleod&Saraga，1987：12，括号内为笔者补充］

女权主义者多次指出马克思主义“对性的盲目”（哈特曼）。有趣的是，这一批判并非来自对马克思主义毫不关心的激进女权主义者，而是来自于一群自称为马克思主义女权主义者的人士。行使性统治制度的场所在家庭，而对于家庭的分析，马克思主义既有其局限性又有其有效性。这是因为近代家庭是处在资本主义制度之中的。近代家庭这一“私”领域并不是先于（precede）[1]资本主义制度确立的。

然而正因如此，他们不是将马克思主义单纯运用在性统治问题之上，“女权主义必然要修改马克思主义理论”［Delphy，1980：88］。道菲（Delphy）称，如果马克思主义理论对于解析女性的压迫并无帮助，那么“即便完全舍去马克思主义理论，我们也不会掉一滴眼泪”［Delphy，1980：88］。

再次重申，马克思主义女权主义者既不是女性马克思主义者，也不是女权主义马克思主义者，他们是想解析性统治的物质基础的“唯物主义女权主义者”（materialistic feminist）。

1　家庭是否“先于”资本主义制度产生，即是否认定父权制是个独立的概念这一问题有很大的争议。如果家庭先于资本主义制度产生，那么就需要提出有关资本主义制度的问题及其独立的分析概念。如果家庭并非先于资本主义制度产生，那么产生家庭的就是资本主义制度，资本主义制度的一元论分析便是可行的。马克思主义女权主义是这样回答的：即便家庭先于资本主义制度产生，马克思主义女权主义的分析对象也只是资本主义制度下的家庭，即作为“私”领域而分离的“近代家庭”这一资本主义制度所固有的历史形态。

第三章　家务劳动论争

“家务劳动”的发现

马克思主义女权主义的最大理论贡献是发现了“家务劳动”（domestic labor）。“家务劳动”是将“市场”与“家庭”的相互依存关系连接起来的缺失的一环（missing-link）。近代工业社会分离了“市场”和“家庭”，在这样的历史固有空间中，将这种分离连接在一起的关键一环就是家务劳动。家务劳动，是近代才诞生的概念，它不是超越历史的概念[1]。马克思主义女权主义对于家务劳动历史性的提问，成功地明确了近代社会中存在的对女性固有的压迫形态。

资本主义制度下的市场并没有包括人类全部的劳动。经济史学家卡尔·波兰尼（Karl Polanyi）试图将市场社会相对化。他认为，虽然市场和市场中的财富即商品的出现几乎与人类的历史一样古老，而正如马克思所言，当“土地和劳动力”转化为商品时，近代固有的资本主义市场才得以形成，但这并不意味着所有的劳动力都能转化为“劳动力商品”。市场将某些劳动“商品化”的同时，并没有将另一些劳动“商品化”。而家务劳动就是非“商品化”的劳动之一。

没有被市场化的劳动只能停留在“私人劳动”这个层面。塞科姆

1　“何为家庭主妇”这一问题与发达的**工业化社会**紧密相关。”［欧克利（Oakley），1974：日译本16页］

指出，家务劳动没被市场化的原因不在于“家务劳动的具体条件是私人的”。对此，保罗·史密斯（Paul Smith）给出了以下意见：

> 可以这么说，家务劳动之所以不能成为抽象劳动，不在于它是私人劳动。相反的，正因为它无法成为抽象劳动，所以只能停留在私人的领域。［Smith，in Kuhn & Wolpe，1978：日译本184页］

社会劳动与私人劳动的区别是市场强制划定的市场劳动与非市场劳动的界线。

市场劳动与非市场劳动之间的界线——“市场”的界线是不断变动的，它是由市场“把某种对象进行某种程度的市场化”决定的。二战后，随着家电商品的普及、食品和纺织业的兴盛以及家政服务的商品化，家务劳动中的很大一部分被市场化－商品化。“家务劳动”的内容也发生了量和质的历史性转变，这与大众生活消费标准（standard package）发生了量和质的历史性飞跃，即劳动力价格发生了变化是相同的。

例如，随着洗衣店的开业，洗衣服这项原本为家庭主妇所做的家务活动有了市场价值，继而成为劳动。因此，洗衣店的营利所得是被算入GNP（国民生产总值）中的。马克思认为，“生产性劳动”就是“产生交换价值的劳动”。从这个层面上来说，洗衣服就是“生产性劳动”。但是，“洗衣服”这项劳动只不过是把脏衣服变干净、延长其使用年数（有时会因清洗的过于频繁而导致其使用寿命的缩短）而已，它并不能产生任何财富和商品。倘若洗衣服这项劳动由家庭主妇承担，那么它就不是“生产性劳动”，而是“消费性劳动”。因为这项劳动不产生“价值”，是“非生产性劳动”。

严格来讲，马克思所谓的“生产性劳动”与“非生产性劳动”的区别是无法和“市场化劳动”与“非市场化劳动”的区别一一对应的。对

“生产性劳动”的根本定义是“产生使用价值的劳动”。而关于其“历史性－资本主义式的定义”则是“对资本而言是生产性的”，即产生“剩余价值”的，换句话说就是“有交换价值”的劳动[1]。由于“使用价值”和“交换价值”不具可比性，所以马克思在对“生产性劳动”的定义中将两个不同的概念即“产生出使用价值的劳动”和“产生出交换价值的劳动”用一个词做了表示。

从“生产性劳动”的历史特点上来说，比起“生产性劳动”与“非生产性劳动”的区别，市场强制划定的“市场劳动”与“非市场劳动”的区别更显而易见。在上述例子中，洗衣服若是由家庭主妇做的话，就是“不产生交换价值”的非市场劳动，而若是由洗衣店做的话，就是“产生交换价值”的市场劳动。岂止如此，洗衣服这项劳动不是随洗衣业的出现才被商品化的。洗衣服是家务劳动中最早独立且最容易被外部化的劳动之一。早在佣人的工作内容尚未具体化之时，也就是他们还是奴隶的时候，作为女性特有职业的浣衣女就诞生了。这样一来，甚至可以说，从家庭手工业式的浣衣女时期发展至高劳动生产性的职业洗衣这一漫长的过渡期中，曾被视为“主妇劳动”的洗衣工作，只不过是暂时委托于已婚妇女的特殊劳动而已。

如果说判断某种劳动是否拥有“市场价值”－“交换价值”的标准是由市场随意划定的话，那么把“家务劳动”视为“非生产性劳动”这一马克思的定义就只意味着在特定的历史社会背景下，特定劳动未被市场化而已。将“家务劳动”与其他的劳动相区别，就产生了如“生产性劳动”与“非生产性劳动”、“市场劳动”与“非市场劳动”、“社会劳动”与“私人劳动”，甚至是“生产性劳动”与“消费性劳动”（“消费”行为

1　此定义依据为大阪市立大学经济研究说编《经济学词典》第二版，岩波书店［1979：765］。

长久以来未被看作是“劳动”）等诸多分类。“家务劳动”是“有用但不产生（交换）价值”的劳动这一观点受到了部分女权主义者的批判，他们认为“家务劳动虽然不产生交换价值，但产生使用价值”。

为女权主义者所陷入的“家务劳动－使用价值”之说指明方向的是法国唯物主义女权主义者克里丝汀·道菲［Delphy，1984］。她与其他马克思主义女权主义者一样[1]，将“家务劳动”看作问题之所在，认为女权主义应以第一级的政治性－理论性课题为出发点。

> 多亏新女权主义，我们才得以首次将家务劳动列为理论性课题。［Delphy，1984：78］

根据道菲对于“家务劳动”的理论，首先，“家庭劳动也是劳动”（housework is work），其次，它是“无偿、不支付薪酬（free-unpaid）的劳动”［同上：78］。“家务劳动”通常是指“妻子在家中进行的工作劳动”，然而她对这种“经验性的定义”的充分性提出了疑问，并反问道：“是否只有家务劳动是无偿劳动呢？”

最终道菲得到的是“家庭内劳动”（domestic work）的概念[2]。“家庭内劳动”是指“在住宅（domus）内进行的无偿劳动”。“家务劳动”（housework）是指“家庭内劳动”中的某些特定劳动。“家庭内劳动”在近代之前是以家族为单位的随处可见的劳动。然而在养牛、挤奶、剥

1　道菲称自己为“唯物主义女权主义者”而非“马克思主义女权主义者”。但从第二章的定义而言，她也可以被称为是“马克思主义女权主义者”。有趣的是，正是由于她对马克思主义用语的错误使用，所以招来了“正统派”马克思主义者们的责难。但从她对后续出现的“女性－阶级”一说以及压迫的物质性基础的阐述上来看，道菲的思想仍带有强烈的马克思主义色彩。

2　道菲论述了自己是如何阐明从压迫女性的物质基础到“家务劳动”这一问题的。第一，20世纪60年代末期，她开始着手研究之时，由于在已有的学科中没有女性研究的门类，于是她不得不迂回而行开始研究法国农民的遗产继承问题。第二，着眼于经济中“非市场区域”的分析让她拓展了研究方向，即有关“家庭内劳动”这一非市场化的劳动与压迫女性之间的本质性的关系。

皮、解剖肉类、点火等一系列的过程中，很难区分何为“生产”、何为“消费”。劳动带来的“生产”和“消费”的分离是市场的产物。“市场”不存在的地方，其区别是不存在的。

同样，“家庭内劳动”和“家务劳动”之间的区别亦是如此。农家的主妇既从事作为生计的农业劳动，又从事家务和育儿的工作，很难区分哪些是“农业劳动”，哪些是“非农业劳动”。

倘若该农家主要生产向市场提供的农作物，那么农妇的劳动大致可以分为“生产交换价值的劳动”和“不生产交换价值的劳动”。然而，倘若农民仅仅为了“直接性消费”（immediate consumption）而种植作物呢?不经过市场媒介的劳动，与所谓的“家务劳动”相同，都算是“非生产性劳动”[1]。

然而，法国的GNP是将农家的“家庭内劳动”中相当于农业劳动的部分与非农业劳动（又称为“家务劳动”的部分）区别开来计算的。日本的GNP算法亦是如此。

当市场占有优势地位时，经济依靠货币作为媒介来流通。经济中被称为自然经济的非市场部类占了很大一部分。GNP是用货币来表示生产的指标，因此就有必要对自然经济进行货币换算。农家的自家消费部分生产量的计算方式是在假定将自家消费的部分调拨到市场这一前提下，以农作物的售出的自我定价（生产者价格）或者零售价格（购买者价格）的其中之一来计算的。这就是“假定以市场为媒介”的非市场性经济活动的计算

1　马克思指出，“农业劳动”是“生产性”的。然而很难区分农妇的劳动中哪些是“生产性”的，哪些是“非生产性”的。那么，之后能够市场化的，即能够生产交换价值的劳动才被称为“生产性”劳动，之后不能市场化的劳动被称为“非生产性”劳动，这种定义其实是同义反复。哪些劳动能够被市场化，哪些劳动不能被市场化，会根据历史的条件而改变。假设将来被称为“家务劳动”中的一部分劳动被市场化，那么“生产性”与“非生产性”的界线也会逐渐改变。从这种意义上讲，农业劳动是“生产性”的、“家务劳动”是“非生产性”的，这一划分并非“本质性规定”，而只是“历史性规定”。

方法。

然而“假定以市场为媒介”，那么我们该如何思考非农业劳动？如做饭、洗衣、裁缝等劳动，自家如果无法完成只能通过市场购入（市场也有完善的商品式家政服务）。家庭主妇所从事的家政服务在“假定以市场为媒介”的前提下也是成立的。

倘若如此，“家务劳动”和“家庭内劳动”的区别究竟是什么呢？

道菲指出，“家务劳动”和“家庭内劳动”两者均是“供自家直接性的消费的生产劳动”，其区别最终归结于“农业固有的”还是“非农业固有的”这一“循环性”的定义上。农业劳动与只能被定义为“非农业劳动之劳动”的“家务劳动”的区别并非在于农业的特殊性。非农家的女性也承担的劳动才是决定“家务劳动”领域的关键。因此道菲称“家务劳动”的定义是“不论城市、农村，所有家族都共通的，自家消费用的生产”［Delphy，1984：87］。而且这个定义将城市家庭中的家务劳动的标准随后运用到了农村家庭之中。也就是说，城市中非农村家庭形成之后，其中所进行的相通的劳动在农村家庭中也开始被称为“家务劳动”。那些“非家务劳动”的生产性劳动则成为“家庭内劳动”。道菲随即将视点转向“家务劳动”为何是“无偿劳动”，她的论述给我们巧妙地解析了其中的谜题。

> ……由生产者直接消费的非市场的生产物，要按照生产来计算。不经过市场媒介（即不供交换）不足以解释家庭内劳动地位的原因。……所以，家务劳动与以“家庭内自家消费”的名义所计算的其他生产相同，都应当被看作是生产。供给自家消费的生产过程，是一个整体的过程。而直至最终消费的所有行为要么均是生产，要么均不是生产。［同上：84］

所以，“家庭内劳动”和“家务劳动”之间没有本质区别。那么“家务劳动”的“城市标准”（urban criteria）的实质是，在城市化－工业化中未被市场化而剩余的“家庭内劳动”，即被称为“家务劳动”。

> 家务劳动被排除在市场之外，是无偿劳动的原因，而并非其结果。［同上：16］

问题的核心就在于劳动的分割——“有收入的工作”和“无收入的工作”，以及其对应的男女的性别分工。家务是“无收入的工作”，这意味着它是被不正当剥削的“无偿劳动”。而从这种“无偿劳动”中获利的是市场，以及市场中的男性。

从市场角度来看，这种劳动被其排除在外一定有充分的理由。人类的全部活动被强制区分为被包含在市场之中的劳动，以及被排除在市场之外的劳动。马克思所说的“生产劳动”和“非生产劳动”的区别就在于是否接受并承认市场强制性。

倘若如此，我们的任务就不是将“家务劳动”称作“非生产性劳动”并将其放逐于市场和问题分析的外部，而是去追问市场是在怎样的条件下将家务劳动放逐出市场的。“只有去追问非市场的、非货币的部分，我们才能看清女性所处的现实。”［同上］

以爱之名的劳动

“家务劳动”这一**概念**的**发现**极大地改变了人们看问题的角度。“家务劳动”这个概念的形成让人们认识到“家务**劳动**亦是**劳动**”。理论层面上对“概念”的新发现带来了认识上的变革。随着人们认知“地图”的改变，世界也焕然一新。这就是理论的力量。在“家务劳动”这一概念形成并广泛传播之前，“家务”并没有被视为“劳动”。被“家务和育儿”缠身的专职家庭主妇们，尽管“每天都很繁忙辛苦”，但依然被讥讽为“包三餐还可以午睡的人”。若她们争辩道：“我也是起早贪黑像蜜蜂[1]一样勤勤恳恳地在工作啊”，对方只一句“你干的活根本不算工作”就轻易将她们驳倒了。倘若被说“家务不是工作”，女人们就只能怯声说道：“哦，是么……”

但是，“家务劳动”这个概念的出现给予了女性们以理论的武器。不论“家务劳动”能否带来金钱上的收入，这都是劳动，因为如果家庭主妇不做的话，就必须找谁来代做。从这点上来看，它是“有用且必不可少”的劳动。而对于女性们付出的这种劳动，无论是在法律层面还是经济层面都没有任何补偿，它被置于一种无权利的境地之中。这就相当于不正当的且不支付劳动报酬的“无偿劳动”（unpaid labor）。

“家务劳动”的概念[2]使家庭主妇对自己的劳动价值有了进一步的认识，并且提高了自身的女性权利意识。换句话说，长久以来那些家庭主妇默默做着的、被视为**理所应当**的工作，实为非正当地强加于女性的。有了这样的认识后，女性才开始有了从未有过的“剥夺”（deprivation）感。在激发女性的不满和愤怒这点上，女权理论可以说是麻烦制造者。也难怪埃文思·普里查德（Evans-Pritchard）焦躁起来——“以前女人们从没对自己的身份有过任何不满。”［Evans-Pritchard，1965］通过对“剥夺”的认识，女性逐渐形成了“女性－被压迫阶级”的“女性阶级”（women

1 日语中形容从早到晚辛劳工作的动物为“小白鼠”，这里译为更适应我国语言环境的词“蜜蜂”。——译者注

2 近年来，由我开始的有关家务劳动论［上野，1982a］的讨论愈加活跃。从20世纪70年代后期起“家庭主妇研究”成了日本女性学研究的主要对象。有关的参考书及详细内容请参考［上野，1986a］。

class）[1]意识。

家庭主妇所进行的日常工作被称为“家务劳动”，这意味着人们的视角发生了翻天覆地的变化。而从另一方面来看，这一日常工作一旦被称为“劳动”的话，就仅仅只是“劳动”了。因为“家务劳动”总是伴随着这样的讨论：“劳动”浸染了汗水和辛酸，还被扣上以“目的－手段”为名的一系列功利主义原则的帽子，而且可以换算为经济价值。但就是这样的劳动，在无偿和献身的旗号下，还被试图冠以“神圣”之名以得救赎。特别是在关于“家务劳动”的经济价值的争论中，女性自己总以“爱”之名提出异议。

给“爱”和“母性”赋予象征性的价值并将其推向神坛，实际上是长久以来榨取女性劳动的意识形态机制。这在女权主义者进行的有关“母性意识形态”的批判中逐渐明晰［Badinter，1980；服部，1986］。“爱”和“母性”都是意识形态机制。“爱”，其实就是女性为了调动自己的能量，将丈夫的目的当作自己的目的的一种机制。“母性”是女性为了极力克制自我需求，通过引发自我献身和牺牲精神，将孩子的成长看作自己的幸福的一种机制。女性只要赋予“爱”以无上价值，她们付出的劳动就很容易被“家人的理解”“丈夫的慰劳”等说辞所回报。女性是供给“爱”的专家，也是总在“爱”的关系中单方面付出的一方。美国社会学家芬奇与格罗夫斯明确地指出，所谓的女性专有领域的“关怀”、“照料”实际上是“以爱之名的劳动”（a labor of love）［Finch&Groves，1983］。

无论用何种意识形态来粉饰遮掩，女性在家中所进行的工作是的的确确存在的，并且是如果她们不做的话就必须找人来代做的“劳动”。而家庭主妇们只能在“爱”的名义下默默承受。

1　有关“女性”是否形成“阶级”仍有争议。我认为：第一，她们共有“家务劳动”的物质性疏远的基础；第二，即使从意识形态利害关系上来看，仍然可以说“女性”形成了共同的社会集团。这里的“阶级”概念暂且是比喻性的用法。

家庭－女权主义（domestic feminism）的悖论

“承担非雇佣关系的家务劳动的女性”被称为“家庭主妇”。虽说如此，“家庭主妇”的所有劳动并不能被等同于“家务劳动”。梅棹忠夫在第一次家庭主妇论战中尖锐地指出：“在‘家庭主妇’所进行的劳动中，包含了像编织、烤面包等出于兴趣的充数劳动。”用梅棹的话来说，便是“伪劳动”［梅棹，1959］。除此之外，像清理壁龛装饰柱[1]、玄关处摆弄插花等行为只是伴随着“家庭主妇”这一身份的形成而产生的劳动罢了。在“家庭主妇”这个身份得以大众化之前，人们无论是打扫、洗衣、做饭还是在其他家务活动中都未曾享受过如此高的生活品质。但是，自“家庭主妇”及与之相伴的高质量的“家务劳动”的出现，为了维持其生活质量，“家庭主妇”更成了家庭中不可或缺的一部分。

将“家务劳动”定义为“家庭主妇所进行的劳动”是比较新鲜的。实际上，在“家庭主妇”这一身份形成之前，“家务劳动”就已经存在了，且“家庭主妇”相对于“家务劳动”这一概念而言，是独立的存在，仅表示“户主之妻”这一身份地位。像是德语的Hausfrau、英语的housewife等原本都是表示“家中女主人”的词语。日语中“主婦”一词的通俗说法“家刀自”、“家主”等词语都含有“一家之女主人”的含义。作为“一家之女主人”的“家庭主妇”们所进行的劳动，本来就不算是“家务劳动”，而是负责指挥督导的“治家”劳动。实际上，“家务劳动”（甚至是育儿）本是保姆、佣人、奶妈的劳动，而非“家庭主妇”必须亲力亲为的劳动。

当女人达到被人尊称为“夫人”的阶段时，对她们而言，这意味着即使不劳动也无碍，也就是说她们已经到了可以使唤仆人的地位了。“夫

1　日式建筑中的壁龛装饰柱。——译者注

人”这个身份地位最初是于城市资产阶级家庭中形成的。在其形成之时，“家庭主妇”的身份意味着在“自主性”（autonomous）“女性领域”中拥有能够行使决断指挥监督的权力，是“女性王国”的女王。

在近代社会的形成中，“家庭”领域的形成和女性在此领域握有的主导权（其实都是对女性的**隔离**，这点在之后得以明确）成了家庭女权主义“提高女性的地位”的目标，而对这一悖论［Matthews，1987：66-91］可以做如下解释。之后作为排斥女性和压迫女性的始作俑者而登场的性别分工（近代产生“公私领域的分离”以及各领域对应的性别角色分配）成了众矢之的。但讽刺的是，那个时期的女性还主动积极地称颂性别分工。因为在近代前的农业社会中，男人和女人从事着同样的劳动，女人经常受男人的指挥监督，没有丝毫自主性可言。而“家庭性”（domesticity）的形成，使女性靠着性别隔离（sex segregation）找到了逃脱男性权力的“庇护所”，反过来说就是创造出了“女性王国”［矢木，1981；落合，1985、1990］。

由于上述“家庭性”的典型出现于城市资产阶级中，所以成为“家庭主妇”对许多女性而言意味着阶级晋升。对男性而言，能拥有佣人而不劳妻子做家务更是他社会阶级地位的标志。至今在许多梦想着“婚后成为家庭主妇”的女孩心中仍回响着成为家庭主妇意味着阶级晋升的近代初期的余音。因为对她们而言，男人通过教育这个阶级晋升的阶梯可以从自己的原生阶级向上攀升，而自己只能通过结婚这唯一的机会重新选择自己的所属阶级。

所以，在“家庭主妇”出现和新兴城市资产阶级形成之时，产生了大量的“家务佣人”（domestic laborer）。“家务劳动”在成为“家庭主妇”的工作之前，已经由“家务佣人”率先展开了。

近代化初期，家务雇佣与加工制造业同样创造了最初以支付工资形式出现的就业机会［河村，1982］。与工厂劳动者一样，家务劳动者也是雇佣劳动者，并且它与前者类似，都是“自由流动的劳动力商品”。家务劳动在近代化初期的就业机会中所占的比率不可忽视。

实际上，马克思主义对于这种由“家务佣人”所从事的“家务劳动”的分析也束手无策。家务佣人的薪俸虽然是从劳动者的工资中支付的，但是家务佣人所做的家务劳动由于只供“即期消费”（immediate consumption），不产生任何交换价值，所以被认为是“非生产性劳动”。马克思将许多劳动归入了“非生产性劳动”。流通、交易行为即使没有产生使用价值，从其产生剩余价值使资本增值这个意义上来说这仍旧是“生产性”的。马克思虽然把商业资本看作较工业资本更为不完全形态的资本[1]，但即使是这样，也只是将商业、流通业特殊看待而已。这也是因为商业资本比工业资本早出现。

相较之下，“家务劳动”更具有历史性烙印。“家务劳动”是“相伴近代一同”形成的新兴种类的劳动。马克思的“生产性劳动”的概念早已接受了各方挑战。其中包括在“家庭主妇劳动”出现前，率先由“家务佣人”所从事的“家务劳动”[2]。其经济理论由于无法应用在工业化初期任何一国形成的“家务劳动”这一庞大的劳动领域中，已经遭遇挫折。

家务佣人在城市工业资产阶级的家庭中大量登场是由于以下的阶级因素，即妻子的生产性远比家务劳动者、保姆等育儿劳动者的工资成本要高。实际上，18到19世纪的欧洲，在许多开面包房、洗衣房的家庭中都有

1　较商业资本而言，工业资本实现了资本增值的目的，可看作是“更完善的资本”。这来源于马克思的“劳动价值”论和“生产优先”的思想。相较于此，比较激进的见解是：商人资本的历史更加久远且更具普遍形态，即使工业化后，通过财富转移而产生利润的资本的本质状态仍没有变质。而这种看法在高度资本主义制度下再次出现。参照［岩井，1985］。

2　发展中国家里，家务佣人在可以获得报酬的雇佣机会中占很大一部分。忽视这一层面的考量而谈发展中国家的“近代化”有失偏颇。

儿童被寄养出去的实例。相比妻子的劳动生产性，保姆的育儿劳动成本更加低廉，因而母亲不直接从事育儿工作。

劳动市场拥有着可以提供源源不尽的劳动力的巨大“外部”。在此期间，阶级因素有效地发挥了其作用。同样的，日本直至二战前，即使是像官吏、教师这样的基层工薪阶层的家里，一般都有一至两个女佣或女仆。但伴随着工业化的推进，阶级因素逐渐被消解，家务劳动逐渐由家务佣人变成了由家庭主妇来做。从历史顺序来讲，与其说从事家务劳动的是家庭主妇，倒不如应该说家庭主妇之后才开始从事家务劳动。

从事家务劳动的是家庭主妇。这句话反过来说就是，家庭主妇所从事的劳动是家务劳动。这样的定义有着历史性的新意。将“家庭主妇劳动”与“家务劳动”同义化，就要让家庭主妇的地位失去特权性并将其大众化。

梅棹忠夫回想起自己出生的京都商人家庭时说，在他还是孩童时，作为商人家庭主妇的母亲并没有被别人称为“夫人”，只有特定阶层的女性才被尊称为“夫人”。

想来“夫人”究竟为何物呢？“夫人”是住在官舍或其他什么简易住房，外出买东西时经常用傲慢无礼的言语与商家讨价还价的人。她一整天无所事事，与邻居的“夫人”同伴喋喋不休地唠嗑。实际上，巡警、教师、公司职员等基层工薪族的妻子对“夫人”这个称谓很是喜欢，相互称呼使用［梅棹，1959；上野，1982a收录：192］。

当然，“夫人”这个称呼也来源于武士家庭中的“太太”。称谓的原型即使是统治阶级的“太太”，那也是在新兴阶级被**大众化**之后，将“夫人”的实际情况矮化贬低了而已。自己将后衣襟别了起来在走廊上用抹布擦地、手皲裂着还不得不在盆里洗衣服的“夫人”，早已仅仅是“家务劳动者”了。

日本的家务劳动论争

“家务劳动”这一概念长久以来和“家庭主妇劳动”这一概念混淆。1955年以来开展的三次间断性的日本“家庭主妇论争”，是围绕“家庭主妇”这一社会身份的论争，还是围绕“家务劳动”的论争，这一问题仍旧不明了，两者界限尚未分明［上野，1982］。

将“家庭主妇论争”纳入“家务劳动论争”之中的是在1960年《朝日期刊》中矶野富士子的论文，她率先开启了第二次家庭主妇论争。矶野在论文中提出“家庭主妇的劳动”为何“有用但却不产生价值”［矶野，1960；上野，1982a收录：9］，她提出“想向经济学家请教”。她提出的问题从经济学家的回应来看，可以看出这既是第二次家庭主妇论争，同时也是在“家务劳动”的概念上与马克思主义经济学的论争。

> 20世纪60年代初期在日本开展了家务劳动论争，提出了有关“家务劳动工资化！”“wage for housework”等口号。这次运动早于1970年在英国、美国兴起的类似的家务劳动论争。无论是从开始的时期还是论争所达到的水准上来讲其内容都应当受到瞩目。［Ueno，1983］

然而这一看法有几点需要有所保留。20世纪60年代的日本第二次家庭主妇论争和70年代英语世界的家庭主妇争论有着巨大的差异，这些差异源于是否经历了60年代末的妇女解放运动，以及在运动前后，特别是女权主义给予的马克思主义的冲击是否使其逐渐相对化并提出了兼收并蓄的要求，取得了长足进步。矶野指出家务劳动对于劳动力商品的生产所做的贡献；水田珠枝率先提出通过“家庭主妇的养老制度”而实现“家务劳动有偿化”的讨论；在其之后提出要求“家务劳动工资化”从而使马克思主义女权主义的家务劳动论争成为焦点的达拉·科斯塔（Dalla Costa）等人于1975年出版了《女性的权利和共同体的颠覆》［Dalla Costa&James，1975］。从以上来看，在世界范围内日本很早便展开了较高独创性的讨论。

然而，矶野所提出家务劳动为何“有用但却在经济学上不产生价值”这一问题，如果让教条主义的马克思主义经济学家回答，结果只能是：由于“家务劳动不产生交换价值”，所以该劳动为“非生产性劳动”。倘若接受这一结论，那么留给家庭主妇的就只有“起早贪黑一直工作”的真实的不满而已。在当时，所有的马克思主义经济学家都认为矶野提出的“家庭主妇的体会”是“门外汉的疑问”，是对马克思主义理论的挑战。公认的权威使女权主义者沉默，但在这一时期，没有人觉得其中的问题在于马克思主义者无法将“体会”理论化，也没有人觉得女性应当自己突破局限改造马克思主义理论。女权主义者所提出的家务劳动的议题是切实的，但却变相地吃了一记闭门羹。

需要指出的是，20世纪60年代日本第二次家庭主妇论争的局限在于理论性和实践性两个方面。

第一，从理论来讲，这一时期有关女性的讨论正处于向女权主义转变的时期，对于现有的各个学科的要求仍旧不成熟。女权主义不仅是提高女性地位的改良斗争，而且是通过对“为何女性没有解放（是什么阻止了女性解放）”的考察来改变社会和既定思维的斗争。为此，20世纪70年代的妇女解放与在其影响下的女性学的成立是必要的。60年代，马克思主义阵营中的女性也在马克思理论之中照本宣科地寻找女性解放之路，她们是马克思忠实的女弟子。

第二，从实践来讲，矶野和水田所提出的“家庭主妇劳动”问题，就女性运动整体上来看可以说仍是“隐形”（invisible）的问题。日本劳动人口之中，雇佣者占比反超个体经营户不过是20世纪60年代初期之事。“家庭主妇”，即“不通过雇佣关系而从事家务劳动的女性”［矶野，1960；上野，1982a收录：7］的出现，是以“城市－核心家庭－雇佣者家庭”中“妻子的角色”作为不可缺少的前提的，而其大规模出现是在经济高速成长期结束的20世纪60年代末期。70年代初的激进妇女运动也无疑是城市中间阶层中小资产阶级激进主义的一种。而其作为运动的出现是在大多数的女性成为家庭主妇这一社会背景之下。70年代及其以后的女性研究的中心目标转为“家庭主妇研究”。正如矶野所预见的，“能够准确分析家庭主妇的存在以及严肃探讨当今日本社会中这一角色，对于整个妇女问题起着决定性的作用”［同上：17］。矶野的预见是准确的，而且可以说其问题的提出早了十年。

英国的家务劳动论争

20世纪70年代中期，在以英国为中心的英语世界社会主义女权主义者之中，兴起了所谓的“家务劳动论争”（the domestic labour debate）。

家务劳动的论争，顾名思义是以家务劳动［初期为“家务劳动”（housework），之后升级为“家庭内劳动”（domestic labour）］为争论之要点。探求压迫女性的物质基础的马克思主义女权主义者们，找出了资本主义与家庭的契合点，即家务劳动（在资本主义制度之中分配给女性的非资本主义制度的劳动）这缺失的一环。

莫利纽克斯（Molyneux）谈到，在20世纪70年代的十年间，“（即便仅限于英国和美国的社会主义阵营的出版物）围绕家务劳动撰写的论文超过了50篇”［Molyneux，1979：3］[1]。作为最初的尝试之一，玛格莉特·本斯顿［Benston，1969］从“生产手段中的女性固有关系”中明确了资本主义制度对女性的压迫，并试图将其与阶级分析相结合。

> 女性作为整体与生产手段有着固有的关系，而这种关系和男性与生产手段的关系不同……如果能够承认女性与生产有着特殊的关系，那么关于女性状况的分析也应该同样适用社会阶级的分析法。［Benston，1969：13，27］

随后在1973年，达拉·科斯塔和塞尔玛·詹姆斯（Selma James）将资本主义制度下女性的家务劳动称为“劳动力商品”。它是资本主义制度下生产最核心商品的劳动，且对于资本主义制度来说是不可缺少的、生产剩余价值的劳动。从此，“家务劳动论争”在马克思主义和女权主义两个阵营里蓬勃发展。

进入20世纪80年代以来，英国的家务劳动论争在主张“家务劳动工资化”这一不现实的要求的实践活动中也渐渐孤立无援，最终以自然消亡收场。女权主义者的关注点也逐渐脱离家务劳动问题本身，转至更广泛社会语境下的“女性和劳动”问题，即女性的双重劳动、劳动的性别隔离，以及薪酬劳动和无偿劳动的关系等问题上[2]。在这样的背景下：（1）进入80年代的女性运动全面衰落；（2）在女性问题上，主张给予女性一定公民权利的社会主义阵营，他们所展现的其实是一种虚情假意的tokenism[3]；（3）面对在撒切尔政权下社会主义阵营的衰退所带来的全面危机，女权主义者对社会主义的批判被视为分派运动；（4）70年代到80年代以来，

1　渡边多惠子和经济劳动研究会于《经济劳动研究》第七集的《有关马克思主义女权主义的问题》一文中，翻译了包含莫利纽克斯在内的五篇论文。

2　这一变化的原因，不言而喻，是源于论争的十年间历史性背景本身的变化。正如比彻（Veronica Beechey）所言，这十年间最大的变化即是“女性走向职场”。

3　门面主义。——译者注

全职家务劳动者锐减，既是薪酬劳动者又是家务劳动者的女性双重劳动成为历史现实。

马克思主义和女权主义双方关于家务劳动的争论能结出怎样的硕果，对这一问题持怀疑性的评价意见较多。比如争论中领军人物之一的赛科姆这样提到：

大多数的女权主义者对家务劳动争论的领军人物如此批判：他们将女性的现实置于“对性别视而不见”的马克思主义范畴之中。他们并非以女权主义的视角仔细对既有的马克思主义政治经济学的概念进行探讨，而是认为仅就私人领域的家务劳动而言，对这个问题的指出的确有其正当性。为了表明自己对资本主义制度的价值观念的忠诚，他们的确竭尽所能。如此这般的行文之中，不断重复着“马克思究竟想说什么”等引经据典式的论述，而核心的问题却以分类学而收尾，即：家务劳动创造价值吗？是生产性的还是非生产性的，抑或是间接生产性的？或者说家务劳动实际并不在这种范畴之中？围绕字词的定义赘述纷纷。［Seccombe，1986a：192］

汉密尔顿（Hamilton）的批判更加一针见血：

（在论述家务劳动论争焦点的过程中）从理解压迫女性的各种局面，发展至试图证明马克思主义是始终如一的理论，而女性和其劳动的问题只是包含其中的论述而已。［Hamilton，1986：140］

根据汉密尔顿论述：

这次论争不是反对压迫女性的斗争，连对该问题的解析都不算。相反，家务劳动论争是教条式的马克思主义者，硬将女性放入马克思

> 主义的论述范畴，进而试图保护卡尔·马克思学说的神圣性。［同上：153］

实际上，家务劳动论争以女权主义者方面的不得志而告终。从这点来看，20世纪70年代英国的家务劳动论争与60年代日本的家务劳动论争的结局殊途同归。

然而，女权主义之后的20世纪70年代英国家务劳动论争，与女权主义之前的60年代日本家务劳动论争有着许多不同之处。女性并没有因为教条式的马克思主义者而陷入沉默。

家务劳动论争的最大贡献就是发现了“家务劳动”本身。这一概念阐释了：（1）家务劳动是劳动；（2）通过不正当剥削的劳动这一问题明确了压迫女性的物质基础。正如道菲指出的，“女性运动迫在眉睫，从政治上和思想上来看，家务劳动是劳动，而且是被剥削的劳动”。［Delphy，1980：99］

> 无疑，我们（女性）被压迫。因为我们被剥削。［Delphy，1980：100］

在“家务劳动是劳动”的认识之下，家庭这一神圣不可侵犯的“黑匣子”被强行公之于众，“爱的共同体”的神话被打破，而其中的不平等也昭然若揭。特别是在通过劳动，从五彩纷呈的公共领域之中分离出的私人领域里，“劳动”这一概念的引入标志着私人领域的解体，也意味着在理论角度上马克思主义拓展适用于私人领域。若非如此，家务劳动就“在封闭的个体家庭之中，仅仅被当做是为了自己或是为了家庭而做的‘私人之事’”［Pimia&Thomas，1978：3］，而并非劳动了[1]。

家务劳动论争的另一个贡献在于通过对马克思主义概念的拓展，探明了马克思主义的限度。

> 家务劳动论争的贡献之一，就在于此，明确了在分析性别问题之时，阶级分析也是有局限的。［Fox，1986：182］

女权主义者多次指出，马克思主义在理论上和历史上都忽略了对女性和家庭问题的分析。但他们再次强调，这并不意味着马克思主义**无法适用**于性统治问题的分析。马克思主义女权主义者指出了马克思主义未涉及之处并提出了其理论性的探索：第一，如何**改变**马克思主义并拓展其适用的可能性；第二，增加什么概念能够补充马克思主义。马克思主义女权主义者在这一过程中无疑创造了新的理论性分析方法。

米凯莱·巴雷特（Michelle Barrett）在《当代女性的压迫》一书中评价道："马克思主义女权主义发展了三个概念"：

（1）父权制（patriarchy）；

（2）再生产（reproduction）；

（3）意识形态（ideology）。

这三个概念是在资本主义制度下存在的，而且它是女权主义者为了对（独立于资本主义制度存在的）性统治进行阶级分析而增加的概念。

马克思主义女权主义的任务在于解析**资本主义制度下的父权制**这一历史固有样式中压迫女性的问题。不懈探索资本主义制度下女性与劳动问题的维罗妮卡·比彻（Veronica Beechey）指出，"在从马克思主义理论

1　比如即便承认家务劳动是劳动，在"爱的共同体"的神话之下，关于家务劳动的自由主义的伪装只会衍生一下通俗性见解，即家务劳动是家庭成员谁来做都行的，由夫妻自由意志和其适应性各司其职来共同达成的决定，妻子承担家务是"对自己和自己所爱的家人"的自发性的无私奉献。这种想法完全脱离了关于家务劳动的制度性分配的考察。而在这种话语下，爱和自发性的名义使得家庭之中实际所浮现的差别与不平等销声匿迹。

角度探索女性从属地位以及阶级剥削形态这一问题时，父权制的概念是马克思主义女权主义者在各种妥当的解说和变革性尝试中所采用的概念。”［Beechy，1987：115］然而，“马克思主义女权主义者的尝试，不仅仅是对‘父权制’的分析，而且是对父权制与资本主义制度生产关系二者**相关性**的分析”。［同上，强调处为原作者添加］

第四章 父权制的物质基础

父权制的定义

“父权制”是马克思主义女权主义从激进女权主义那里继承的重要概念。

即使在女权主义者之间，“父权制”也是一个颇受争议的概念。不少人常抱怨道，若是没有“父权制”这一概念的话，女权主义还更好懂一些。特别是由于“父权制”这个词让人联想到前近代大家庭，所以对于近代一夫一妻制小家庭中一门心思构建爱护妻子与民主之家的人士来说，他们往往无法理解自己的家庭中到底哪里存在“父权制”。

> 说起父权制，在日本可能很多人会联想到明治民法下的家族制度。女权主义将“patriarchy”译作“父权制”的时候，应该有不少人觉得奇怪：“父权制在日本不是已趋于消亡了吗？”［濑地山，1990a：58[1]］

最初用性统治来分析“父权制”这一概念的是凯特·米利特（Kate

1　濑地山角在梳理“父权制”这一复杂的概念时，提到了文化人类学与社会学领域中patriarchy和patriarchalism的区别，指出甚至连1988年版的《社会学辞典》（弘文堂）中，在“父权制”这一词条里也只作了对于古典派patriarchalism的说明。“尚且不说60年代，在实际上已经历女权主义理论建构的80年代后期的辞典中，居然**只记载了**这一定义，着实让人有些惊讶。”［濑地山，1990a：52］

Millett）［Millet，1970］、朱立叶·米契尔（Juliet Mitchell）［Mitchell，1974］等激进女权主义者。但他们主要把父权制的起源看作为心理精神层面的东西。

对此，在激进女权主义影响下的马克思主义女权主义者们，欲将作为父权制物质基础的性统治的结构定型化。

关于父权制的定义，哈特曼给出了以下解释。

> 我们将父权制定义为：拥有物质基础且存在于男性间的阶级制度关系以及最终使男性统治女性成为可能的、只存在于男性间的一系列社会关系。［Hartman，1981：日译本65页］

索科勒夫也将父权制定义为"使男性统治女性成为可能的社会权力关系的总和"［Sokoloff，1980：154］。濑地山在上述论文中，整理了有关父权制的各种定义，并最终给出了以下定义。

> （父权制是指）基于性的，权力由男性主宰且分工被固定分配的一种关系和规范的总和。［濑地山，1990a：80］（括号处为译者所加）

但是，这仍有不足。马克思主义女权主义认为"父权制"概念的核心是性统治中存在"物质基础"（material basis）。这才是超越激进女权主义提出的心理主义－意识形态（Ideology）式的父权制观点，也是之所以称马克思主义女权主义为唯物论式分析的理由。

> 父权制的物质基础指的是，男性对女性劳动力的统治。这种统治通过防止女性接触经济中必要的生产资源，或者通过控制女性的性机能来维持。［Hartman，1981：日译本65–66页］

因此，废除父权制不是通过改变每一个男性的态度、扭转每一个男性的意识而达到的。而是只有通过改变现实的物质基础，即制度与权力结构才能达成。

父权制下的性统治不仅存在于一对男女关系中，它也存在于家族集团中男性成员与女性成员之间，以及更广泛的社会领域中的作为阶层的男女关系之间。在近代家庭中，一夫一妻制的关系成为对女性进行性统治的制度性基础。虽说如此，但这并不意味着只要不进入一夫一妻制关系（通过单身或离婚等方式）就能从性统治下逃脱[1]。因为作为制度的父权制能进行跨领域式的渗透，且与其他社会领域密切相关。所以即使能逃脱一夫一妻制这种直接的性统治，她也不得不面对各种其他社会领域中的性统治。

> 在男性看来，女性的表面独立，往往会招来误会。女性即使不直属于男性亲属的特定组成，还是会从属于男性统治下的总体文化。［Elson＆Peason，1981：日译本11页］

甚至连“恋爱结婚”的意识形态都是非自由的，无法逃离父权制的陷阱。浪漫爱情（Romantic Love）也许可以将女儿从“父亲的权力”中解放出来，而另一方面会使其落入“丈夫的权力”的统治。恋爱的疯狂魔力是挣脱“父亲统治”万有引力的离心力，也是将自己推向“丈夫统治”之下心甘情愿的自我放弃。无论是何种统治，如果无法控制被统治者的内心就无法得以实现。“恋爱结婚”的意识形态是一种意识形态机器。它是使女性在前近代大家庭向近代核心家庭过渡的历史时期转换中自行选择父权制

1　单身者、离异者虽然也许没有遭受一夫一妻制下某一特定个人（丈夫）的压迫、统治，但她们还是要面对一夫一妻制社会所带来的组织式的“对单身者的歧视”“对离异者的歧视”。

的一种近代形式[1]。

在广义的父权制之下，对于女性而言，男性构成了一种“利益集团”。异性恋关系，与其说它连接起**性别不同**的彼此，倒不如说连接起处于这种关系中并拥有共同利益的**同一性别**的人。列维·斯特劳斯（Levi Strauss）对婚姻的定义亦是如此。他认为，相比夫妇之间的盟约，不如将婚姻定义为男性成员间互相交换姐妹的义兄弟盟约。从未开化社会到工业社会，社会中的男性成员通过种种制度性手段合谋达成了剥夺女性成员的权利以维护其共同权益的目的。从父权制的角度来说，资本主义也只是父权制下的一种制度性的变种而已。从劳动中靠性统治获取利益的不仅仅是资本家，男性劳动者们也由此获利。马克思主义女权主义者们猛烈批判了长久以来由男性主导下的工会，他们团结一致地对女性进行排挤和压迫。

男性有两套用来维护自己利益的“父权制式的策略”。第一个是在雇佣劳动中排挤女性；第二个是与男性劳动相比，女性劳动被看作是无足轻重的，并将女性关在封闭的牢笼里。

> 男性主导下的工会对两套父权制式的策略不太可能只择其一或都不采用。［Walby，1986：244］

由此，“男性劳动者的优势地位是在牺牲女性劳动者的基础之上建立起来的”。［Hartman，1981］

沃尔拜（Walby）进一步指出，再生产中女性的劣势地位并不能解释女性在生产中的不利地位，反而是男性集团对女性的组织性排挤和贬低迫使女性不得不忍受她们在再生产中的不利地位。

1　特里·伊格尔顿（Terry Eagleton）在《克拉莉萨的被污》［Eagleton，1982］一书中，成功地描绘出处在“恋爱”中的女性主动自我放弃的政治性。并且由于“背叛了父亲”，女儿也失去了从专横的“丈夫统治”下逃离的避难所。在一夫一妻制家庭中要实现“丈夫统治”，必须要切断来自妻子娘家的干预。如此一来，近代家庭就如同“爱的港湾”一样，变成无法阻止暴力横行的“黑匣子”。

因为“父权制下的性别分工（以及其中出现的女性劳动的贬值）早在资本主义出现之前就已经产生了”［Walby，1986：85］，所以我们甚至可以将资本主义视为父权制的近代形态。

家庭：性统治的场域

将家庭视为包含统治与被统治的再生产关系并将其作为分析对象是困难的。因为，对家庭做分析工作是一种对黑匣子的探究，并且家庭被视为贯通历史的“自然”的事物。特别是在近代工业社会中，家庭被视为脱离公共性竞争社会的避难所、给予慰藉和平安的最后的私人据点。“近代家庭”形成以来，家庭被认为是没有算计和功利的、无私的共同体。在这一共同体之中，成员们无论谁都能共甘苦，是真正的、超越了个体单位的平等之地。因此，当女权主义者的分析触及这一“神圣领域”之时，当他们揭露了家庭是披着“共同性”的外衣而实为压迫和统治的场所时，许多人——男人也好、女人也罢，都为自己曾经所深信不疑的神话的幻灭而惊慌失措，甚至反而以功利主义、经济主义之名去攻击女权主义。

实际上，女权主义者们的分析在触及家庭这个“黑匣子”并提出了它是通过性别和年龄进行统治之时，许多人对此表示抗拒[1]。他们害怕，女权主义者们会不会就此瓦解资本主义制度下残存的最后仅有一点的共同性神圣领域，并将其还原为支离破碎的个人呢?

但是，为什么提出这样的观点——也就是家庭中明显存在着男性统治和显而易见的经济压榨——会变成它自身所带的功利主义和经济主义呢?

“爱的共同体”的**神话**早已遭受性统治的**现实**之击而坍塌了。人们只

1　最先开始对这一禁忌发起挑战的是弗洛伊德，正因如此，他遭到同时代许多人的不满与愤恨。弗洛伊德揭露了即使在家庭这一最为亲密的关系中，也仍存在统治与压迫。多数人不愿承认他的发现，并向他表达了困惑与愤慨。

是不愿承认这个现实而已。诚然，只有当放弃将家庭看作“整体的构造”（monolithic structure）［Macleod&Saraga，1987：13］[1]之时，女权主义者的家庭分析才存在可能。不仅如此，倘若暂且从“爱之共同体”的神话中抽离出来，那在私人的“神圣领域”中，暴力和压迫的存在就昭然若揭了。

> 顶着个人隐私这一“神圣”的光环，家庭得以将公共性干涉与监督拒之门外。而正因如此，也不难想象现代社会中家庭已成为私人暴力的主要场所。丈夫对妻子的暴力以及对孩子的虐待，都是私人领域确立（privatization）的专有产物。［Blumenfeld&Mann，1980：293］

作为公共领域统治及其理论无法触及的、“神圣不可侵犯”的私人领域，家庭并不意味着其一定是“友爱的乌托邦”。私人领域无论何时都可以转化成一个封闭专制的小王国。由于家庭的共同体神话的生命力过于顽强，被殴打至生命垂危的妻子即使求助，但当警察在了解施暴者是其丈夫之时，他们也只是沉默而去。当遭受性暴力的孩子终于鼓起勇气开口时，大人们不予理睬或只是称孩子是在撒谎而已［Macleod&Saraga，1987］。仿佛比起家庭的**现实**，人们更希望保留家庭的**神话**。家庭这一私人领域，不仅有权力统治，还存在着赤裸裸的暴力。当“整合”家庭的不是爱而是专制的时候，女权主义者们正因为指出家庭中存在统治和压迫这一**现实**，才被扣上“瓦解家庭”的罪名。

因此，在把“家庭”作为分析对象之时，首先必须要向共同体神话的禁忌发起挑战。剥开那个我们曾深信不疑的超个人性的实体，那个尚未被

1 麦克劳德（MacLeod）和萨拉加（Saraga）指出，近年来，当不将家庭看作为“整体构造”的时候，儿童遭遇性暴力的问题才能显现而出。

问津的、被残留下的“神圣领域”。为此，我们必须回到权利与资源分配不均的个体集合之中。

物质基础

道菲称家务劳动为劳动，且是“生产性”的劳动。然而这里的“家务劳动”是指在家庭内部由名为“家庭主妇”的已婚女性所承担的无偿劳动。我们把这种生产的方式称为“家庭内部生产方式”。而形成“家庭内部生产方式”的统治结构便是“父权制”。

> 父权制是指，当今工业社会中女性从属于男性的体制。而这种体制下的经济基础便是家庭内部生产方式。［Delphy，1984：18］

道菲谈道，“家庭内部生产方式成功地契合了资本主义生产方式的要求，且二者相互融合形成一个机制”。

我在第一章便已指出，资本主义促使了市场的出现，这时便舍弃了其外部——家庭这一领域。但换句话说，市场是依靠“外部”而形成的。这里的“家庭”是一个不可分割的单位。“个人”（individual）一词意味着“不可分割之物”。在这个意义上，对于市场来说家庭就是最小的individual（不可分割）的单位。

在经济学中，市场的行为主体被划分为三种，国库（财政）、企业（法人）和家庭生计。在初级经济学中，实际上市场并不会出现比家庭单位还要小的“个人”。道菲称，“对于国家的财政计算，不存在个人这一单位”，“无论是谁都会被放入这一（叫作‘家庭’的）框架之中”［同上：90］。

在这里，家务劳动显示了它出彩的政治性特点。

不推倒家庭单位这座高墙，家务劳动就不能作为研究对象。[同上：90]

若要聚焦家庭里女性承担的家务劳动这一劳动问题，就需要明晰地在不可分割的家庭这一整体之中，抽出男性和女性的“个人”概念来探究其中的政治（性的政治）。

事实上，家庭这一不可分割的整体被当作充满爱和关怀的共同体（Gemeinschaft）。在这一看法支配下，家庭成员被分摊的压迫性的劳动并没有被视为核心问题。关注经济中非货币领域的波兰尼将互助性赠予经济之外（或者说在其之前）的领域划分为“家庭领域”，他将其称为“普遍互助性”（generalized reciprocity）（萨林斯语）统治下的非功利性、非计算性领域[波兰尼，1977]。“普遍互助性”是指像父母照料子女一样不求回报的无私原则。在这一原则下，捕获的猎物优先分配给发育期的孩子和饥饿的老人。也就是说，并非依照能力和劳动，而是“按需”分配，从而实现共产主义共同体的理想。

那么真的是这样吗？

第一，我们需要对于家庭是共同体式的这种论说持保留态度。“Gemeinschaft”（共同体）与“Gesellschaft”（社会）这一对概念，众所周知是社会学家滕尼斯（Tönnies）所提出的。他把工业化中产生的新社会形态命名为社会，与此相对应地，将“非社会之物”仅看作为共同体。他假设共同体的经验性对应物产生于前近代，然而他在将“从共同体到社会”这一历史性变换定型时犯下了浪漫主义派错误，即他将子虚乌有虚构成了过去。这恐怕也与一元性的进步史观脱不开干系。

前近代式家庭，与其说是共同体式的，不如说是非常“制度式”的一种形式。前近代式家庭是一种经营体，其共同体式的特点反倒相对较少。

家庭的特点涵盖了共同体的要素——爱、融合、抚慰等等，这其实是在近代形成之后才出现的［落合，1989］，也就是说，当家庭中制度式的要素减到最小值时，即所有这些要素被划分到了家庭外的领域中。在这之后，家庭就只能是社会的残留形态，作为制度残留范畴的“共同体式的要素”才分配给了“家庭”领域，这样的说法才是正确的。在这个意义上，共同体也就是伴随社会出现的——参照伊里奇（Illich）的说法，可以说是社会所创造出的“阴影”（shadow）——极其**近代**的概念，而非前近代的概念。

第二，我们需要分析在家庭这一制度**内部**发生了什么。家庭是按照性和年龄（世代）组合原理而形成的制度。在其中，按照性和年龄把分工和权势进行不均等地分配。所以，无论波兰尼如何主张家庭是普遍互助性统治下的领域，但事实上，家庭既不是成员平等的共产主义式的共同体，也不是能够萌生自主性领导权的志愿性（voluntary）集团。家庭中的分工和权势的分配，基于该社会所采用的家庭样式，早已作为一种制度而定型。

父权制是指，在家庭之中由年长男性掌握权势的制度。索科勒夫定义“父权制”为“年长男性的统治”[1]［Sokoloff，1980］。在年长男性的统治下，按照性和年龄的组合原理，家庭之中年少的成员以及女性处于从属地位且其劳动被剥削和榨取。父权制所整合的生产方式叫作“家庭内部生产方式”，其中被置于“无偿劳动”剥削之下的不仅仅只有女性。未婚、不婚的男性亲属的劳动也同样被一家之主所占有，他们没有对劳动和劳动生产物的自我决定权。道非问道：“是否只有家务劳动是无偿劳动呢？”

1　“年长男性的统治”这一概念与梅亚苏（Meillassoux）的“年长者统治”（gerontocracy）的概念非常相似［Maillassoux，1975］。梅亚苏和郭德列（Godelier）等法国马克思主义人类学家的贡献及其生产、再生产的整体性的核心化等问题将在下一章中详细论述。（这里原文将梅亚苏的英文名字标记为Maillassoux，经考证可能是出版错误。——译者注）

进而又问道："是否只有女性从事无偿劳动呢？" 从事无偿家务劳动的女性，她们的地位与寄居于兄长家并从事义务劳动的不婚的老二、老三其实别无两样。然而，只有少数的男性处于家中从属的家庭内劳动者的地位，而大多数的已婚女性都会成为家务劳动的无偿劳动者。这样的机制是性这一变量在起着无法避免的、内在性的作用。

女性－阶级?

所以说，女性的受压迫有着其物质基础。那就是，作为无偿劳动的家务劳动被一家之主的男性所占有，以及随之而来的女性从劳动中自我异化的事实。道菲谈道，由于父权制是从其劳动的性别原理中取得利益的，所以已婚女性形成了共利害的、超越阶级差异的"女性阶级"（women class）。这种"阶级"的规定，也就是说，女性－家务劳动者有着从劳动中自我异化的物质基础，无论是否存在**异化感**，异化的事实是存在的。女性运动的目的便是通过对这种劳动异化的认识来组成阶级。正如道菲所言，由"女性阶级"而开展的劳动物质基础的变革才是女权主义革命的目的，而把变革贬低为不过是"意识的解放"、"文化革命"的观点全部是反动的[1]。在这里，她展现了自称"唯物论者"的根据。

即使在工业化社会的背景下，家务劳动也不过是父权制的"家庭内部生产方式"的劳动。资本主义制度尽可能地与"家庭内部生产方式"携手共创利益。资本主义制度非但没有瓦解家庭内部生产方式，反而将其改变并再重组。工业化并非将家庭置换成市场，只是改变了家庭和市场之间的

1　在当时散布着将女权主义还原为"意识形态的斗争"或是"文化革命"的话语，而道菲大胆地批评这种打着"唯物主义"旗号的文化主义者不过是calturalist败北主义者罢了［参照Delphy，1984，chap.2］［此处原文的calturalist应当是culturalist（文化主义者）。——译者注］。要想解放有物质基础的异化，她认为单单依靠变革物质条件是无法实现的，这种观点也促使我对自己的"文化主义"偏向进行了反省。

关系［上野，1985］。

道菲不仅谈到了家庭之中的生产，还谈到了分配。正如生产劳动以及其监督权的分配是不均等的，在家庭内部之中，生产物的分配也是不均等的。比如饮食，饭菜之中最好的部分由丈夫和客人享用，妻子只能微笑着吃着自己的一小份，并说道“我已经足够了”。这种节制仅仅是由于不均等的分配原则成为女性心中的模范典型，并使其成为内在化的结果而已［Delphy，1984：46］。哪怕是“共享餐桌美食”（sharing the same table），也能看出明显的分配差异。所以她反对“资产阶级的妻子是资产阶级”这一阶级优越论，而是提出“资产阶级的妻子并非资产阶级，而是无产阶级”这一“性阶级”论。

“女性－阶级”论给女权主义的战略提供了强有力的基础。因为以“女性解放”为目标的女权主义不是争取个别女性的解放，或是从一部分女性之中解放另一部分女性，而是争取“女性阶层的解放”。所以，女权主义运动的最初议题便是将“作为阶层的女性”组织成为阶级并建立其主体。让“作为阶层的女性”被迫承担家务劳动这一无偿劳动的正是该阶级组成的物质基础。仿照《共产党宣言》的口号，“全世界家务劳动者们联合起来”，拿这句话当作唯物主义女权主义者们的战略吧。正因如此，家务劳动对女权主义而言是政治议题的第一要义。

第五章　再生产方式的理论

生产至上主义

至今为止，很多马克思主义女权主义者依然没有成功地将“再生产劳动”概念化。这是因为他（她）们一直将“女性在家庭中付出的无偿劳动”与“生产方式”（modes of production）关联起来作论述。这的确反映了马克思主义本身具有生产主义的倾向性。马克思主义是有关生产方式的理论，只要一直止步于其理论的范畴中，马克思主义女权主义者们也会同样因生产主义这一语境而给自己的论述设限。

马克思主义女权主义者们将“生产（劳动）”中男女两性的“性阶级”分配看作问题之所在。作为从女权主义者视角与马克思主义进行争论的先锋，库恩和沃尔普的《女权主义与唯物论》［Kuhn & Wolpe，1978］的副标题是“女性与生产方式”。道菲的有关“父权制”概念的表述也是“家庭内部**生产方式**”（domestic mode of production）的一种。

罗莎琳德・科沃德（Rosalind Coward）在《父权制以前的各种形式》［Coward，1983］中论述强调了马克思主义理论中“家庭”概念的意义。这本书的标题当然是受到了马克思的《资本主义生产以前的各种形式》［Marx，1857：58］的影响。科沃德主要引证了恩格斯的《家庭、私有制和国家的起源》［Engels，1891］并对家庭作了一系列论述。她对恩格斯做出以下评论："在《起源》中恩格斯没有把男性和女性作为经济性利益集团，即阶级进行理论化。"［Coward，1983：154］她同时指出，其原因在于，恩格斯"将家庭看作是男女两性合二为一之后的经济单位"。

科沃德将"家庭"作为主要论点，在阶级这个变量之上使得性这一变量可视化，这种战略是正确的。但她把家庭以及其中的两性定位又还原为经济活动，即所有、分配、财产继承等问题。也就是说，她刚刚把家庭这一领域从马克思理论中分离出来，就又立即陷入经济主义语境的循环往复中了。马克思主义给出的范例，可以说形成了强力的磁场。

科沃德虽然举出了母系氏族、原始共产主义等"父权制以前的各种形式"，但相较于父系氏族下的父权制而言，讨论母系氏族制下女性地位**相对**较高这个论题本来就是女权主义人类学家所擅长的领域。《姐妹与妻子》［Sacks，1982］的作者凯琳·萨克斯（Karen Sacks）就是深受马克思主义影响的一位文化人类学者。她在著书中比较了处于母系社会（属于"姐妹"这一类别）与父系社会（属于"妻子"这一类别）中女性的不同地位。她选取的依据是"女性地位"与女性"生产方式"之间的关系。这里，她也将"生产"和"所有"看作是论述时的关键。

"父系（从夫居）氏族制下的姐妹虽然是所有者却不是生产者，妻子虽然是生产者却不是所有者。"［Sacks，1982：122］相比之下，母系氏族制下的女性由于婚后并不离开自己出生的集团，所以姐妹既是生产者也是所有者，妻子则不属于上述任意一种。萨克斯指出，在父系氏族制下的女性由"姐妹"变成"妻子"的这种分离以及"生产者"与"所有者"之间的自相矛盾，正是与母系氏族制相比女性地位下降的原因[1]。

科沃德和萨克斯等都试图将女权主义的视点融入马克思主义之中。她们好不容易才将家庭、性作为问题的分析点，却又将其还原成了与“生产方式”相关的问题。科沃德将性的第一要义视为“经济阶级”，萨克斯则认同“女性－生产者”的说法。也就是说，她们都将家庭和性别又划为经济活动，即在物质生产的语境中展开她们的论述。这就是她们掉入的陷阱和她们论述的局限之所在。

诚然，无论是在哪个时期，女性都是生产者，都没有失去其生产者的身份。女性是生产者，而且是与劳动产品相异化的、被压迫的生产者，这一定式的确解释了“性阶级统治”的物质基础。道菲的“性阶级”之论也是以此为基础的。因此，她们的唯物主义式女权主义者的解放战略也遵照此法。也就是说，我们从中可以得出以下结论：女性为生产活动做出了贡献，其贡献理应被支付相应的合理报酬。以及，为了提高女性地位，应该推动女性更多地参与生产活动。

无论是哪个时期，女性都是生产者，但不仅仅只是生产者。女性是生产者的同时，通常也是再生产者。

将一切还原于**物质**生产语境的唯物主义者，正因如此才忽视了生产活动之外的其他领域。当然，无论是科沃德还是萨克斯都意识到了女性的再生产活动。但是，她们与马克思一样，由于将生殖繁衍视为“自然的过程”，到头来也只是认为生殖繁衍不过也是劳动而已，即不是物质生产，

1　相反地，母系（从母居）氏族制下则会在男性一方出现生产者与所有者的分离。它存在于母系氏族社会中，这会削弱男性的地位危及男性成员间的团结。因此，许多母系氏族社会曾采取的调停方法是母系氏族从夫居制，即出身（lineality）与居所（locality）的“非协调”（列维・斯特劳斯语）的婚姻制度。并且由于其自身具有的不稳定性，这种“非协调”的规则早晚会向彻底的父系氏族制（父系氏族且从夫居）转化……这也是以萨克斯为代表的“母系氏族社会”的中心论点。从巴霍芬(Bachofen)的《母权论》到斯特劳斯的“母系交叉表亲婚论”［Lévi-Strauss，1949］，这些人类学的亲属关系理论都只不过奏响了由母系氏族向父系氏族转化的必然乐章。

而是生产人类的劳动。

将女性地位仅置于与生产方式的关系中进行的各种论述自然也都归结于这样的要求：**尽管**女性在历史上因其作为“生育的性”而自带不利条件，但她们仍旧是生产者；应当合理地评价女性生产劳动的贡献。这种生产方式还原论是一种生产一元论，市场一元论即是由其演变而来的。马克思主义女权主义本应从批判阶级统治一元论出发，倘若再次陷入生产一元论，则会返回起点。

马克思主义女权主义者中最激进的“家务劳动论”者达拉·科斯塔貌似也没能逃脱这种生产还原主义。用向市场提供劳动力商品的价值来衡量“家务劳动”的价值（尽管她提出将市场价值作为反击点直捣市场的矛盾，这种**战略**还是可以给予一定评价的）是再显然不过的生产还原主义了。并且，达拉·科斯塔所谓的家务劳动的内容几乎完全就是指“丈夫这种劳动力商品”的再生产和生育“孩子这种下一代劳动力商品”的再生产（这里所指的是“再生产劳动”），而她没有将其主题化也是她的混乱之处。

最后，再补充一句，伊里奇的“影子工作”（shadow work）论［Illichi，1981］也同样存在着这样的**倾向**。“影子工作”的概念明确了市场劳动实际上是依存于市场**之外**的劳动的，并且指出了这种市场**之外**劳动是没有被合理支付薪酬的劳动。从这点来看，“影子工作”一词的确是卓越的命名。但其问题是：第一，影子工作并不是以“主妇劳动”为中心的一个概念，它在家务劳动的分析上有诸多的不足之处；第二，从其命名即可得知，影子工作并没有指明处于阴影之中的劳动呈现何种实体性特征；第三，也是重中之重，伊里奇所举出的主妇所从事的影子工作的经验性对应项中，不知是其故意还是不经意，仅仅只包含了做饭、洗衣等各项工作，轻视了养育孩子这一项再生产劳动。

时至今日，家务劳动论已累积了相当程度的理论基础，但遗憾地是，至今无论是马克思主义女权主义者的理论还是非马克思主义女权主义者的理论，都未曾真真正正地以“再生产劳动”为中心论述过。如果说马克思主义女权主义的贡献是发现了存在于市场外部的那个被称为家庭的独立领域，那么与此同时也必须确立与生产相对应的那个被称之为再生产的（相对的）自律领域。

家庭内部生产方式

以往的马克思主义女权主义者们无一例外地都将父权制仅仅定义为某种“生产方式”。在此基础上，将性统治定义为“男性对女性（生产）劳动的占有”。

> 如果（资本主义和父权制）二者运作的根本机制均为生产的话，那么也就不存在使二者分离的基础了。［Young，1981；Walby，1986收录：46］

这是一种生产至上主义。该立场深植于马克思主义之中。

但是，尽管女性是“生产者”（producer），却没有被置于资本主义生产方式之中，而是被归进父权制的领域里（并且即使女性进入资本主义生产方式之中，也会被父权制的重压拖累而沦落为“二流生产者”）。这样的划分不正是由于女性是“再生产者”（reproducer）而造成的吗？父权制以及家庭的概念明明与再生产紧密相关，但许多马克思主义女权主义者却总将父权制还原为生产方式进行阐释。即使承认再生产劳动，然而一旦涉及劳动力商品的再生产问题就很容易陷入与资本主义**生产**相关的论述之中。但倘若父权制是一种独立于资本主义的生产方式，那么为何不能说它是一种独立于资本主义的**再生产**方式呢？换言之，为何不能说再生产方式独立于生产方式呢？

“再生产”（reproduction）的概念与父权制的概念相同，是极富争议的多义概念。再生产有以下三种不同的含义。

（1）生产机制自身的再生产；

（2）劳动力的再生产；

（3）人类生物学上的再生产。

[Walby，1986；Barrett，1980；Edholm et al.，1977]

马克思主义女权主义大致沿用了“再生产”的上述三个含义。家务劳动论战中采取的是“劳动力的再生产”这一层含义，并试图解析在这种定义下再生产的生产方式的意义。但反过来说，如果达拉·科斯塔等提倡的生产还原主义是资本主义一元论（资本主义一元论并没有成为像“父权制”这种独立概念成立的先决条件），那么马克思主义女权主义中有关再生产的独特观点（将父权制视为再生产方式）则与前者不同，它源于以下两方面：一个是取（1）的含义，将再生产解释为广义范围上的“生产机制自身的再生产”的阿尔都塞（Althusser）的观点[阿尔都塞，1975]。而另一个则是取（3）的含义，将再生产解释为狭义范围上的“人类生物学上的再生产”的梅亚苏的观点[Meillassoux，1975]。

阿尔都塞着眼于资本主义体制自身的再生产机制，并强调其中意识形态所发挥的作用。而梅亚苏则是首位通过对未开化社会中亲属关系构造的分析，将“再生产方式”的概念与女权主义分离并独立使用的人类学家。

巴雷特深受阿尔都塞的影响，她认识到意识形态在维持压迫性生产关系上所起的作用。她与阿尔都塞同样将意识形态仅视为位于“上层建筑”之上的自律领域[Barrett，1980]。在巴雷特看来，父权制如果能拥有独立于资本主义的自律性的话，那么父权制就应处于意识形态领域之中。

由于将父权制视为某种意识形态的这种观点非常适用于精神分析和文学评论，因此很容易被女权主义所接受。

然而，这正是道菲将其视为“观念论”（idealism）并进行不断批判的矛头之所在。道菲认为压迫性生产关系中的再生产里存在着“物质基础”。并且，她认为正是这种对性压迫的“唯物论式分析”才使马克思主义始终具有辩证性。并且“从结论上来说”，这是使她自己成为“始终如一的唯物论者”的根据之所在［Delphy，1984］。对此，巴雷特使道菲背上了“经济（还原）主义”的骂名，然而巴雷特的回应是极为似是而非的。

> 虽说如此，道菲还是将父权制还原成了另一种生产方式，即“家庭内部生产方式”。巴雷特和麦金托什（Mary Susan McIntosh）在针对道菲的有关批判中指出其在分析婚姻契约上太过片面，只关注“妻子”而忽视“母亲”这一角色，这样的说法也不无道理［Barrett & Mclntosh，1979］。

梅亚苏着眼于再生产的第三层含义——人类生物学上的再生产。除梅亚苏之外，如早期激进派女权主义者费尔斯通（Shulamith Firestone）等也将女性作为“生育的性”的生物学宿命视为性压迫的基础。但不久之后，这种观点被视为非历史性且纯生物学主义而遭到了来自女权主义内部的批判。梅亚苏完全与女权主义分离，并在马克思主义人类学的影响下对再生产的概念进行了分析。同时，她试图将再生产定义为社会上普遍的整合方式，即“再生产方式”。对梅亚苏而言，阶级关系就是基于生产关系的再生产关系。

梅亚苏将（物质）生产与（人类的）再生产区分开来，她认为社会阶级关系不仅仅是生产资料的分配，还是再生产资料的分配，即女性的分配。这种再生产资料即对女性的管理和控制对社会来说是重中之重。并且通过这种“再生产方式”最终也能实现对生产方式的管理控制。

细细想来，以往人类学中主要致力于对亲属关系的理论分析，实际上也是以婚姻规则为媒介的针对“再生产方式”的分析。更准确地说，婚姻规则不仅仅通过它来控制再生产，由于它也决定了劳动力的分配，所以可以说亲属关系结构是“生产方式”和“再生产方式”未分化的综合体。

生产方式与再生产方式的**强制**分离本来源于市场社会这一历史性条件。如同农妇的劳动原本不分家庭内劳动和家务劳动一样，在生产劳动与再生产劳动中很难划定何为生产，何为再生产。正如家务劳动中的“城市标准”［Delphy，1984］所示，我们大有可能经常将历史上未实现实际分离之前的概念提前给予其分析性的记述。我们只能将人类活动的总和暂且称为“生产与再生产的综合体”罢了。从这点上来看，**仅在**亲属关系的语境下定义的社会就是生产方式与再生产方式所复合而成的社会。更进一步说，是与市场社会完全相反的、生产方式从属于再生产方式的社会。

亲属关系这一措辞由性及世代（年龄）为变量组合而成。在这些组合分类中，权利和义务的分配是不平等的。性和世代最初就是不对称的分类。特别是世代（生育者/被生育者）这种分类实质上只是由于时间之差而产生的不对称（不可能有**平等的亲子**关系）。一般说来，性也是不亚于前者的不对称分类。几乎所有的文化都是在非左即右的不对称性二元论下以社会性别的相对性进行分类的[1]。

在不对称的性和世代的变量下，广义上的父权制就是将权力分配给

1　对于对称的且相辅相成的（即“有差别无歧视”的）社会性别“宇宙论雌雄两性”［青木，1983b］的批判请参考［上野，1986a］。

年长男性的体制[1]。索科勒夫给予了“父权制”以下定义：“实现男性统治女性的所有社会权力关系的总和。”［Sokoloff，1980：154］道菲则定义父权制为“（现代工业社会中）女性从属于男性的体制”。［Delphy，1984：18］

通常谈起父权制，多将其与家庭内部生产方式联系在一起。在家庭内部生产方式之下，包括母亲和孩子在内的家庭成员常被置于年长男性的监督之下，其生产劳动和再生产劳动均被家长占有。另外，如道菲所言，在工业社会中形成的市场与家庭的分离和分工，以及在其之下的家庭对女性的统治，尤其可被称为“父权制”这一历史概念。

关于父权制是否为近代社会所固有，或者说近代工业社会所固有的父权制究竟为何物，我们先把这些问题放在一边。我们可以设问，父权制**以外**是否还存在生产、再生产方式的综合体？科沃德在《父权制以前的各种形式》中试图论述（且得出错误的结论）的就是这个问题。

女权主义人类学家努力去解析以往的这些问题，即是否存在父权制之外的生产－再生产方式？假如存在那么是怎样的形态呢？为此需要怎样的条件？或者说如果这是一种不幸，那么其理由是什么呢？然而遗憾的是，这些问题至今仍然没有得到满意的回答［上野，1986a］[2]。

理性且渊博的世界著名学者大卫·许奈德（David M. Schneider）就亲属关系理论进行了分析。他指出，无论是在母系社会还是父系社会，“男女的角色分工是相同的。男性承担权威的角色，女性承担育儿的责任”。［Schneider，1961：7］

1 “父权制”一词的日语翻译，由于以“家”（日语为“家父長制”。——译者注）的存在为前提，用“パトリアーキイ”（英文patriarchy的日语发音。——译者注）与片假名表示或许更为准确。

2 关于女权主义者人类学家的详细论述，以及对其狭义之处的批判，请参考［上野，1986a］。

倘若如此，那么父权制就是与父系氏族制相独立的概念。年长男性的统治贯穿了历史，在此意义上的**广义**的父权制与法国马克思主义人类学家克劳德·梅亚苏所提出的“年长男性统治”的概念非常接近［Meillassoux，1975］。根据梅亚苏所言，“家庭制共同体”（domestic community）是指亲属集团之中年长的男性压榨年轻人和女性的机制。

梅亚苏自身意识到“家庭制共同体”这一概念既是“生产方式”（家庭内部生产方式）又是“再生产方式”。“恩格斯只是证实了物质生产关系并非‘决定性’的。他……预感到‘血缘’严格来说是超越生产关系的、包涵着人们为了生命的再生产所缔结的各种关系。”［Meillassoux，1975：日译本23页］

他提出了让马克思主义女权主义者十分欣喜的观点，即“对那些马克思主义未曾涉及的问题，仍旧努力照本宣科式地遵从历史唯物主义，这些人其实是违背了真正的马克思主义”［同上：日译本23页］。

女权主义者从女性解放这一目标出发，梅亚苏则从对亲属关系理论的关注出发，他们与“再生产方式”这一概念不期而遇。女性既是生产力又是再生产力，这在婚姻制度下广泛流传。亲属关系的结构决定了女性和年轻人的劳动归属于谁，同时决定了对女性这一再生产力分娩的再生产物，即孩子的占有。梅亚苏批判了列维－斯特劳斯对婚姻规范的分析，认为他对于该问题的讨论始终围绕交换模式进行结构主义式的分析，而对于婚姻所带来的物质性的归结，也就是孩子的归属及财产的继承问题，他则完全没有涉及。即便在此意义之上，从梅亚苏对于一概而论的物质（material）这一概念所展现出的兴趣来看，他也是黑格尔主义传统下真正的唯物主义者。

长者对于年轻人和女性的统治是通过对种籽的管理和聘金的管理而实现的。正如刚才所言，“世代”是非对称的概念，即年轻人需要承担着长者的“生产”任务。也就是说年轻人开始种田之时，他必须从长者那里获得前几年留下的种籽。种籽最终发育成长得到收成。年轻人要为这种“负债”向长者偿还“利息”。

同理，女性亦是如此。年轻人为了得到女人需要让长者负担聘金。女人和种籽一样，繁殖生子。年长男性通过聘金的管理来控制女性的分配，以及孩子的分配和归属。

聘金即是当时社会所认定为贵重财产（valuables）的特定的财产，即家畜、装饰品、贝类货币等（货币也是其中之一）。年轻人为了获得聘金，需要为长者工作效劳，通过这种方式而到手的贵重财产即是一种“劳动凝结”（congealed labor）的结晶。这样，通过对贵重财产（广义的货币）的管理，由年长男性来决定年轻人和女性的生产劳动和再生产劳动的分配。年轻人先从年长男性手中获得种籽，进而让年长者替他们负担贵重财产和得到女人的聘金，然后年轻人要来偿还“负债”。

梅亚苏的分析是从人类学家的角度回答了马克思最根本的设问，也就是关于资本主义的产生——“为何资本会产生利润”，“为何土地会产生地租”的问题。梅亚苏的书的原题为《女性，谷物，资本》[1]。而其共通点便是均“产生利息（取了一个好名字！）”[2]。

梅亚苏的“年长男性统治”即是父权制一元论的概念。在这里，性和年龄这一变量决定了生产、再生产综合体的方式。正如市场统治一元论是极端的理想类型，父权制统治一元论也是极端的理想类型。在市场统治一元论之中，再生产属于生产；相反，在父权制统治一元论之中，再生产包括了生产。然而当我们关注近代家庭中小规模的单位而谈论“父权制”这

1　日译名为“家庭制度共同体の理論へ”，英译名为“Maidens, Meal and Money: Capitalism and the Domestic Community”。这里不应译作Meal，而应译作Grain。

2　利息的日语原文为“利子”，“子”一字又可理解为子女，所以作者在括号中提到“取了一个好名字！”——译者注

一概念的时候，无论如何都会把它当作是从属于资本主义以及市场统治之下的、充其量是文化或者心理的概念。这样一来，即便这种看法是一种理想类型式的思考实验，但是把整个社会看作是由父权制原理而组成的一种社会类型，那这种看法仍旧扩大了父权制概念所论述范围的有效性。

还有，围绕着“年长男性统治”是否能扩展到“性阶级（sex class）”、“年龄阶级（age class）”的争论之上？“年长男性”，即拥有权威的高龄男性，他们是否大多为统治“阶级”呢？

年轻男性通过为年长男性工作而得到贵重财产，最终自己达到年长男性的地位。如果仅从辈分的先后关系上来规定长者和年轻人的这种剥削与被剥削的关系的话，那么一个人年轻之时是被剥削者，等上了年纪变为剥削者，从全局上便构成了“普遍互惠性”。这种可变动的关系难以被称为**阶级**关系。

那么女性又是怎样的呢？女性和男性之间的地位无法变动。女性是聘金交换中“被分配的一方”，无法成为普通的贵重财产所有者。获得贵重财产的权力在集团男性成员之间分配，而聘金也同样是从丈夫的男性亲属手中转移到妻子的男性亲属一方，并非从丈夫一方赠与妻子一方。

倘若如此，表面上世代（年龄）这一变量的非对称性是显而易见的，但相比之下，性这一变量的非对称性更加显著。在这样的机制之下，父权制的定义便是权威在男性全体成员中世代之间的分配，以及男性全体成员对于女性全体成员的统治。而资产阶级一夫一妻制家庭的父权制仅仅是指“家庭制共同体”中有且只有一名成年男性成员的父权制的特殊形式而已。

在女权主义诸多争论之中，道菲的“家庭内部生产方式”引起了激烈的讨论，但梅亚苏的“再生产方式”却未成为争论的对象。当然这跟梅亚苏并非女权主义者，也没有学者将其理论放入女权主义理论中进行积极地探讨密不可分。

即便存在女权主义者对梅亚苏的“再生产方式”这一概念的探讨，反响也并非都是肯定的。对梅亚苏的《女性，谷物，资本》[Meillassoux，1975]一书，奥劳克林[O’Laughlin，1977]、麦金托什[Mackintosh，1977]、埃德霍尔姆[Edholm et al.，1977]等女权主义人类学家们都发表了书评，但均是对梅亚苏的批判。

女权主义者对于梅亚苏的批判主要针对以下两点：第一，将女性还原成“再生产手段”；第二，所谓的一种“再生产至上主义”。关于第一点，埃德霍尔姆等人提出，“梅亚苏仅仅将女性看作再生产者，忽视了与之同样重要的作为生产者的角色”［Edholm et al.，1977：110］。而关于第二点的“再生产至上主义”，则又回到了“生产至上主义”这一问题中来。

> 作为生存手段的生产必然是确定的。与之相反，劳动力的再生产是“从根本上无法确定的”，或者是由生产“规定”的。［O’Laughlin，1977：9］

对奥劳克林而言，“生产和再生产是单一的过程”，同时“再生产应当被视为从属于生产的”［Walby，1986：36］。

从中可以看出生产至上主义已深深扎根于马克思主义主流学派之中。看来，至少没有人对“生产决定再生产”这一命题抱有疑问。这就是信奉统一理论的人们的固执之处。倘若“生产”是唯一的、终极的独立变量，而且可以从中决定“优越的生产方式”，那究竟为何一定要认定其为独立的领域呢？对于无法承认父权制独立性的马克思主义者而言，梅亚苏的“再生产至上主义”显然是无法被认可的。

然而，为何生产与再生产是一元决定论的两极，一定要在其中摇摆不定呢？如果将女性还原为再生产者是错误的，那么相反的，将其还原为生产者不也是犯了同样的错误吗？如果无法承认“再生产决定生产”这种一元论，那么有何理由能够接受“生产决定再生产”这种一元论呢？看来生产至上主义与再生产至上主义同样没有根据。

“生产方式”与“再生产方式”的辩证法

“生产方式”和“再生产方式”在当下是两个相互独立的概念。理论上讲，再生产方式完全从属于生产方式，以及与其相反的，生产方式完全从属于再生产方式，这两种结构都是可能的。

虽然生产与再生产的分离本身就是近代概念，但是从更加分离性的分析概念出发，论述二者的结合与相悖的关系成为可能。

在生产关系与再生产关系的相互关系之中，以往所相信的是这个“神话”，即生产劳动与再生产劳动二者互相矛盾的这一假说。即便是马克思主义女权主义者也将“再生产劳动”这一概念当作独立的分析概念，他们往往将此概念用来**解释**女性之所以是劣等的**生产者**缘于她们主要是**再生产者**。

将“生产方式”与“再生产方式”的概念分离使用，使得我们可以从这种神话中走出并得到自由。这也就是认为，女性之所以成为二流的生产者，仅存在于生产劳动与再生产劳动为鱼和熊掌（二者无法兼得）的关系之中。且所谓近代社会，是指由互相矛盾、冲突的生产劳动与再生产劳动所组成的生产方式与再生产方式的社会。

从理论上讲，且从经验出发，考察非互相冲突的生产劳动与再生产劳动的社会是可行的。借用生产、再生产的二元论这一历史概念，若想超越历史的被限制性，需要从包含此概念的固有历史形态出发，将此概念剥离并**解构**。当认为生产方式与再生产方式的相互关系呈现**非近代的**形态之时，可以说这个概念是超越历史的、拥有普遍共通性的概念。

生产劳动与再生产劳动是不可兼得的关系，由此，作为再生产者的女性**必然地**成为劣等的生产者。在这一通俗的常识被“正当化”的影响下，最简单明了的讨论便是下面社会生物学家的宿命论式的三段论述。［Sacks，1982：24］

（1）生产孩子与生产文化不能兼顾。

（2）女性生产孩子。

（3）所以只有男性才能生产文化。

这样的讨论真的是正确的吗?

第一，认为再生产与生产是冲突的，这一观点的前提在于，人们在其最大限度的生存线之上竭尽全力勤于生产活动。事实上，我们可以推翻“在生产力水平低下的社会之中”的这一前提，因为停留在石器时代的生产力水平的“未开化社会”是劳动时间较少的“丰足的社会”。据研究报告所示，技术、生产力都保持在石器时代水平的狩猎采集社会的人们，不仅徘徊在温饱线之上，还尽量将许多剩余食物保存在合适环境中以防资源枯竭。他们一天劳动四小时（这个劳动时间，竟然出乎意料地与马克思所描绘的，即将到来的共产主义社会中人均劳动时间相一致！），除了花时间在谋生的劳动上，他们还唱歌、跳舞、吃饭，这些“社交”和“艺术活动”占据了整日的时间。在如此“丰足社会”中生活的人们如同**避免**资源利用和生产力水平“极大化”的、生活在工业社会的人们一样，从这点上来看，他们的确是“丰足”的。

在这样的社会之中，再生产与生产毫无冲突。再生产活动如同一天之中用少许时间进行的生产活动（对女性来说，是采集植物资源）的附赠品，它如业余活动一样。事实上，在这样的社会之中，女性的采集活动占了生产活动的六成（摄取卡路里的60%）。那么这样的社会之中，女性不仅仅是再生产者，更是比男性贡献度还要高的生产者。

而且在这样的社会中，再生产的过程很短。孩子很快长大成人，女性的净再生产率（一生之中生育女孩的数量）也大约稳定在1.0。虽然我们对于性无知的“未开化人”带有偏见，但他们与工业社会的人们不同，他们不会进行再生产的“极大化”，使得生育年龄的大半时间都在孕育中度过。

第二，只有当再生产被按照性别分配给**女性**的时候，对于女性而言，再生产才会同生产相互冲突。女性的确是“生育的性”，然而在先前定义的作为总体社会化过程的再生产活动之中，“生育”——狭义的生殖，即妊娠、生产、哺乳只不过是其中的一部分而已。并且即便是从女性角度来看，生殖决定了其生活的全部内容，那也只是产褥期极短的时间段而已。女性在妊娠中仍在工作，哺乳期间也承担着除此之外的其他工作。正如萨克斯所言，女性无论何时都既是再生产者又是生产者。同样，男性也无论在哪个时代都既是生产者又是再生产者。然而只有在工业社会这样特殊的社会中，生产与再生产通过性别分配，将女性的再生产劳动增加到最多，而将男性的再生产劳动削减为最少。

第三，在再生产比生产活动更加重要的社会中，女性的再生产力只会提高女性的地位而不会使其降低。在非洲的酋长国——由女王统治的国家之中，女王必须要通过其再生产能力来证明其政治能力。生育孩子的能力能够提高女王的权力，所以女王在位之时接二连三地生育子女。而且这种再生产能力通常与丰收联系在一起。在这样的社会之中，生产同再生产二者不仅不是不可兼得的关系，还是相辅相成的。

我们没有必要早早决定生产或再生产谁才是社会经济构成体的“终极审判”（阿尔都塞）。所以，对于马克思主义女权主义者的设问，根据比彻的论述可以定型为以下的内容。

如何才能够用唯物主义的分析方法，充分地将生产和再生产作为单一过程的部分而完全统合起来，而且明确性别差异是阶级结构的组织形态不可分离的部分呢？［Beechy，1987：115］

第六章 再生产的政治

性（sexuality）的占有

女权主义最初开始关注的焦点就是作为“生育的性”的女性以及她们作为再生产者的角色。性、母性以及堕胎的权利常常是女权主义关心的核心问题。

> 性之于女权主义如同劳动之于马克思主义一样。［Mackinnon，1982：1］

但这不意味着像费尔斯通这样的“生物学主义”。这是因为，“正如劳动之于马克思主义，性之于女权主义就是被社会建构的事物”［同上］。麦金农（Catherine A. Mackinnon）继续说道：

> 正如阶级的定义就是某一类特定人群的劳动因另一群人的利益被有组织地剥削榨取（即劳动者），性（sex）的定义就是某一类特定人群（即女性）的性（sexuality）因另一群人的利益被有组织地剥削榨取。异性恋制度就是其机制，其凝结的形态是社会性别和家庭，其特性是在特定人群中所产生的性别分工，其结果是再生产，控制管理就是其课题。［同上：2］

与其将父权制定义为“男性对女性劳动的占有”，倒不如将其定义为“男性对女性的性（sexuality）的占有”，这样的定义更像是女权主义的论题。但是这样一来，性的问题就架构在没有解析性统治物质基础的情况下便转向意识形态、精神分析等“上层建筑”上了。性的占有，不只是社会意识（“心态”）的问题，也同样是拥有物质基础的制度性问题。

正如麦金农所言，将“女性”定义为社会性存在并不意味着生产中的阶级关系。异性恋（heterosexuality）制度在两种性别（gender）的划分中是基于与“男”性的关系上给予了对于“女”性的定义。其第一要义首先是“生育的性”——再生产者。女性之所以为被压迫者并不仅仅是因为女性是再生产者，还因为她们与自身所进行的再生产劳动和作为其结果的再生产物（reproducts，此词语是对应生产物一词而来的，用再生产物一词来表示）——孩子所分离而来。女性的再生产劳动和作为其劳动成果的再生产物被男性－父权（patriarch）所占有。而这正是“父权制”的含义。

如果将生产关系中的阶级概念引用到再生产中来，我们可以称男性是再生产统治阶级，而女性是再生产被统治阶级[1]。女性虽然持有叫作“子宫”的这一再生产手段，但是子宫从肉体上属于女性身体的一部分完全不意味着女性“所有”[2]子宫。父权制的企图一直都在试图支配并控制作为再生产手段的子宫。再生产统治阶级试图让女性始终对自己的身体保持无知[3]，并将其身体的管理委托于男性[4]，将避孕和生育的自我决定权从女性

1　浅田彰提倡将这个读出来甚至有些饶舌的说法简洁明了地归纳为“再生产资本家”和“再生产劳动者”。但是资本家/劳动者是**资本主义生产方式下**表示阶级关系的历史措辞。如果可以预设**资本主义式的再生产关系**的话，虽然上述历史措辞可以转用于此，但是在这种情况下就必须定义再生产中“资本”的含义。虽然这种措辞作为隐喻而言是很卓越的表达，但这里是作为较为普遍的阶级概念(“阶级”本身就是贯穿历史的概念)在使用。

2　近代法律中“所有”的概念是指有关财产的“使用、收益、处理”权的集合。如果女性的子宫被丈夫独占，那么子宫就是丈夫的“财产”。

3　维多利亚时代的性伦理要求女性不能看也不能触碰自己的性器官，在这一要求之下，明明是自己的身体，对女性而言却是最为疏远的陌生之物。

4　时至今日，许多女性仍误以为对性的无知是“可爱”的表现。

手中夺走[1]。

遗憾的是，在现代生殖技术范围里子宫仍无法从女性的身体剥离，但我们能想象得到，人工子宫如果能实现的话，那么其管理和运用的权利将会落在男性手中。生殖技术的发展不仅不是不孕不育女性的福音，反而是父权制的乌托邦[2]，也就是说，这下终于可以不再依靠女性这种可憎的动物，就能全权掌控再生产了。

如今，在像代孕妈妈（surrogate mother）这类利用子宫而获取金钱的**买卖交易**中，买方总为男性，卖方总为女性。“货币”这种资源代替了“爱”，决定了子宫和再生产物的所有权会落于谁的手中。“货币”这种资源在当下是社会权力资源，所以其分配（规则）基于性产生的差异。在这种差异下，可以说父权制的痕迹被“爱”美化并抹去，更直截了当地表现为用货币语言表示的再生产统治与被统治的关系。正如1987年美国的代孕妈妈拒绝将孩子交给委托人的“Baby-M事件”所揭示的一样，反而是“爱”的语言掩盖了再生产关系中阶级式的统治关系[3]这一现实。

对子宫的统治本来就是围绕出生婴儿的归属之争，这正是父权制的核心问题。

婚姻虽然是两个亲属集团之间的契约，但其中一直都有围绕孩子归属问题的政治性争执。比如如果聘金未支付完的话，有的女方亲属会在对方付完聘金前拒绝把孩子交付给男方。如此看来，显而易见的是，婚姻契约不仅仅是丈夫与妻子的性关系的契约，还是由这一性关系衍生出的结果，

1　正因如此，“生育、不生育是女性的权利”，这是女性运动的焦点之一，并且它也是让男权者最为愤怒之处。

2　金塚贞文的《人工身体论》(1986)指出，生殖技术会带来将女性还原为“生殖机器”的危险。

3　在采访中，对于“这不是买卖婴儿吗？”的提问，调节“Baby-M事件”的“代孕妈妈”行业的老板回答道：“买卖交易？花钱的人可是婴儿真正的父亲。他只不过是用自己的钱得到了自己的东西。”即使不付钱，**从法律上**来看孩子原本就是他的东西。

即围绕孩子归属问题的契约。

在前近代式的婚姻中，妻子被视为创造嫡子的道具（“借胎生子”）。在这样的制度下，离婚对于女性而言意味着将孩子放在婆家随即离去。许多女性由于不想与孩子分离而对离婚望而却步。但即便是那时候，与母亲分开的孩子也并不是由父亲抚养，而是由男方亲属圈中的祖母从事这一再生产劳动。这里的问题是，无论是由母亲抚养还是由祖母抚养，孩子都属于男方这个事实。在像中国、韩国这样实施夫妻不同姓制的国家里，孩子属于男方也更是一目了然。孩子冠父姓意味着把母亲标记为外人。

二战后这种情况有了极大的转变。现在夫妻离婚之际孩子有八成以上被归为女方。这与伴随着家庭的核心化，丈夫失去了代替妻子行使女性劳动的人（祖母）的事实有关。离婚不再意味着失去孩子，这使得女性下定决心离婚变得相对容易。而这样的事实却很少被提及。但是多数单亲母子家庭处于贫困线之下也是事实。从数据得知，离异男方所协议承担的抚养费不仅极低，而且很多父亲经常拖欠抚养费，随后甚至渐渐停止支付抚养费。并且在这种情况下，很少有女性会将男方告上法庭。

许多女性在恶劣的劳动环境中一边负担全部再生产费用，一边还得兼顾养育孩子，对她们而言，还能说她们从父权制下“夺回”了孩子吗？等待她们孩子的不再是个别的压迫性父权，而是转化成为制度性的父权。据哈特曼所言，“性统治（gender hierarchy）[1]的再生产”发生于“教会、学校、运动俱乐部、工会、军队、工厂、事务所、保健中心、媒体等灌输父权制态度并且将女性地位压低的场所，而且这些都是起助推作用的家庭外部场所”。［Hartman，1981：日译本63页］如此一来，会有诸如以下让

1　Gender hierarchy的日文一般译为“性階層制度”（“性阶级制度”），这里取更为简洁的译法“性統治”（“性统治”）。

人啼笑皆非的喜剧出现。在离异后母子相依为命的家庭里，即便母亲是女权主义者，她还是会被五岁的儿子反驳道："你只不过是个女人而已!"只要女性和孩子处于父权制社会之中，即便取消个体婚姻，那些试图将孩子从性统治的污染中隔离的各种尝试也会无济于事。

再生产不仅意味着从受孕到生育为止的生物学过程，还包括把生下的孩子抚养成人的全过程，并且这种再生产劳动由女性承担。通过这一过程，为了培养适合父权制的下一代而动员女性自发的献身，这与父权制的成功息息相关。家庭就是这种父权制再生产关系。通过家庭，父权制再生产关系本身也毫无疑问地由女性再生产了出来［Chodorow，1978］[1]。

女人，她只是生养了一个贬低自己的生物而已。

再论父权制

在家庭之中究竟发生了什么呢？让我们重新回到父权制的定义。

"父权制"从词源上来看是"父亲的统治"（rule of fathers）。家庭是（亲属集团也同样）"依照性与年龄的不同而使权威和资源分配不均的决策因素"，而不是与神话相悖的、以较为宽容的"普遍互助性"为方针的"爱的共同体"。这种"父亲的统治"中包括"由性进行的统治"和"由世代进行的统治"这两个方面。家长（丈夫）同时占有"妻子的劳动"和"母亲的劳动"。

如果依照麦金农将"劳动"的概念替换为"性"（sexuality）的做法的话，这里就出现了两种异化，即"（丈夫）对妻子的性的占有"和"对母亲的性的占有"。由于性的概念不仅仅是婚姻中的床笫之事，所以尽管

1 南希·霍多罗夫依据弗洛伊德的图示精彩地论述了在俄狄浦斯家庭中是**如何再生产这种再生产机制**的。

婚姻中丈夫实施性行为的权利以及夫妻间发生的强奸是一大问题，但同时把女性的性仅仅封闭在其“身为母亲”的身份中，这也是一种巨大的压迫。一直以来，女性正是因为“身为母亲”，她们的性（sexuality）才被剥夺了。

特别是这二十年来，在家庭与资本主义之间出现了巨大的变化。带来这种变化的，不是源于女性“作为妻子的角色”的转变，而是由于其“作为母亲的角色”的转变。不仅如此，“妻子的角色”在工业化初期基本上已经不再重要。而相对地，正如安娜·戴文在《帝国主义与母性》［Davin，1978］一书中指出的，无论是在意识形态上还是实践上，“作为母亲”所背负的责任已变得无可替代了。这也就是说，男性不再承担作为再生产者的责任，而女性作为再生产者的责任变得越发重要了。“孩子的生死大权都完全取决于母亲（的责任）”，这种意识形态甚至包括孩子的死亡率、营养状况和卫生条件。不久，弗洛伊德主义又将孩子的精神卫生这一重担加给了母亲，母亲的责任变得更加全面且无法推卸了。

但是近来，一直以来将女性束缚于母性之中的意识形态完全失去了其力量，而且另一方面，女性在向劳动市场迅速涌入，这源于以下两个方面：第一，孩子的数量明显减少；第二，孩子的（特别是第二次）社会化时期延长了，并且这一过程所需要的成本显著增加。

“再生产的政治”（reproductive politics），即在什么时候生，生下怎样的、多少数量的孩子，以及这一切由谁来决定、怎样决定，这些始终都是女权主义的核心问题。“生与不生是女性的自由”（reproductive freedom），这虽然是女性在夺回自身的性之时所使用的重要标语，但即便女性获得了自由意志下的生殖决定权，这真的能说就是获得了“生殖自由”吗？“自由意志的决定”背后有怎样直接、间接的因素在发挥作用呢？孩子的数量由什么决定呢（fertility decisions）？这是接下来出现的大问题。

孩子数量的决定因素

南希·佛伯尔（Nancy Folbre）在《生于父权制——有关决定子女数量的政治性经济》[Folbre，1983]中详细探讨了父母决定子女数量的成本、利润等各因素。

佛伯尔从以下前提出发，即一般来说，子女的数量取决于将来孩子给父母带来的经济价值（利润）与养育孩子的费用（成本）间的平衡。当然，这是违背了秉承对孩子本该就“无私奉献”的大多数父母感情的经济还原主义。但是，正如道菲所言：“忽视眼前的经济因素，而将有关经济基础的讨论批判为经济主义是毫无根据的。”[Delphy，1980]让我们暂且先忍受一下这样的“不愉快”，试着跟随佛伯尔分析的脚步。

曾经，孩子的成长不花时间且他们具有的一定的经济价值，父权制从这里发现了“大家庭”的价值。但是，自义务教育和工厂法规将孩子从劳动中驱赶出去之后，不仅孩子所拥有的经济价值降低了，而且对母亲而言，孩子更是降为无法在家务劳动和抚养孩子中帮忙的、毫无用处的“饭桶”。而另一方面，社会化的时间和教育费用却在增长。在工业化愈发成熟的社会中，这最终必然会提升对孩子未来的期待，也就是期待孩子成为高收益且高质量的劳动者。教育在当下则是“在世代间财富转移”的主要表现。

> 与“人力资本”（human capital）的转移，即对孩子教育“投资”的方式相比，物理性财富的转移进一步失去了其重要性。[Folbre，1983：274]

佛伯尔指出，随着家庭收入的增加，与其“不对等的”教育支出也急剧增加。如此一来，父母抱着殷切的期待，希望培养出比自己学历高的下一代，并且孩子成人之后能做出出色的经济贡献。

佛伯尔指出，相对于工业化带来的“年幼的孩子”以及“未婚同居所生的孩子”对经济贡献较低的情况，“长大成人的孩子”所拥有的经济价值之高则是完全不可比拟的。特别是对于推迟迎来晚年生活的父母而言，他们对“长大成人的孩子”为自己晚年生活的经济贡献期待很高。因此，对父权制而言，孩子带来的利润与成本的平衡由以下两点决定：

（1）一生之中孩子对父母的经济贡献程度；

（2）养孩子的花费在家庭中丈夫与妻子之间并不均等的分配［Folbre，1983：278］。

（1）的“世代间的不平等”（generational inequality）与（2）的“两性间的不平等”（gender inequality）有关。在这二者的作用下，“年长的男性获取利益”［同上］，这是父权制的运作机制。这里包含两个问题：第一，谁获取了利益？第二，谁来支付成本？

再生产费用负担的不平等

性统治的问题在于这种再生产费用的不平等。也许男性会有诸如自己为心爱的妻儿辛辛苦苦赚钱之类的借口。但是第一，女性以再生产劳动的形式支付实物费用（即劳力和时间）而并非支付货币费用（即金钱），并且如果将这种实物费用换算成货币费用的话，实际上将超过丈夫所能负担的金额；第二，女性为了负担上述实物费用离开了职场，牺牲了应有的货币收入（误工费），即便之后再就业，那段离职时期将会成为不利条件使其终身背负无法挽回的差距。

并且，认为丈夫的工资是“家庭工资”（family wage）的这种观点完全脱离现实。工资曲线上升的方式与家庭周期（family cycle）完全不一致。在妻子专心抚养孩子而失去收入的时候，年轻丈夫的工资却极低；反而在他结束孩子教育费的支出、孩子独立之后的高龄时期工资达到最高。围绕家庭工资展开论述的多数学者都指出，家庭工资与其说是现实，不如说是神话。家长劳动者的工资不再仅仅是“足以养活全家”的工资，只不过是全家的生活水平取决于丈夫的工资水平而已［Land，1980；Evans ed.，1982收录］。

当谈到再生产费用时，不能忽视的是实物费用的分配问题。在近代家庭中，这种实物费用是排他的且被分派给了女性。但实际上，本该由丈夫来承担的货币费用与实物费用的增减并无关系，并且它也不与家庭周期的必要与否相一致。这也就是说“家庭工资”只不过是一种神话而已。如此一来，“没有人来支付”妻子的“实物费用”。在降低自己的生活水平将孩子所需优先于自我所需的这种“献身”的引导下，妻子在育儿期内始终忍受着这种痛苦。这里的关键点在于，没有人对妻子的再生产劳动进行支付，无论是丈夫、经由丈夫的资本还是国家。

还有更让人吃惊的事情。孩子的第二次社会化，即一旦学校教育开始了，妻子无法仅靠自己的实物费用，也就是劳力时间、空闲和感情来支撑这个过程。并且，在教育费负担达到峰值的家庭阶段（family stage）第Ⅲ期，此时正值丈夫的工资曲线疲软期。正是在这个时期，妻子为了用货币费用支付额外增加的教育费用而外出工作。她们再次进入劳动市场，这次是作为不利的边缘性劳动力而回归的。现在，妻子的家庭补助性收入是负担孩子教育费所不可缺少的[1]。

因此，无论是在第一次社会化（是指婴儿在零至三岁期间，能够掌握语言并且能够像人一样活动）中养育孩子所花费的实物费用，还是在第二

1　众多家庭收支调查显示，妻子的工作意愿以及收入的处理权与家庭阶段有着密不可分的关系。只有在孩子独立后不再产生教育费用的负担，这时许多作为妻子的女性才能回答说“我工作是因为自己想工作”，“我的收入主要用在自己身上”。

次社会化中所花费的货币费用，到头来都是由妻子来承担。

倘若女性争取独立，并试图逃脱对她们再生产劳动的父权制式的剥削，这之后会发生什么呢？当下对女性而言，离婚是代价极高的“解放”。不止如此，许多女权主义者担心：随着女性的独立，最初被“解放”的一方难道不是男性吗？

> 许多国家的政策愈发保证了男性的自由：逃离结婚而获取的自由，且其结果就是摆脱为人父母的责任而获取自由。［Folbre，1983：277］

如今，离婚与以前不同，绝大多数情况下，孩子的抚养权都归母亲。然而这丝毫不代表着“母亲的胜利”。在以前的父权制下的离婚中，虽然妻子不得不离开家庭，将再生产物——孩子让给丈夫，但取而代之的是，男方必须负担孩子的再生产费用（事实上，取代妻子接受这一再生产的实物费用的是丈夫的母亲——仍然是女性）。而且在那个时代，孩子的社会化时间较短且其经济价值较高。当下，关于男性轻易便放弃对孩子的“亲权”的这一谜题，哈特曼谈道，“男人只会在孩子具有经济价值的阶段把他们留在身边，当孩子失去经济价值的时候便将其强行推给女性”。

对于离婚后维持单亲母子家庭的女性而言，首先她失去了经济价值，其次她需要抚养经济依存期变长的孩子，并且不得不一个人负担再生产的实物费用和货币费用。

> 在美国，即便是法庭所达成的协定孩子抚养费的标准也低到令人震惊。结果导致了大多数女性对孩子都负担了100%的经济责任。绝大部分的单亲母子家庭都处于贫困标准之下。［Folbre，1983：277］

根据美国女权主义者的数据调查显示，离婚后丈夫的生活水平较离婚前上升了70%，而妻子的生活水平则下降了40%。

男性是否放弃了“父亲的统治”呢？——如果将这个问题仅仅还原为男性作为父亲的身份认同的危机、自我扩张意识的败北等**心理层面的**问题便有失偏颇。事实上：第一，尽管离婚如此之多，但许多男性（除一部分之外[1]）并没有经历“作为父亲的身份认同危机”（这也是男性社会化的结果）；第二，即便的确存在**心理层面的**问题，但将问题还原为心理，就如同将母性问题还原为精神分析、意识形态的问题，它们同样都犯了观念论上的错误。

男性丝毫没有因为离婚放弃亲权而导致他们放弃父权制。这只是意味着他们选择拒绝分担再生产的费用并将其完全推给女性。然而这些孩子们进入了教育和媒介的第二次社会化制度之中，在第二次社会化的制度之下，只要彻底贯彻男性统治，即便男性放弃了个别的父权，他们也能够有效地达成父权制式的社会化。而且这种社会化的费用，不仅是实物费用，连货币费用都是由女性来承担的。

无论在哪里，男性对女性再生产劳动的占有，以及对再生产劳动产物，即孩子的占有都不会消失。其终极性统治达成了社会性的“父权制统治”。它甚至分割了一夫一妻小家庭使其变成了离异母子家庭。通过这样的方式，虽然男性失去了个别的父子关系，但取而代之的是，形成了年长男性集团对年少男性集团的统治。

1　当然，有想做单身父亲的男性，也有在孩子的亲权、见面权等方面和女方进行激烈抗争的男性［下村，1982］。然而他们不过是少数人群。离婚时的亲权直到现在仍有八成以上属于女方。如今，在单亲家庭之中，比起父子家庭，母子家庭的数量比比皆是便证明了这一点。

世代间的统治

父权制另外的重要一面且是经常被人遗忘的一面便是世代间的统治。所谓性统治，即占有女性的性，并管理其受孕能力。这也就是通过管理女性这一“再生产手段”并最终占有作为成果的“再生产物”，即占有孩子。世代间的统治是性统治的结果，也是其目的之一。

孩子的归属与对孩子的统治并无直接联系。比如即便孩子属于母亲，通过第二次社会化的过程，也会在社会范围内贯彻父权制。在这里，阿尔都塞所论述的意识形态起着巨大的作用。

> 在当下资本主义制度之中，**生产与再生产**的关系通过技术性的“对性视而不见”的剥削式的资本积蓄过程进行普遍地运作。且其采取特定的性分工的形式，并带有深深的**意识形态**的烙印。[Barrett，1980：252.强调处为原作者所加]

这种意识形态通过社会化过程进行再生产，通过传播媒介在人的一生之中不断再强化。不仅如此，在受益者承担的名义下，先由接收者负担费用，继而附带形成了作为意识形态传播机制的“产业”。

第二次社会化——教育时间的延长带来了两种效果。第一，降低了孩子的经济价值，延长了孩子在经济上的依存状态。第二，作为回报，提高了成人后的孩子的经济价值。后者的另一面，对于衰老期显著推迟的现代人而言，成了即便不是明确的，但也是决定孩子数量的一大重要因素。

父权制的主要关注点在于养老的社会费用由谁来承担，在长大成人的孩子与国家之间如何分配承担的费用，育儿费用由谁来负担。欧美的“福利国家”的养老责任历来是由许多公共部门来接管的。有关养老福利政策对于世代间家庭成员关系的意义，帕特森（Patterson）这样指出：

> 养老金对于中产阶级的魅力就在于，与其说是自己将来可以获得的利益，不如说是**此时此刻**可以无需照顾父母的一种保证。［Patterson，1981；Folbre，1983收录：275］

在引用帕特森之后，福尔布里（Folbre）又指出，“政府所实施的社会福利政策与孩子数量减少是相关的”。［同上］

日本的贫困老人福利政策有力地协助了家庭的维系，这已经无需多论。这样一来，日本的“家庭主义意识形态”只不过是金玉其外的“弃老”这种欧美养老政策的翻版而已，这样说是有其理由的。对于父权制的意识形态而言，最让人无法忍受的愤慨是，投入成本教育的孩子长大成人之后不“回报”父母。大多数的父母都会哀叹自己尽心尽力养育的孩子自私自利而“不知恩图报”。

第一，教育这一投入资本是一旦投入便无法从当事人手中夺回的，也无法以分割财产的形式由下一代掌控。而如果是物质性的财产，那么父母在临终之前，有权决定把财产的大部分留给最孝顺的子女[1]。

第二，**从孩子的视角**来看，社会化时间的延长和费用负担的增加意味着什么呢？首先，这意味着孩子对父母的经济依存时间变长。莫顿（Morton）这样描述母性的悖论：

> 然而母亲不过是多余的。因为当孩子自己可以照顾自己的时候他就已经长大成人了。他会反抗父母的权威，会反抗父母对自己的人生的操纵。［Morton，1972：218-219］

“孩子对独立的要求”（莫顿）与对父母的经济依赖，二者产生矛盾，使孩子产生巨大的怨恨（ressentiment）。正如女人不是单纯的再生产

1　现今也有众多的父母，通过遗书来采取实际行动。

手段一样，倘若孩子也不是单纯的再生产物，而是有着自我意识的主体，那么这种矛盾就无法避免。许多父母面临着这样的悖论：他们向孩子投入了比自己更多的费用，却没有意识到这反而让孩子产生了怨恨。

女儿的价值

接下来，我们还会讨论孩子的性别问题。父权制对于世代间的统治并非仅仅存在于男性家长与男孩之间。男性家长享有女孩的**直接**占有权，如买卖女儿、代女儿接收女儿的薪金等。在老龄化社会之中，对于年老的父母而言，成年女儿的价值越发增值。在父权制下，照料老人建立在“性别分工”之上，即由儿子负担其货币费用，由儿媳妇，也就是与其父母并无血缘关系的女性来负担实物费用。这种费用的负担与再生产费用的负担相同，其结果是并没有支付妻子的劳动力再生产费用。所以，尽管看似是“分担”，但实际上父权制下女性的劳动**并没有被支付**。指出这种不公平虽然轻而易举，但倘若由亲生女儿来接管看护工作又是如何呢?

随着老龄化和年老后顾之忧的增加，跟父母同居之中，比起父系同居，更多人选择母系同居。这是因为相比货币费用，照顾老人的实物费用变得更加重要了。这是因为，第一，实物费用所包含的心理方面的重要性（货币是非人情的，但劳动是有人情的）；以及第二，实物费用的负担逐渐增加，已经达到货币费用无法购买的水平。

即便如此，父母年老后的照料者由儿子转为女儿，这并不意味着父系制度转为母系制度，更不意味着父权制的结束。在实物费用格外昂贵的现实压力之下，这只不过意味着父母不再剥削儿子，而是试图剥削女儿的劳动而已。

从处于父权制下的女儿、已婚成人的女性角度来看，这一情况更加复杂。她若想负担照料老人的实物费用，便不得不辞掉工作；想维持货币费用，就没有负担实物费用的时间。而且假设她愿意为了年老的父母承担实物费用，同时货币费用则依靠她的丈夫，她也无法自由地行使接手照料父母的决定权。由父系型同居向母系型同居过渡的**现象**体现了负担照料老人的费用包含着两性间不平等的分配，女性对于这一问题束手无策。这一过渡只是单纯地反映了女性支付实物费用的价值逐渐增加的事实而已。

孩子的反叛

当然，许多人一定都无法忍受对夫妇、亲子这一有关“爱之圣地”作如此唯物主义的分析。然而在多数的社会之中，迄今为止维系家庭的要因都源自这种性统治 / 世代间统治的物质性利益。

女性在这其中被迫负担着不公平的费用，而在世代间统治之下，女性又试图变为专制式的剥削者[1]。特别是付出所有牺牲的单亲母子家庭中的母亲，大多会加强对孩子的统治支配。这是一种悲剧的循环，在父权制下被压迫的人去压迫更受压迫的人。在女权主义理论之中，还没有对世代间统治的问题进行明确的研究。这是因为女权主义者忙于分析性别统治的问题。而处于世代间统治的被压迫的当事人，也就是孩子无法像女性一样一一发言和提出要求。不过女性开始发声争取话语权也只是近二三十年的事。女性的问题同孩子问题有着必然的关系。当孩子能够用语言表述自己的利害之时，与女权主义相对应的“孩子（立场）的话语”也必然会产生重要的意义吧。如今的孩子们已经可以通过非条理性的身体语言和超脱的行动等来“表现”自己的压迫感，只是大人缺少解读该语言的方法而已。

1　安娜·戴维（Anna Davin）指出，在20世纪末到21世纪初的家庭中，母亲对未婚子女在家庭生计中所贡献的收入拥有巨大的决定权。

孩子的受压迫和反叛是同女权主义相关的重要问题。女性和孩子不只是父权制下共同的被害者，他们可以在父权制下由被害当事人转化为进行代理人战争（proxy war）[1]的直接加害者。在父权制压迫下，另一方的当事人是孩子。如果对这一问题，以及与之对应的女性有可能转化为压迫者的问题考察得不充分，会使得女权主义对父权制的理解略显片面。

父权制的废除

所以，女权主义者的要求是：第一，调整再生产费用在两性之间不均等的分配；第二，终止世代间的统治。关于后者可以归为两点：（1）作为自身权利，孩子对于再生产费用的支付享有所有权（不是家庭津贴，而是儿童津贴）[2]；（2）能够确保支付老人至少能够独立的养老金以及公共养老服务。

当然这就切断了两性之间的相互依存（事实上是指女性对男性的依存）/世代间相互依存（事实上是指孩子对父母的依存、父母对孩子的剥削），这意味着一种“家庭破坏式”的战略。然而，更准确地讲，这破坏了家庭的性 / 世代间统治的物质基础，它只是一个将家庭的凝聚力置于心理基础之上的尝试。婚姻的基础不过存在于女性对男性的（强制性）经济依存之中，亲子关系的连结不过存在于父母对孩子（强制性）的资源控制之中，抱有如此极度**父权式**思想的人，将此战略称为“家庭破坏式”战略并予以责难。

相反的，在高度工业化社会之中，随着“人的力量”（man power）

1　“代理人战争”是专有名词，是指用第三者来替自己打仗的战争。——译者注

2　儿童津贴并非给予监护人而是孩子本身的，换句话说，这并非是支付“养育孩子的劳动”，而是针对“孩子自我成长劳动”的公共保证，这也是一种所得的分配政策。无论孩子归属于哪位监护人，津贴的支付是面向孩子的，孩子有权选择监护人。

和“人的资本”（human capital）的重要性逐渐增加，对于每个父母而言，这就导致了再生产的高成本低回报。由于成本极高，孩子的数量要控制在一两人之内。从孩子角度而言，长时间依存和对统制的怨恨，加之今后长期的赡养父母的负担，已经成为了他们无法背负的重担。

从新古典派经济学立场上看家庭变动，将此仅仅看作为彻底的经济变动的是芝加哥学派的加里·贝克尔（Gary Becker）[Becker，1982]。他提出假设，“孩子的费用或者价格的上升会导致孩子数量的减少”，并且他将孩子看作是一种“消费品”（consumption goods）。他说，对于父母而言，如今，孩子已经成为一生之中仅有的一两次下定决心购买的一种奢侈的耐用消费品。

在这里出现了巧妙的逆转。在父权制之中最重要的问题之一是“决定孩子数量”的因素，主张市场万能的新古典学派（他们才真正应该被称为经济还原主义）试图完全从经济变量的角度来解读，他们最终的结论是：孩子是不会带来任何利益的“无用的累赘”。

即便是福尔布里，他主张成年孩子的经济价值和孩子对于年老父母贡献的重要性，但他也同样指出，从暴增的再生产费用来看，孩子最终成了一种“奢侈品”（luxury）。

> 养育孩子的这一决定，不仅使父母承担了非比寻常的经济成本，实际上还收获不到任何经济利益。……为人父母，倘若没有任何经济上的盈余，养孩子就是购买奢侈品，是无法维持的。[Folbre，1983：279]

这种“奢侈”的滋味也包括“为人父母的内在报酬”[同上]、互相分享见证养育儿女过程的喜悦。若想享受这种**奢侈**，父权制必须放弃性统治和世代间统治。相反，当父权制放弃了性统治和世代间统治的时候，对女性和男性二者而言，他们才能品尝到这种**奢侈**的滋味。

然而以往的资本主义是通过保留家庭之中独立的性统治的物质基础，进而继续保证维持家庭再生产的基础的。将家庭完全还原为心理的奢侈品是否并不意味着父权制的解体，而只是意味着加强了资本主义的统治呢？或者，养育孩子这种奢侈品是否已经变为穷人无法触及之物，并形成了再生产分配的新的阶级等级呢？父权制和资本主义鹬蚌相争，呼唤新的改变已从这里开始。

第七章 父权制和资本主义的二元论

是统一理论还是二元论

沃尔拜［Walby，1986］将历经二十几年由女权主义者发展起来的性统治理论归纳划分为以下五种［Walby，1986：5］。

Ⅰ. 性统治在理论上是无意义的；

Ⅱ. 将性统治归结于资本主义式的生产关系；

Ⅲ. 将性统治归结于独立的父权制；

Ⅳ. 性统治是与资本主义生产关系密不可分的，它是形成资本主义式父权制这一单一机制的（资本主义下的）父权制的产物；

Ⅴ. 性统治是父权制和资本主义这两个彼此独立的机制相互作用下的结果。

其中，Ⅰ是无视性统治的资本主义阶级分析（教条式马克思主义），Ⅲ则是无视阶级分析的性统治分析（激进女权主义），它们都是极端的一元论。一直以来，激进女权主义者批判马克思主义，而马克思主义者也批判激进女权主义，二者对彼此的批判都是指出对方理论中所存在的一元论的局限性。双方的批判虽有妥当之处，但是即便将一种一元论替换成另一种一元论，也只是在重蹈覆辙而已。

在沃尔拜看来，过去的激进女权主义与社会主义女权主义的二元对立经过理论的磨合已经有些交错融合了。

> 在最近的著作中，这种二元对立的分类更加精炼，现在又分为两类。一种认为由于性统治是资本主义式父权制这一单一机制的产物，所以应该超越有关性统治的二元论。另一种认为性统治是父权制和资本主义这两个彼此独立的机制相互作用下的产物（所以二元论应该被保留）。[Walby，1986：5，括号内为引用者加]

“资本主义（阶级统治）一元论”与“父权制（性统治）一元论”曾经的对垒现如今已变成围绕“资本主义父权制（或称父权制资本主义）统一理论（unitary theory）”与“承认资本主义和父权制彼此相互独立的二元论”这两种观点的理论之争了。因此，即便将沃尔拜的五种分类最终还原为Ⅱ+Ⅳ（统一理论）与Ⅴ（二元论）的二元对立也并没有错。可以将Ⅱ和Ⅳ视为统一理论的变形。

统一理论来自众多的马克思主义阵营，而二元论则在女权主义者之中影响力巨大。由于马克思主义相信全局理论，所以马克思主义者在受到女权主义的挑战时，认为马克思主义理论必然可以解决性统治的问题。

海蒂·哈特曼在《马克思主义和女权主义不幸的“婚姻”》[Hartman，1981：2]中略带焦躁地写道：

> 马克思主义和女权主义的“婚姻”与英国传统所说的丈夫和妻子的关系相似。即虽然马克思主义和女权主义是一心同体，但所谓的体是马克思主义。[Hartman，1981：2]

但是，马克思主义阵营一旦无法再继续无视性统治的问题之时，就开始转为父权制有益于资本主义的论点，即只要父权制对资本主义有益，那么它就有在资本主义下存在的理由，因而父权制从属于资本主义（资本主义始终都是唯一且至高的决定因素！）。道菲将此称为“家务劳动资本救济论”（domestic-labour-as-saving-capital theory）［Delphy，1980：99］。

这种统一理论涵盖范围广泛，其中包括艾里斯·杨（Iris Young）和帕特·阿姆斯状（Pat Armstrong）的观点，他们认为资本主义与父权制是无法分割的一个整体。而爱森斯坦和巴雷特则认为资本主义与父权制原本是独立形成的，而后才变成相互不可分割的整体。

> 如果存在本质为父权制下的资本主义，并且这其中存在女性受压迫理论的话，那么就有可能改变两者的关系，即通过女权主义者所进行的政治实践和试图变革资本主义及其生产关系的（马克思主义者的）斗争。如果像历史发展中出现的，以及现在仍然存在的事实所呈现的一样，资本的核心是将女性（劳动）边缘化并作为二次劳动力使用的话，那么此时同社会中存在的女性受压迫及其边缘化问题的斗争就变成了针对资本主义本身的斗争。［Young，1981：64］
>
> 性是马克思主义的课题……阶级是女权主义的课题。二者密不可分，二者作为一个整体发挥作用。父权制和资本主义不是相互独立的体系。二者甚至都不是互相结合而成的两个体系。它们是同一个体系。［Armstrong&Armstrong，1978：224-226］

如果真如杨和阿姆斯状所言“资本主义本质上是性别歧视”，“对性统治的斗争是对资本主义的斗争，对资本主义的斗争是对性统治的斗争”的话，那么就可以避免马克思主义与女权主义间所存在的不幸对立了。但是，与杨的乐观主义相反，正因为没有所谓的“统一理论”，所以马克思主义与女权主义之间存在着对立与相互批判。另外，就连杨自己谈到“统一理论”时也只不过作了诸如“如果可能的话”这样的希望性预测而已，并没有提及其实际情况。如阿姆斯状这里所提倡的、未被论证的“资本主义与父权制相同”这一命题也只不过是个提倡而已。

新马克思主义与女权主义

爱森斯坦和巴雷特的论证更加谨慎。

> 资本主义与父权制的关系是紧密相关互相依存的，所以二者形成了一个相互依存的体系。［Eisenstein，1984：94］
>
> 女性压迫虽然不是资本主义的功能性先行条件，但已经在现在的资本主义生产及再生产关系中获得了物质基础。［Barret，1980：249］

无论是杨还是巴雷特都是坚定的马克思主义者[1]，他们都批判“二元论”者。他们好像尤为不满意“父权制的独立性”这一概念。

争论的第一个焦点在于父权制是否“先于”资本主义。他们认为，如果父权制（家庭与其个人隔离的成立）不先于资本主义的话，那么它就是资本主义的附属品，因而从属于资本主义。争论的第二个焦点在于父权制下的女性劳动（即家务劳动）是否对资本主义有贡献。即便父权制是独立于资本主义并且先于其存在的，但如果它现存于资本主义之中并对资本主义发挥出有益作用的话，仍可以将其视作从属于资本主义。父权制这种制度正是因为允许了资本主义的存在所以才被保留下来，现存于资本主义之中的都是对资本主义有益的[2]，这种观点显露出马克思主义**功能主义**的

1　杨激烈地批判哈特曼，巴雷特则激烈地批判道菲，他们互相对立。

2　巴雷特在此意义上（唐突且不谨慎地）使用的“功能性先行条件”（functional pre-requisite）这一暗示性的词是功能主义社会学的用语。

色彩。

无论是哪种情况，统一理论都是认为资本主义不允许存在外部和例外的全局体系，一切都要从属于它，这在某种还原主义上是共通的。与此同时，从认为马克思主义是全局理论并不承认其理论有无法涉及的外部及例外这点上来看，统一理论拥有逻辑共通之处。女权主义者认为马克思主义的确接受了女权主义的挑战，但是如果能详细且正确地理解马克思主义的话，那么应该完全能够解释女权主义者所提出的“父权制”和“再生产”等概念。为此，他们依据的是与女权主义几乎同时期形成的马克思主义复兴，特别是阿尔都塞之后的新马克思主义。“家务劳动论争”初期的教条马克思主义者在面对女权主义者提出的问题时，因其与马克思主义格格不入而一味地排斥并试图将其驱赶出去。与之相反，更加精炼的新马克思主义者们这次试图彻底地包容女权主义者提出的概念。因为对他们而言，马克思主义一直是“完全”的理论。道菲不接受巴雷特和麦金托什的批判，反而讥讽他们：“由于他们认为马克思主义是一个全局理论，所以只能全盘接受或全盘否定”，对于马克思主义，他们秉承的是“宗教般的态度”［Delphy，1980：83］。在为了证明“存在于资本主义中的都是对资本主义有用的”这种“功能主义式－目的论式”命题时，马克思主义者遇到了新的问题。他们曾经假设过单纯的资本主义一元论——“资本主义使家庭分崩离析”，这次他们要回答的是正是在资本主义之中，家庭这种“非资本主义生产方式”（non-capitalist mode of production）（他们也认为就连家庭都是“非资本主义的”）是如何存续下来的，并且他们被迫要证明家庭这一私有领域的存续比解体会给资本主义带来更大的利益。

资本主义中的家务劳动：统一理论的尝试

家务劳动论争（至少对于试图将女权主义者的问题归入马克思主义的分析框架中的人而言）以马克思主义的概念，就家务劳动这种资本主义下的非资本主义式劳动是否对资本主义有益这个问题提供了解释说明。

它提出了以下问题：

> 劳动力的私有再生产对资本主义是必不可缺的吗？劳动的商品化理应是经济之事，但私人劳动为什么没被商品化却被保留下来了呢？究竟是谁从女性进行的私人劳动中获利呢？［Fox，1986：183–184］

答案多种多样。伊娃·卡鲁任斯基就家务劳动论争在《用理论擦地板》（*Wiping the Floor with Theory*）［Kaluzynska，1980］这一标题诙谐的评论文章中自己先进行设问，即“资本主义从无偿的家务劳动中获取了物质利益了吗？如果是的话，那是如何获取的呢？”她将该问题的回答划分成四种：

第一，回答“是”的科斯塔和詹姆斯［Dalla Costa & James，1972］。他们的回答是：家务劳动是生产劳动力的劳动，因此占据资本主义的核心位置。

第二，回答“是 & 否”的一例为塞科姆［Secombe，1974］。家务劳动虽然是非生产性劳动，但承认它为生产价值的劳动。

第三，回答“是 & 否”的希梅尔维特和莫胡［Himmelweit & Mohun，1977］。他们认为家务劳动的的确确是生产价值的劳动，但其价值不是交换价值而是使用价值，因此家务劳动是非生产性劳动。

第四，回答“否”的加迪纳、希梅尔维特和麦金托什［Gardiner，Himmelweit & Mackintosh，1975］以及库尔森、马格斯、温赖特等［Coulson，Megas & Wainwright，1975］。他们主要认为，家务劳动在资本主义的外部，将家务劳动对应于阶级分析用语的行为是对马克思主义的滥用，这构成了他们对“家务劳动价值生产论”的批判。［Kaluzynska，1980：42-44］

讽刺的是，达拉·科斯塔、詹姆斯一方面对于马克思主义在女性压迫问题上的缄默态度表示了愤怒；另一方面，她们这些坚定的女权主义者也将马克思概念单纯、直截了当地套用于家务劳动问题上，因此他们反倒是相信了马克思理论的全局性。对此，惊慌失措的“正统派”马克思主义者劝告道，无知致使坚定的女权主义者错用和滥用了马克思主义概念。与此同时，从这些回答中可以看出，他们一方面对这些挑战持保留意见，即认为家务劳动是非生产性但是有用的，或者说虽然不产生交换价值但产生使用价值；另一方面，又试图与女权主义者发起的挑战达成和解，他们一直努力地试图将所存在问题的认识看法归进马克思理论范围之内。

试图将家务劳动用马克思主义用语解释的这些努力都反映了他们的立场，也就是家务劳动私有特征的存续对资本主义是有益的。

> 资本主义为何将重中之重的商品、劳动力的生产与再生产置于非资本主义之下呢？［Blumenfeld & Mann，1980：273］

布卢曼菲尔德和曼恩自问自答道：

> 资本从个体家务劳动的维持，继而从个体家庭的维持中获取了经济利益。［同上：302］

将家务劳动委任于私有领域对资本主义的有益之处在于，一般来说“用除此以外的方法代价过高”。［Hamilton，1986：145］

资本主义虽然成功地渗透到近代社会中的众多生产领域，但却没能完全渗透到包括家务劳动在内的小商品生产领域。在资本主义下，如果将这些领域社会化的话，资本家将负担不起该成本。资本主义国家也同样无法承受问题如此之多的生产领域。因为如果是这样的话，家务劳动就会被替换为被商品化的劳动形态（比如领工资工作的托儿所劳动者）。这会大大增加劳动力再生产的费用，间接地提高“劳动者作为阶级的生存水平”，因此会直接导致资本利润下降这一结果。［Blumenfeld&Mann，1980：301-302］

希梅尔维特和莫胡更进一步地指出，将劳动力商品的再生产本身进行商品化的行为对资本主义来说是自杀行为。

如果说商品生产的基础使人类集团的诞生成为可能，那么劳动被统一管理的这一制度，准确来讲恐怕很难再被称为资本主义。这是因为，根据马克思的理论，资本主义需要**自由地雇佣劳动者**这一阶级，也就是劳动者将自己的劳动出售给任何一位资本家都是自由的。［Himmelweit&Mohun，1977：25. 强调处为引用者所加］

所以，资本主义“并非像汽车制造业一样，它不是生产人类的制造业……资本主义无法**选择**将劳动力置于资本主义之下来生产”［Kaluzynska，1980：47］。所以正如赛科姆所说：

公和私的分离，正是资本主义的核心。［Seccombe，1986a：255］

如此一来，统一理论（在马克思主义至上的条件下）成功地解释了家务劳动一直具有私人特征的问题。家务劳动的非资本主义的特征对于资本主义来说既不是矛盾的又不是不相关的，所以对马克思主义式的分析而言，它既非是其理论外部的又非其受挫败之处，它是资本主义需要的且是恰如其分的存在。如此一来，就形成了这样的理论：资本主义需要全职的家务劳动者——家庭主妇的存在，反之而言，家庭主妇支撑着资本主义。

> 这意味着资本主义社会下的女性，只有推翻资本主义制度，才能得到女性解放。［Blumenfeld&Mann，1986：302］

所以，对抗资本主义的斗争再次成为女性解放唯一的必经之路。

父权制的构成

将马克思主义女权主义以二元论来立论，需要承认父权制是独立的领域。根据它所在的社会领域，二元论可以分为两大方面。

第一种看法认为意识形态是相对独立的领域，且父权制应当是一种意识形态。这体现了阿尔都塞之后的新马克思主义的“意识形态”的概念［Barrett，1980］。在女权主义之中，精神分析和文艺批评等对文化主义式研究（culturalist approach）有着巨大的影响［Kuhn，1985；Mitchel，1975］。

第二种看法认为在社会生产领域之中存在独立于资本主义的父权制生产方式。这也就是道菲、哈里森的观点，认为资本主义外部存在其他生产方式领域［Delphy，1980；Harrison，1973］。另外还有哈特曼的观点，认为它是贯穿于资本主义内部并与其相交错的存在［Walby，1986］。

> 父权制所依据的物质基础，最根本就在于男性对女性劳动的统治。［Hartman，1981：208］

哈特曼从女性家务劳动与资本主义的特殊关系出发来探求该问题。在资本主义之下，男性劳动者和女性劳动者在贯穿于所有领域的资本主义生产关系中的差异表现为职业中的性别隔离。所以，资本主义也可以被看作是男性控制女性劳动的（父权制的）一种形式。

就这个问题，道菲提出了作为父权制物质基础的“家庭内部生产方式”这一独立的概念［Delphy，1984］。道菲的理论要点在于，父权制是固有的生产方式，在这个生产关系之下，女性的劳动被男性占有，她们作为受剥削集团形成了性阶级。

哈特曼与道菲相同，都认为父权制的非资本主义的特点在于其固有的生产方式。他为了强调资本主义与女性劳动的固有关系，放弃了家务劳动“是一种独立的生产方式”这一说法，而是将其定义为一种更保守的概念，也就是，“从属的生产方式”（client mode of production）。

道菲的讨论对于父权制的独立性及其物质基础的说明是最为彻底的，也正因如此，她受到统一论者最为苛责的批判，这些批判尤其集中在“家庭内部生产方式”相对于资本主义独立的程度这一问题上。

批判的第一点在于，一个社会经济构成体中是否同时存在两个以上的原理相异的生产方式。“资本主义生产方式”是指资本主义占有优势地位的结构。马克思自身也承认，资本主义之中存在小商品生产者及非资本主义的劳动。就连激烈批判道菲的巴雷特也勉强承认“在一个社会构成体中可以同时存在多种生产方式”［Barrett&McIntosh，1979：99］。特别是在对第三世界发展的研究之中，他认为“资本主义生产方式和非资本主义的生产方式的共存及其分割方式决定了当今第三世界各国的社会结构”。

在马克思主义阵营之中也诞生了这样的多元看法[1]。

然而巴雷特主张，“倘若能够决定在多种生产方式之中哪个占优势地位，那么也是一方由另一方来决定的”，所以就没有必要建立二元论。另一位批判道菲的学者莫利纽克斯也提出，即便承认父权制这一概念，

> 倘若认为父权制与**资本主义**共谋而压迫女性，那这一体制究竟有多少独立性呢？［Molyneux，1979：15. 强调处为原作者所加］

统一论者一般都在承认复合体制的存在的基础上，最终来否定这个论说。对于他们来说，资本主义生产方式始终是唯一终极的存在。

第二点争论在于“家庭内部生产方式”是否真的是“男性对女性劳动占有（appropriation）”的物质基础。通过结婚这一制度，男女形成了统治和从属的阶级关系。道菲指出，“如果说资产阶级的妻子离婚后除了变卖自己的劳动力之外别无其他的生存手段的话，那么所谓的资产阶级的妻子其实并不与其丈夫属于同一阶级”。

> 如果说妻子做着无偿的家务劳动是为家庭做贡献，而丈夫自己劳动所得的货币收入同样也是为家庭经济做贡献。那么可以说妻子“占有”了丈夫的劳动吗？［Molyneux，1979：18］

且如果说女性的无偿家务劳动主要面向孩子和老人的话，

> 我们可以将孩子、老人和残障人士看作是剥削（女性的）人吗？［Barrett&McIntosh，1979：102］

1　在卡尔·波兰尼的记述中，社会体制并非马克思所说的“生产方式”而是“交换方式”，他承认从“古代的交换”到“资本主义市场”这一过程是一种发展阶段的学说，但同时指出这不仅是从一种交换体系转换为另一种交换体系，而是将古老的交换原封不动地保存下来，并与“支配的交换体系”共同存在。

这样的批判不过是无事生非，道菲对此的反驳更加严苛：

> 正因为他们（巴雷特和麦金托什）几乎没有理解“占有”这一概念，他们甚至都没有分清**为谁**做贡献和**被谁**占有其贡献中的劳动这二者之间的区别。［Delphy，1980：12. 强调处为原作者所加］

莫利纽克斯说，“结果不过是我们都被妈妈剥削了嘛”，这与将性统治正当化的男性的那些通俗看法并无差异。由于性统治的基础在于家庭中女性的无偿劳动，所以男性无论以何种方式带回家庭的货币收入都与之无直接关联。他也许通过雇佣劳动来获得货币收入，也许获得利息和分红收入。他也许是资本家，也许是通过不法手段获得利益。他也许在资本主义生产方式之下与其他男性一同从属于某一阶级关系，但至少在家庭内部生产方式中，他面对一位女性时是处于统治阶级立场的。

巴雷特和麦金托什进而批判道，道菲的概念形成于基于法国小农民的研究，所以无法推论至都市化和工业化都已完成的、几乎没有农业人口的英国这样的国家。这里仿佛在暗中批判“落后的法国”，这种批判只能说是吹毛求疵。然而道菲的论述要点可以证明，从小农民推论至都市生活中的家庭劳动，在原理上与农业经营的父权制生产方式并无不同。只是由于家务劳动的历史形态有所不同，所以家务劳动与雇佣劳动之间的界限有所变化而已[1]。

争论的第三点在于“性阶级”这一概念。如果承认“家庭内部生产方式”这一概念，那么在这一生产关系下，男女则是阶级对立的关系。这就会归结于这样的理论，女性构成了同一物质基础之上的一个“阶级”，所以其阶级敌人是男性。这又意味着实践性的、政治性的结果：（1）女性

1　不仅是道菲无法划分**生产**劳动和**消费**劳动的界限，大多数的女权主义者人类学家都反复说明了这一问题，且“家务劳动”的内容不过是历史式的定义而已。

首先应当与男性这一“主要的敌人”［Delphy，1984］进行斗争；（2）所以为了斗争，应当组成一个只有女性参与的独立的政治运动（autonomous women's movement）。这一实践性的、政治性的结果与马克思主义的战略战术有巨大的分歧。社会主义阵营中的女性总是在歧路中分裂，即是否应当与男性一同参加反资本主义的斗争还是应当组成只有女性参与的运动。芭芭拉·埃伦赖希（Barbara Ehrenreich）颇带讽刺地定义道：“社会主义女权主义者就是（社会主义者与女权主义者两者）举行集会之时，出动比别人多几倍人数的人。”［Young，1981：64. 括号内为引用者添加］

巴雷特和麦金托什认为，首先，将男性看作是“主要的敌人”的这种看法是错误的[1]，女性的斗争首先应当是反资本主义的斗争，所以他们批判只有女性参与的独立的运动。社会主义阵营的男性也同样责难道，只有女性的运动对于左派而言是“分派”的运动。他们既不喜欢“家庭内部生产方式”在资本主义下的独立性，又不喜欢女性运动在左派阵营之中的独立性。虽然巴雷特和麦金托什批判了道菲无视“女性之间的阶级差”，然而道菲的观点在于，**尽管**女性之中**存在着阶级差**，但在与男性的关系之中，她们共同面对同样的“性阶级”利害等问题。

对二元论的拥护

分类整理了统一理论和二元论的沃尔拜追溯了两者的对立，并站在拥护二元论的立场上。

1 对将男性看作为“主要的敌人”的反感不仅在女权主义者之间，当然在男性之间也颇为强烈。这是因为，明明是在批判作为集团的男性所占的组织性优势地位，但无论是男人还是女人都将此误解为个人攻击或对个别男女关系的批判。

> （统一理论的）难点在于只有一个主要的解释变量。［Walby，1986：30］

统一理论的难点如下：第一，无法导入性这一变量。即便证明了家务劳动是在资本主义制度下受到的压迫且对资本主义有益，但仅凭这一点无法解释为何家务唯独分配给**女性**。第二，家务劳动通常对资本主义是有益的这一目的论式的假设常常被看作是资本主义与父权制二者关系调和的产物。这会使得其中的对立和矛盾隐形而不为人所见。第三，家务劳动论争的十年，也是全职家庭主妇急剧减少、女性进入雇佣劳动市场的历史巨变的时期。统一理论姑且证明了“全职家庭主妇为资本主义的维系做出贡献”这一命题，然而，随之而来的是又要回答“资本主义是否真的需要全职家庭主妇”这一新的谜题。统一理论在历史变化的解释上暴露了破绽。

布卢曼菲尔德（Blumenfeld）和曼恩（Mann）认为，家务劳动的私人特征基本上是为资本主义的利益服务的，但同时也承认其中的矛盾。

> 资本主义式的积累正是在这个基础上不断完成商品的生产，即把生产价值的劳动力禁锢于私人家庭之中，并用非资本主义式的方法来持续进行商品的生产，而这就导致了资本主义根本矛盾的出现。［Blumenfeld& Mann，1980：302］

然而，“资本主义渗透到家庭的每个角落”［Braverman，1974］这一补充式假设解决了这种矛盾。这里“市场对家庭的渗透”是通过以下两个方式进行的：第一，家务劳动的众多部分逐渐被商品化；第二，市场越发需要女性的雇佣劳动。根据布雷弗曼（Braverman）的说法，这就是“资本主义使家庭分崩离析的长久以往的不可逆的过程”［同上］。

统一理论的学者们初期（直至20世纪70年代中期）主张全职家庭主妇

的存在对资本主义是有益的。然而随着全职家庭主妇的存在落后于时代的步伐，他们快速地将争论的焦点转向女性的“双重劳动”（dual labour）和“劳动力预备军”（reserve army）等问题。统一理论曾经证明了全职家庭主妇的存在对资本主义是有益的，如今需要证明兼职家庭主妇-劳动者的存在对资本主义是最为有利的。这期间所发生的历史变化被看作是“资本主义不可避免的方向”，进而解决了统一理论的一贯性问题。

然而，统一理论再次露出了两个严重的破绽。

第一，他们越是运用统一理论以相互依存的过程来解释“双重劳动”下对女性的压迫（作为无偿家务劳动者的女性，其非资本主义式特征决定并加强了资本主义制度下女性雇佣劳动者所遭受的歧视）问题，就越是不得不承认在劳动市场中性这一要因所发挥的作用。因此，并非资本主义决定家务劳动，反而是家务劳动决定了资本主义下的女性劳动。父权制式的资本主义（patriarchal capitalism，即贯彻性统治原理的资本主义）代替资本主义式的父权制（capitalist patriarchy，即由资本主义统治的父权制）出现。各种理论百家争鸣，如女性的“劳动力预备军”论说、“职业性隔离”（job segregation）论说、“双重劳动市场”（dual labour market）理论等等，这反倒越发印证了在资本主义之下，作为集团的男性（不论阶级）对作为集团的女性进行剥削的这一性统治机制。

第二，还剩下一个重要问题，也就是资本主义究竟是想要维系私人家庭，还是最终想要使其解体呢？只要统一理论是目的论式的逻辑构成的，就无法回答这个问题。不仅如此，还会陷入维持现状的非历史性讨论。

> 对父权制可行合理的解释是，它是某个历史形态的产物，而且必须以特定的生产方式来解释其固有的存在形态。［Beechy，1987：114］

维罗妮卡·比彻论述道："既要否定父权制是独立机制的这一说法，又要否定父权制是可以还原到资本主义的这一说法。"［Walby，1986：29］

最终，比彻在这十年之中硕果累累，她围绕英国女性劳动市场的固有发展方式开始了历史实证性研究。沃尔拜虽然对比彻的想法感同身受，但仍旧批评道，认为父权制与资本主义的关系只可从固有的历史形态来论述，这种方法是"个别假设"。虽然如此，可除此之外还有其他的方法吗?

比彻对于理论的多元性（theoretical pluralism）十分谨慎，但同时也给予了该理论坚定的支持。

> 在女性压迫这一问题上，初期女权主义的理论分析追求统一理论。与此不同，当下的理论囊括了围绕性差与性统治的各个角度。理论的多元性在形形色色的领域中有力地推进了女权主义者的分析。［Beechy，1987：16］

补论　对批判的回应

本书的一部分原稿内容是《思想科学》杂志上的文章——《马克思主义女权主义》（1986—1988）。连载结束后，有一些针对我的批判，在此我对其中的一部分批判作出回应。

批判来自于两个阵营，一部分来自女权主义者，另一部分来自马克思主义者。前者除了江原由美子有批判性的评价之外没有值得一提的意见；而后者中有久场嬉子、竹中惠美子、中川角（中川スミ）、伊田广行。除此之外，虽然没有直接提及对我的批判，但关于马克思主义女权主义的论述有渡边多惠子、古庄英子等人。这些持不同立场的人数比率出现的不均衡本身就证明了一个事实，那就是（激进）女权主义者对马克思主义无知或没有兴趣，而马克思主义者把我认为的马克思主义女权主义看作是某种挑战或偏隘。

索科勒夫的《在金钱与爱情之间》的译者江原由美子，她在1988年发表的《向女权主义理论的邀请》［江原，1988］一文中给予了马克思主义女权主义以下赞赏，“（后期）马克思主义女权主义……拥有准确定义（公共领域与私人领域中的——引用者添加）‘近代社会机制的二重性’的理论武器”，在此基础上，她接着补充道：“但是前期马克思主义女权主义等流派批判它陷入了二元论之中。”［同上：24］但不明确之处在于，她的观点究竟是与“来自前期马克思主义女权主义等流派”的批判一致，还是仅仅单纯地指出事实而已。倘若是为了说明她所提出的“近代机制的（公与私之间的）二重性”的话，那么完善二元论理论才是应该要解决的问题。如果只是将原本以二元论式的方式建立起来的东西当成一元论式的话，那么即便被指出“陷入一元论的批评”也是在所难免的。二元论并不比一元论理论精炼度低。从二元论的立场出发来看，一元论反而不过是将二元论式的现实过度简单化的还原论而已。

她进一步指出，后期马克思主义女权主义的问题点在于“该理论的实践性效果不够明确。在实践战略的提出上，理论的复杂性带来了负面效应”。［同上：24］

对此，我的回答如下：第一，后期马克思主义女权主义并没有如江原所指出的“理论如此之复杂”。比起已被梳理清晰的马克思主义女权主义的争论来说，激进女权主义错综复杂的争论更加复杂且晦涩难懂。第二，虽然与简单且一元论式的自由女权主义及社会主义妇女解放论相比，马克思主义女权主义二元论式的理论结构的确是“复杂”的。但是它只是尝试将**复杂的现实以其原本就复杂的面貌**呈现出来而已，其复杂之处不在理论而在于现实。

对于江原对“实践效果”提出的质疑，我觉得无需赘言。我认为，关于马克思主义女权主义的“实践结果”，第一，对社会主义阵营而言，就是要求其承认女性的自觉式运动；第二，对女权主义而言，意味着女权主义者的革命不再仅仅是心理主义、文化斗争而已，而必须是颠覆“父权制物质基础”的实体性革命。这种“实践效果”无论是在条理上还是方向上都无可置疑。对于将此称为“复杂”且“不明确”的江原而言，我们与其批评她的理论倒不如让她大大方方地承认“自己没有弄明白”比较好吧。

从激进女权主义的观点上来看，对马克思主义女权主义进行间接批判的有田嶋阳子的“批判带头衔的女权主义”［田嶋，1989］。“带头衔的女权主义”是指像“生态女权主义”、“马克思主义女权主义”等（实际上仅指这两个）在女权主义之前另加有形容词的意思。田嶋认为，只有激进女权主义才能称得上为女权主义，其他所有的“带头衔的女权主义”都是对原始女权主义的修正和倒退。她继承了激进女权主义的性统治一元论和对压迫的物质基础（下层建筑）的理解的缺乏。江原由美子在《女权主义论战》（1990）中对田嶋所谓的“反带头衔的女权主义”进行了批判，我在此就不详细论述了。

马克思主义女权主义对于自由女权主义和激进女权主义的批判，就正如道菲对文化主义女权主义者所论述的那样，女权主义革命不是意识形态的斗争和思想的变革，而一定是制度和下层建筑的变革。马克思主义女权主义才是从激进女权主义的父权制概念出发，发现了“父权制有其物质基础”的理论的流派。

另一方面，马克思主义阵营又如何呢？本书雏形时期以类似单册的形式而面世的《资本主义和家务劳动》［上野，1985］曾经受到了来自《赤旗》的责难，他们批评我对马克思主义缺乏理解。除此之外，并没有受到诸如此类的来自男性马克思主义者的批判。恐怕那时他们没有将马克思主义女权主义视为“挑战”，甚至他们对女权主义本身就无知且毫不关心吧。

我所收到的反馈几乎都是来自女性马克思主义者，或者是深受女权主义洗礼的年轻男性学者。

在日本，久场嬉子被看作是马克思主义女权主义者的代表人物。她在《马克思主义女权主义的课题》［久场，1987］字数繁多的注释中对我关于马克思主义女权主义的理解进行了细致的批判。

上野对马克思主义女权主义的认识是建立在美国女性学的基础之

上的，这是她理论的一大特点。其所谓的马克思主义复兴是在马克思复兴潮流中诞生于欧美的，特别是以英国为中心的马克思主义，这与上野的理论存在着巨大的差异。［同上：227］

但是，这样的批判并没有切中要害。1986年之前我确实一直主要引证索科勒夫的思想，但是，索科勒夫本身受英国社会主义女权主义者理论的影响。另外，我自己翻译的库恩和沃尔普的著作《唯物主义和女权主义》［Kuhn＆Wolpe，1978］就是在以20世纪70年代的伦敦为中心的、在社会主义女权主义者圈内激烈的家务劳动论争之中诞生的。

然而，70年代后期马克思主义女权主义得到了升华，特别是深受阿尔都塞马克思主义影响的巴雷特、莫利纽克斯、杨等人，他们的理论均是1987年后才提出的。索科勒夫坦白道："从本书刊载发行的时间也知道……这是在我表明自己立场之后的事了。"这表明他［Sokoloff，1980：日译本239页］也开始意识到那些"马克思主义女权主义新的流派"的存在。可以说，当时我也一并接受并继承了索科勒夫的局限。但是，那之后事情的走向让我产生了对久场的批判多少需要进行一些回应的想法。我为久场仅止步于批判而没有进行对马克思主义女权主义内涵的原创性探索而感到惋惜。

竹中惠美子是马克思主义女权主义者吗？至少在1983年时，从她支持包括劳动力商品在内的商品生产一元论观点上来讲，她是一以贯之的马克思主义者。之后，在与我的意见交换之中也显示出她对马克思主义女权主义的让步。到了1985年，她似乎是认同了"资本主义和父权制的辩证法"，这也包含二者间是相互矛盾的关系。在1989年的论文中，她主要对马克思主义女权主义的"二重机制论"进行了批判。她认为我对马克思主义女权主义"有倾向性的"的介绍主张的是资本主义与父权制是二重机制论，因此而提出了异议。

> 在我国至今有关马克思主义女权主义的问题上，上野千鹤子对马克思主义女权主义进行了尽心尽力的介绍。她主张将其作为资本主义与父权制的二重机制论来思考。她的观点似乎已经普遍化了……但这只代表了马克思主义女权主义论争的一种潮流，仅从这一种观点上去思考会使得问题单一化，并可能会让我们忽视马克思主义女权主义原本丰富多彩的设问。［竹中，1989：4］

我在接受并传播马克思主义女权主义时，已明确表明自己的立场。我也明确解释了在各种各样的马克思主义女权主义之中我选择二元论而不是统一理论的依据。我把马克思主义女权主义当作我分析问题的工具，并不是为了介绍各种理论潮流而写这些论文。如果竹中担心我所支持的二元论成为“一种潮流”的代表，“仅从这一种观点上去思考会使问题单一化”，那么她大可以尽全力去介绍“这以外的潮流”“丰富多彩的内容”。稍稍整理一下论点，她所谓的“丰富多彩的内容”是指由于我体现出来的“混乱”的论述，所以在探讨各种论点功与过的基础上，她得出了我选择“二元论的方法”这样的结论。

竹中的意图似乎是拥护与二元论对立的统一理论。但是，竹中真的是马克思主义女权主义之中的统一理论家吗？这里需要再次强调的是，女性马克思主义者与马克思主义女权主义者是不同的。所谓马克思主义女权主义者，首先必须认同激进女权主义的各个前提，即“父权制”的概念与资本主义是截然不同的。

在我看来，能将资本主义与父权制同等而视，并将二者结合起来的真正的统一理论家还没有出现。像主张统一理论的巴雷特、杨等学者，一边说着两个概念的“统一”，实际上却由于“将父权制归于资本主义之中”

而陷入了资本主义一元论。

索科勒夫说道：

> 有趣的是，关于给女性生活带来影响的父权制与资本主义这两个自律性机制，有人批判后期马克思主义女权主义者的这种理解是二元论式的。对后期马克思主义女权主义者持批判态度的还有……处于前期马克思主义女权主义者与后期马克思主义者之间的中间派。持中间派立场的主要是英国马克思主义女权主义这一派别。他们认为父权制比前期马克思主义女权主义者所思考的还要复杂，他们深受后期马克思主义女权主义者观点的影响。但与前期马克思主义女权主义者相同，在对女性生活中矛盾问题的理解上，他们仍旧认为其主要的决定性因素是生产方式。［Sokoloff，1980：日译本260－261页］

索科勒夫的这番发言也许正适用于竹中。

竹中进一步说道："上野对马克思主义女权主义的理解与上野自己所尊崇的、与自己看法最为相近的索科勒夫完全不一样。"［竹中，1989：4］其根据是，对于我称之为"马克思主义的挫败"的"包含市场外部广义的经济概念的理论化"，索科勒夫则将之"看作是发展"。更明确地说，这是因为索科勒夫没有像我一样评价马克思主义。但是，竹中为此所引证索科勒夫的文章——"马克思自己对此都没有充分地论述过女性作为社会创造性存在的相关理论。将马克思主义理论的这个侧面展开论述的任务委派给了继承马克思主义传统的女权主义者们。"［Sokoloff，1980：74，日译本95-96页］这与我的主张有哪里不同呢？将索科勒夫承认的马克思主义盲点视为"局限"或是"今后有进一步探讨研究空间的课题"，这些与"马克思自己都没有充分地论述过"的区别，二者只是语言措辞上存在不同而已。这是因为就连我自己都是在继承马克思主义女权主义之后才接受了为了超越其“局限”而进一步扩展论述马克思主义的任务。

以下发言完全展示了竹中的立场。

> 资本主义是一个自我完备的机制。如果不把父权制的结构视为与统治生产方式密不可分的话，就不可能理解其内部的自我运行。［同上：17］

如果资本主义是“自我完备的体制”，那么就要否认资本主义的“外部”。父权制不是受资本主义“外部”影响的、非资本主义式的变量，它是资本主义下的一个要素。竹中虽然引用了比彻的“‘经济’概念的范围应该扩展至包含家庭领域”的观点［Beechy，1988：51；竹中，1989收录：21］，但包含她在内，谁都没有把这个问题论述清楚。在此现实之中，她所谓的“资本主义的自我完备性”只能是一种想要拯救“马克思主义的全局性”的意图而已。正如哈特曼所言，“马克思主义者不仅仅是低估了父权制的力量及其灵活性，还高估了资本的力量”。［Hartman，1981：日译本69页］

伊田广行的二元论批判最为彻底。他发表了名为《父权制资本主义与性别歧视机制——以探讨上野千鹤子的二元论式马克思主义女权主义为中心》的论文，他的论文“从统一理论派的看法，对上野千鹤子的几篇论文进行了批判性的检讨，并通过这样的探讨明确了上野的理论引入方法有失偏颇”。［伊田，1990：1］

他称我的二元论为“非辩证法式的二元论”。他认为辩证法就是“运动、发展是通过自我运行自我发展而实现的”。［苏联科学学会哲学研究所编，1974：126］他对于辩证法的定义与黑格尔和马克思都不同，他不过是照搬了苏联的哲学教科书。我们暂且先将这莫名其妙的事放在一边，这里的重点是他的观点与竹中如出一辙，认为资本主义是“自我完备的机制”。因此，其“自我运行”的过程是“资本积累”的过程，而他认为这是我在“资本积累论问题上的无知”。资本主义超越市场，其“自我完备的机制”指的是总资本——国家垄断资本，这种资本主义如同绘图一般，展现的是计划协调型的经典马克思主义对资本主义的解读。因此，他认为，在初期工业资本主义时期，也就是在工厂法确立之前“不断摸索的时代”、资本主义与父权制存在矛盾的时代，不过是历史的趣闻（anecdote）。但是通过“不断摸索”变成可能，这本身就证明了资本主义与父权制所达成的历史性“妥协”有可能存在着其他方式。

根据伊田所说，所谓辩证法，大概必须是单一之物的“自我运动”。的确，这与黑格尔所定义的“世界精神的自我运动”的辩证法较为相近。然而索科勒夫的辩证法是“包含两种事物之间矛盾和调和的相互关系”的较为宽松的理论。在英语世界，“dialectics”一词多为“对话式”的意思，并非一定沿用了黑格尔学派的意思。索科勒夫所用的“dialectics”这一词语体现了女性的家务劳动和市场劳动并不是“单一事物的两种表现”，而是“包含两种事物之间矛盾和调和的相互关系”。

将资本主义看作是全局式的自我完备机制，这似乎对马克思主义者而言是极具诱惑的。按照伊田的想法，这一机制就是国家、家庭从属于资本主义（是**为了**资本主义而存在的）。

然而，资本和信息跨越了国境。随着柏林墙在眼前倒塌，我越来越坚信资本主义存在着局限。国家和家庭都在资本主义的外部。也就是说，总资本并不等同于国家，在“国民国家”这一历史的某一时期之中，它与产业资本主义调停所达成的国家形态已变得与资本格格不入，并且它们开始发生冲突，而这才是我们所说的现代。正是这种冲突的存在，反而让我们知道了国家与资本原本就并不一定是和谐存在的。

资本主义与家庭的关系亦是如此。马克思主义女权主义对为何在资本主义之下家务劳动是无偿的这一历史固有形态提出了疑问。伊田忽略了这一设问而认为“家务劳动的无偿性是内在于机制之中的”［伊田，1990：注（13）］，他批评我是“无历史的”，而我认为他才是非历史的。

在《家务劳动和资本主义生产方式》［中川，1987］一文中，中川角批判了我的论述，并指出“劳动力”这一虚拟商品从最初便包括非资本支付的“无偿劳动”，所以对比“家务劳动的无偿性”和“雇佣劳动的有偿性”这种做法是错误的。

> 强调薪金包含雇佣劳动者的无偿劳动，也是将论述基础置于家务劳动之中的女性解放论的一部分，这对于攻克其论述的理论性不足之处起着重要作用。因为近年来，一般的论述导向在于将资本主义社会之中对女性的压迫归因于性别分工之中，主要是针对女性被迫无偿承担家务劳动这一问题。因为许多论说都在对比和强调家务劳动的无偿性和雇佣劳动的“有偿性”[1]。需要指出的是，这种看法太过于强调资本主义社会下家务劳动所包含的问题，而忽视或轻视了雇佣劳动中包含的无偿劳动。为了制定女性解放的正确战略，不该对比家务劳动的无偿性与雇佣劳动的“有偿性”，反而应该探讨家务劳动和雇佣劳动双方无偿性的关联之处［同上：47-48］。

中川的论文基本上全篇均是为了印证雇佣劳动的“无偿性”，也就是劳动和劳动力之间不等价交换，对马克思主义理论作**再阐述**。论文指出，对于资本而言，无论是雇佣劳动还是家务劳动，其“无偿性”是**平等**的，这就再次掩盖了相对资本而言家务劳动的固有性，这又回到了“女权主义者的设问”。对于中川而言，资本**平等地剥削男女**双方，这种剥削没有性别歧视。这种极端的资本主义一元论，正是马克思主义女权主义从最初就

1　这之中也包含我的看法。请参照中川的论文注（43）和（24）。

开始批判的。

同时，渡边多惠子也在《阶级斗争与性别斗争——答马克思主义女权主义者之问》的一文中写道：

> 我要深刻地强调，在发达资本主义制度之下，作为阶级斗争的主要组成部分，反对性别歧视的斗争是存在的。在这个意义上，我也是党的阶级斗争一元论者。［渡边，1987：151］

即使是在渡边的论说中，她也没有论证性别歧视的斗争为何必然是阶级斗争（或者反之）。渡边精准地指出，“不与性别歧视做斗争的，是工会官僚、所有组织的官僚、高薪男性劳动者以及政治分裂主义者。将那些主张与性别歧视做斗争、主张男女协作，并试图对抗资本统治的行动派女权主义者称为组织分裂者、政治分派者等等，这种做法是毫无原则的”。［同上：151］她的批评虽然正中下怀，但实际上即便是在英国劳动运动之中，被扣上“政治分裂主义者”的帽子的还是女权主义者。在劳动运动之中，通过性别歧视来保护男性劳动者的既得利益，这也就是渡边所说的“毫无原则”。事实上，在社会主义阵营内部，无论是否承认女性是“自律的组织”（autonomous institute），她们总是被当作战略争论的靶子。而且即使在劳动运动濒临危机的时候，无论何处，女性独立运动常常被责难为“分派”运动。

渡边写道，“不要害怕‘妇女分离主义’，妇女解放是妇女的事业。季米特洛夫（Dimitrov）倡导大胆地尊重妇女主导权”［同上：149］。然而即便是渡边这样具有强烈意愿的女权主义者，仍然主张“对资本的斗争即是对性别歧视的斗争，对性别歧视的斗争即是对资本的斗争”，这是一种对尚未论证过的统一理论的期待式言论。她写道，“劳动阶级的先锋、共产党大会的干部席中，竟然没有一位女性，这是种耻辱”。［同上：

151］然而她应当分析的正是在**现实**中产生“耻辱”的机制。而且正是女权主义为她们这些女性社会主义者将焦躁转换成语言提供了概念方法。但她们仍然像往昔顾及男人的面子一般，不愿意向女权主义理论学习。

女性社会主义者对马克思主义女权主义的批判，大多集中于问题本身的解体、预想的破产等等。在这些问题之中，古庄英子在《如何解决母性保护论争——如果扬弃社会主义与女权主义》［古庄，1987］一文中的论述独树一帜。她写道：“我一点都不想去追求马克思主义女权主义。对我来说，女性的解放仍然是社会主义运动的一环。”［同上：21］她同时也对（山川）菊荣的观点表示肯定，也就是“作为劳动者阶级，男女是平等的”。而这也就意味着“到头来我不过是站在了男性的一方，加重了对女性的歧视”［同上：19］。

> 没有劳动阶级的解放，就没有女性的解放，没有女性的解放就没有社会主义。与我对立的不是劳动阶级。如果说连劳动阶级都解放了，那么对所有女性的剥削也会终结，这种说法不过是男性的独断而已。社会主义与女权主义，二者需要的不是折中，而是扬弃。［同上］

关于古庄的论述，无论是“没有劳动阶级的解放，就没有女性的解放”这一女性社会主义者的**信仰**，还是“没有女性的解放就没有社会主义”这一充满乐天主义的论说，我都无法苟同。没有“女性解放”的资产阶级革命与没有“女性解放”的社会主义革命都曾经存在过。我们姑且不去管那种革命才不是“真正的资产阶级革命”、“真正的社会主义革命”的强词夺理，单就其不去探讨“资产阶级”和“劳动阶级”中的“性别”问题这一现象，就已经暴露了在“资产阶级的自由”和“劳动者解放”的理想中早已存在对女性的压迫了。

除此之外，金井淑子也批判我道："上野的马克思主义女权主义，没有她本人说的那样马克思主义。"（金井也没有详细论述哪里没有）她的批判，以及来自马克思主义阵营的人们的批判与统一理论家莫利纽克斯对道菲的二元论观点的批判如出一辙。

> 她的作品本质上是对马克思主义的批判论说……然而人们所抨击的是她对马克思理论的解释太过于简单化且太过于戏剧化了。［Molyneux，1979：日译本30页］

竹中和久场批判我将马克思主义片面定义为"19世纪的思想"，并且认为我没有理解阿尔都塞之后的马克思主义复兴。他们对于马克思主义的理解似乎是，马克思主义随着时代而成长，也逐步灵活地囊括了马克思本人都忽视的性和家庭的问题，他们认为它是全局式的思想（只要有这一项，那么就万事俱备了！）。

然而，他们把马克思主义（仍旧）看作是全局式思想，这不是无中生有的。只要当今社会仍然是资本主义社会，马克思主义就仍然有效。他们认为这是因为"资本主义是全局式的"。相信马克思主义理论全局性的人们，对资本主义的这种高估，只能说是一种反讽。人们仿佛是陷入了一种循环往复的局面，好像只要相信马克思主义理论全局性，就必须承认资本主义全局性似的。

但是，资本主义真的像他们所相信的一样是"全局式"的吗？换句话说，资本主义的统治是一元论式的且是自我运行的吗？与经典资本主义社会论和资本主义的理解不同，在社会史和家庭史中明确地发现了资本主义尚未渗透而残留下的非资本主义的领域。资本能够有效地运作并非一定意味着该领域即是资本主义的一部分。那种"现存的所有事物都是被资本主义所允许的"观点，就会导向令人畏惧的功能主义一元论。

当下，国家与人种等市场外的要素逐渐强化了与资本的冲突，我越来越深刻地意识到资本主义是有局限的。那么，倘若否认资本主义是有其局限性的体制，那么我们怎样才能拥有打破该体制的希望呢?

本文完成之后，我又有机会拜读了两篇谈及马克思主义女性主义批评的重要文献，我将在下文论述。

濑地山角在《家庭主妇的诞生与变迁》［濑地山，1990b］这一有趣的论文中比较研究了日本、韩国和中国台湾这东亚三地的“家庭主妇和女性劳动”。诚然，日本方面的研究动向曾经是将日本与欧美作对比分析，这样的研究视点还比较匮乏。而且这项研究以同属儒教文化圈的日本、韩国、中国台湾三地的差异为研究中心，为我们提供了宝贵的研究视角。他在文中用“产业主义”[1]这一概念代替“资本主义”，试图探寻“国家与产业主义、父权制之间的关系”［同上：23］。在这一分析方法中，他将国家视为重要的“行为者”这一态度，既是对马克思主义女权主义国家论不足之处的批判，又遵循了其可行之处，将“父权制”看作独立的分析概念也是其可取之处。然而他将“产业主义”与“父权制”二者的关系还原为“经济和规范”这一最为正统的（也可以说通俗的）社会学二元论。我在本书中自始至终主张“父权制”不是米凯莱·巴雷特所说的单纯的“规范”——“上层建筑”，而是具有物质基础的“下层基础”。他的分析本身关注了家庭与产业社会之间女性劳动的分配（allocation）这一实证性问题，所以“规范”是伴随“物质基础”的。另一方面，所谓“产业主义”——无论是资本主义/社会主义还是日本式产业主义 / 韩国式产业主义，他都没有将其变型视为意识形态和文化“规范”。所以，以性主导下的劳动分配来阐述父权制“规范”的文化差异是不可思议的。如果他自身

1　按照他的说法，“产业化（产业主义）”的概念“包含了将资本主义和社会主义置于较低位置”的含义，从它没有涉及“生产手段的所有形态”这一点上来看，这个词是更加彻底地成功脱离了马克思主义的用语。

想要保持论证的一贯性，那么他就应该认为“父权制”与“产业主义”相同，都是制度的实体，而且是根据其变型所衍生的文化意识形态的变形体。

濑地山承认了“父权制”这一概念，但转而又将其降格为“规范”。他仿佛不情愿地采用了这一词。从以下之处可以看出他缺乏对“父权制”概念的物质基础的理解。

> 比如说，阶级这一概念。原本这一词应用在社会学等领域之中，甚至可以说没有一定程度上的概念转变，是无法使用这一词的。但这一词简简单单便在马克思主义的影响下被引入了讨论，比如“女性可以说是阶级”。这恐怕体现了部分马克思主义女权主义者的理论水平的确不高。［同上：33，注（4）］

这句话存在很多问题。第一，“阶级”这一概念原本并没有应用在社会学中。第二，关于“没有一定程度上的概念转变”就无法使用阶级这一概念，对这一说法我也深有体会。然而迫使“一定程度上的概念转变”的是“女性－阶级”这一概念，但这并不是“简简单单地引入”。第三，濑地山似乎宣称“阶级”这一概念完全是无效的，但我与他的看法恰恰相反。我认为，国际分工、性别分工以及原本意义上的阶级分工，在这三者交错的关系之中，人种与性和阶级概念相并列，其重要性不言而喻。

另外一点重要的批判是自称劳农派的马克思主义者川副诏三所寄来的《回答女权主义的挑战》。这本书的副标题为“写给上野千鹤子的理论——来自一位马克思主义者”，该著作长达441页。他这样阐述自己著书的动机，“女权主义所提起的思想上、理论上的各种问题是具有建设性的，是在有关人类解放的社会科学理论中质问根本原理的、带有激进色彩的设问。而且，在这一点上，女权主义不是停留在本质上止步不前，而是

将整个人类历史纳入视野的全面性的思考”。［川副，1990：5］

他所探讨的主要对象就是我本书的雏形，也就是我在杂志《思想的科学》上的连载文章——《马克思主义女权主义——其可能性与局限》。针对我的文章，他进一步作了以下解释：“这篇论文主要就本质问题进行了全面的探讨，而且具备一定的批判性。从这些方面来看，这篇论文是较为出色的，因而要找到比它还合适的探讨对象是相当困难的。”［同上：5-6］

川副的著作涵盖了马克思主义的概念定义、女权主义的问题意识以及认识论。就其全面性、彻底性上而言可以说是到目前为止“迎战”我的、反响最大的论著。我对他长达四百多页篇幅中所包含的激情与真挚谨表敬意。虽然我对马克思主义阵营内部错综复杂的派别没有很深入的了解，但从其自称为“斯大林主义者”的“正统派（男性）马克思主义者”上来看，想到他一直受到来自包括我在内的马克思主义女权主义者的嘲讽或无视，他的态度又是如此不易。他写道：“能与像上野一样据理力争，并且能全面地提出问题的理论家相遇，才使得我第一次写下这一主题的文章。我从上野身上受益良多，想对她表示感谢。”［同上：10］我也向忙于实践运动但仍坚持辛勤执笔写作的川副献上我最崇高的敬意。至少，他认同女权主义的问题不是“女人和孩子”的片面性问题，而是重新回顾整个人类历史的全局性问题，他慎重地接受了这个挑战。

为了回应来自这部著作的批判，我需要写一篇论文，或者说以本书一章的内容来回应。对此我仅就要点作一下简短的论述。川副对我的批判是针对我发表在《思想的科学》上的论文的。该论文与本书相比，二者除了结构不同之外论点大同小异。所以他的这一点批判也同样适用于本书，对此我认为没有必要修改本书的论述。但是针对他的批判，首先我想要彻底明确的是，为什么我们之间会产生这种认识上的差异。

他的批判主要集中在，由女权主义者提出的“家务劳动”的概念和“父权制”的概念上。由于这两点是马克思主义女权主义和激进女权主义所提出的最重要的两大概念，所以他的批判正中要害。

在批判的第一点中，他认为马克思主义女权主义所提出的“家务劳动”这一概念是源于对马克思主义的不理解，也是一种虚妄的幻想。他认为我误读了马克思，也就是他认为我将“马克思仅把资本……只出现在市场中的劳动视为‘生产劳动’”，误认为是“马克思仅将只出现在市场中的劳动规定为‘生产劳动’”。而基于此，他认为我对马克思主义进行了无事实根据的攻击。这是因为他觉得马克思认为“只要是人类的劳动就属于‘生产劳动’”［同上：98］，并且我对马克思的误读是源于“女权主义者没有真正彻底地理解何为生产劳动”［同上：104］。而这导致了整个家务劳动理论只不过是海市蜃楼［同上：104］。马克思主义女权主义者面临的最为严峻的问题是，其最为核心的“家务劳动”概念被指责为是毫无根据的，因此他们必须要加以反击。

首先是有关定义的问题。马克思所提出的“生产劳动”这一定义包含两层含义：一层是，正如川副所说的，广义上，生产使用价值的所有有用的人类劳动都属于“生产劳动”；另一层则是狭义上的含义，对资本而言，只有生产性劳动才能称为“生产劳动”。而这与川副的主张正相反，对资本而言，用是否属于生产性的（即是否带来资本的增长）这一标准来定义它属于“生产劳动”还是“非生产劳动”的，不是资本而是马克思。原本资本主义之中就不存在“生产劳动”、“非生产劳动”这些**术语**。要提前声明的是，它们是马克思主义针对资本主义下的劳动所定义的术语。资本中仅存在“有偿劳动”与“无偿劳动”的区别。不，这种说法也不正确。提出“无偿劳动”概念的是女权主义者，对资本而言只有“有偿劳动”才是“劳动”。对资本而言只存在“劳动”和除此以外的事物。因此，就资本而言，家务劳动不是劳动。只有马克思主义女权主义者认为家务劳动也是劳动。

其次，在他看来，马克思主义女权主义者把家务劳动看作为劳动当然是由于其知晓马克思理论。马克思主义女权主义者认为，如果创造价值的有用的人类活动都是（生产）劳动的话，那么家务劳动显然也是“劳动”。正如川副始终坚持说的，“把人类劳动区分为生产性的与非生产性的，这才是资本的不正当性”［同上：130］，而他自己却忽视了这一点。

第三，马克思主义女权主义者将家务劳动也看作是人类劳动，并以此为前提进而努力阐明以下问题，即“为什么资本没有将家务劳动划分到生产劳动之中呢？”而马克思主义理论中没有解决该问题的答案。尽管如此，就“女权主义者提出的针对马克思主义的疑问”，马克思主义阵营给出的回答至今为止也仅有高木、岛津等人的观点而已。他们将马克思所定义的“生产劳动”与“非生产劳动”的区别奉为真理，并不断重复着这种区别。川副称他们的回应是“斯大林主义者”对马克思主义的歪曲，与女权主义者们“在马克思主义问题上的无知”别无两样。川副将他们的这种以其无知而进行的无知回应称为“女权主义者与马克思主义不幸的关系”。并且在谈到这种无知时，他总是说，这“不得不说是马克思主义的问题性结果”［同上：368］。

第四，川副所提及的“劳农派马克思主义”是基于对“马克思的真正理解”，这样看来，他给出的关于“家务劳动”的解释就很不可思议了。川副将家庭内家务劳动（原意为家务劳动）定义为类似于“自家生产、所得、消费的家庭领域”之中的劳动［同上：113］，也由于其存在于“商品的生产、流通、所得的领域”之外，所以这种劳动“不获得酬劳”理所应当。这样看来，他只不过是重复了这个循环式的定义而已。这个道理我当然明白。马克思主义女权主义者的设问在于，为什么在资本主义下，某些劳动被留在“自家生产、所得、消费的家庭领域”之中呢？川副还认为，“人类生命的生产、再生产”活动是“物的消费”过程，所以与“（物的）生产劳动”不一样。而他认为马克思主义女权主义者犯了将非劳动之物称为劳动的严重错误［同上：147］。但是他定义“劳动”与“消费”的区别在于“物的生产”，而从这一点上来看，就连他自己也好像有所察觉地解释道：从“生命的生产”这个观点上来看，物的生产更是也只是生命力的消费过程而已［同上：153］。马克思主义女权主义者批判道，正是这种定义，即不将人类生命的生产、再生产称为“劳动”，才诞生出了物的生产占优的这种思想。

第五，对于我将人类生命的生产、再生产定义为“再生产劳动”的做法，他批判道：“上野总试图将非劳动的事物定义为劳动。这种将生命的生产还原为劳动的做法，只是把人类的所有行为活动还原为劳动而已。无须赘言，这完全是荒谬的［同上：147］。”但他的这句话也恰恰证明了他对我的不理解和误读。我用“再生产劳动”这一术语想要说的是这样一个事实，即如果在资本主义下的商品生产是劳动且是被异化的（为资本产生利润的）劳动的话，那么在资本主义下，家庭领域的生命再生产也成了（这里借用川副的说法）被降级的（被异化的）劳动。他谴责我将“马克思认为**是资本**将家务劳动定义为非生产性的”的这一看法**误读**成了“马克思……将家务劳动定义为非生产性的”。但他也犯了同样的错误，针对我所提出的“是资本主义将生命再生产还原为劳动”这句话，他**误读**成了“我……将生命再生产还原为劳动”。当然，“非生产劳动”和“再生产劳动”这两个术语分别是由马克思和我提出的。但是，让提出这种术语的人背负这些术语本身所包含的否定性含义，这种做法是本末倒置的。我用“再生产劳动”这一词的意图在于更好地记述父权制资本主义下“生命再生产”所采取的方式。把“非劳动的当作劳动”的不是我，而是父权制下的资本主义。并且我想指出的是，由于我们不将它称为“劳动”，并始终将它看作是一种无偿的行为，它才沦落为“二流劳动”。从这一点上来看，父权制和资本主义同流合污、罪孽深重。马克思主义女权主义者通过“无偿劳动”、“再生产劳动”这些术语，使“二流劳动”至少能得到与“一流劳动”一样的待遇，而不是如川副所说，“以上野为代表的女权主义者们将劳动看作为拜物式的神话”，“为了将女性的行为活动置于同样神圣的地位而把家务、生殖等活动都‘升级’为劳动”［同上：158］。而且这种对“二流劳动”的误解经常出现，也就是认为它与被资本直接榨取的“一流劳动”不同，它是“榨取度更少的劳动”，而事实并非如此。但川副并没有理解，女人所进行的“二流劳动”是被置于资本主义和父权制双重压迫下的劳动。而“再生产劳动”这一概念则是为了解析这种“双重压迫”而导入的分析概念。在父权制资本主义之下，“女人从事活动”可以被视作为“再生产劳动”。在此基础上，什么可以说而什么又不能说就成为理论性课题，而这就是我一直在反复探讨的事情。

第六，关于我所探讨的家务劳动的历史性定义。将家务劳动限定于狭义上“再生产劳动”之中的做法反映了由于家务劳动的外部化而使“自我生命的生产、再生产”变成最小化的历史现实。川副对此也表示了认同，即“若想要将人类的生命生产领域（马克思主义中狭义上的人类生命生产、再生产领域）中人的行为……完全定义为‘劳动’的话……那么只有生产他人的生命才属于再生产”［同上：157］。本来家务劳动论自身就是在家庭内劳动（为了自己直接消费而进行的生产）被划分出家务劳动之后才产生的。我将家务劳动限定为“女人为他人生命的生产、再生产所进行的劳动”，其理由如下，比如单身的女性为了自己的生命再生产所进行的活动就不叫家务劳动。如果认为单身女性也要进行家务劳动，这种想法反而模糊了我想要阐述的问题。在都市化生活中，单身者对自我生命进行生产、再生产的活动被削减到最少。而单身的男性可能连这些事都不做。他们或许只是将为了自我生命再生产而进行的活动当作商品并购买而已。正如我们不把吃饭、睡觉称为家务劳动一样，自我生命的生产、再生产通常也不是家务劳动。但无论如何，单身女性和单身男性的劳动力质量都没有差别。可是女人一旦承担了为“他人生命生产、再生产”所进行活动，那么她就在市场中沦落为“二流劳动力”了。在实际的劳动市场中，如果单身女性所得到的薪酬低于单身男性，那么可以预见的是，单身女性会被归为“应该成为主妇的女人”的集团中。并且这种预见是基于“他人生命生产、再生产”劳动的排他性的性别分配制度。但如果像单亲爸爸一样，倘若男性也背负及承担了他人生命生产、再生产劳动的话，他们也会沦为“二流劳动力”。如此一来，这里的问题就是有关劳动的性的分配问题，即为何“他人生命生产、再生产”的劳动单单分配给了女性呢？只有引入“父权制”这一概念，资本主义才能作为说明变量发挥作用。

第七，为了解决“家庭内所进行的劳动性别分配”这一问题，我提出了“家庭经济学”这个概念，对此他表示十分不屑。

> 在仅仅几个人的家庭里还存在着什么有关劳动及其生产所得、消费的“经济学”呢？这些都是显而易见的、谁都可以立刻明白的，并且这一领域根本连一点理论都不需要。马克思和恩格斯估计在九泉之下都要苦笑了。［同上：175］

但是，他们就是一直以来对“显而易见”之物紧闭双目。理由如下：首先，由于他将家庭看作是“成员之间不存在剥削、被剥削关系”的“共同体”式的社会组织［同上：182］，因此家庭看似是“共同体”。但这也只不过是家庭中剥削者眼中的“共同体”罢了。对于被剥削者而言，家庭是在“共同体”的外壳之下，不公平和不合理肆意横行的场所而已。女性觉得自己是家庭中的被剥削者，她们指出家庭之中存在着巨大的不公平。而为推翻这种不公平，只有打破一叶障目的家庭“共同体”神话，并且把由不同性别、辈分的成员所组成的家庭拆分得支离破碎才能实现。其次在谈到家庭时，他不使用“剥削、被剥削”等术语是因为这是马克思主义者的“常识”，即这些词只是关于商品生产的术语。认为商品生产领域存在剥削，而家庭领域不存在剥削，这种看法只不过是幻想而已。他将“家庭内的‘经济学理论’”当作“共同所得、共同消费”，并且指出，“连家务劳动的存在都没有意识到……而在无意识之中，家务劳动就被消费了”［同上：183］。是谁没有“意识到”家务劳动的存在呢？而又是谁在“无意识地消费”家务劳动呢？女人清楚谁在有意识地从事家务劳动。并且究竟是由谁创造的意识形态而导致将家庭视为“共同所得、共同消费”的单位呢？他说道：“家务劳动是家庭内部劳动……不应该从法律上考虑这是谁的所有物。”［同上：183］但是，不考虑未被货币化的劳动的归属问题，正如他所言，是资本所起的作用。当事者清楚，实物经济中谁的劳动贡献归属于谁。资本主义也同样如此，由于不考虑家务劳动的归属问题，所以川副将此问题转嫁给了父权制。“如此一来，这就使得家庭成员人格性地从属于家长了。家长的支配权并不是为了剥削家庭其他成员的劳动，反而是分家产的基础。”［同上：183］从他这样的认识，可见他对“家庭的政治经济”的无知与置身事外之悠哉，这几乎等同于犯罪。

女权主义者正是为了解析“家庭的政治经济学”而创造了父权制这一概念。川副肯定了女权主义者所提出的“父权制”这一概念，并承认道：“一直以来的马克思主义都犯了这个理论性错误，即忽视了雇佣劳动者家庭中的父权制。”［同上：341］而且指出，“马克思主义的家庭理论仍在十分幼稚的水平，事实上，它像化石一般停滞在19世纪末期”［同上：351］。他甚至还指出了如此幼稚的家庭理论打着权威主义的大旗，并企图抹杀女权主义者提出的问题，这可以称得上是一种犯罪。这种反省是好的。这与马克思主义理论对于家庭问题的现状认识也是一致的。不同的是，女权主义进而推论，马克思主义“对性视而不见”是有其内在原因的。这种“错误”不是偶然的产物。家庭是自然的存在，家务劳动迟早要消亡，一夫一妻制下的雇佣劳动者中不存在不公平等诸多问题都是马克思主义者的执念。只能说工业社会隔绝并创造家庭这一领域的同时，也将其变为不可见的存在，而马克思与他同时代的人们一同生活在这样的工业社会的阴谋之中。我将马克思主义看作是“19世纪的理论”，对此川副似乎颇为不快。但另一方面，他认为在19世纪进步史观的影响下，人们认为生产力的发展没有天花板，因此他才保留了“生产力主义”这一对马克思主义的“重要修订”。从这点来看，我认为他的说法有一定道理。马克思主义也是时代的产物，也带有时代的烙印和历史的局限，对于这些看法有什么迟疑的必要呢？女权主义作为20世纪的思想，总归也会收到批评的声音。作为理论家，马克思主义者的任务难道不应该是勇敢地承认马克思忽视的历史变量，并不断修正它为时代所用吗？他坦率地提出一种修正的实践方法：

> 对于至今为止的马克思主义薪酬论，只需要一点重要的修正……女性的薪酬之低，其首要原因应当修正为排他式的父权薪酬对于男性劳动者的保证。将资本主义生产关系下的工薪劳动者家庭看作是维持父权制家庭的一环，则需要将女性的低薪酬看作是体制化的结果。［同上：335］

然而他又写道，“而为何如此并不是本文所讨论的问题”。回答这个问题的正是马克思主义女权主义。他作为马克思主义者回应了“女权主义者对马克思主义的挑战”。与其吹毛求疵地反驳女权主义者的理论，他难道不应该共同面对这一质问并从马克思主义者的角度来给出解答吗？

通过探讨父权制与资本主义，我和他对于女性解放的“基本问题”大体上有着共同的目标：

一、废除私有。

二、实现劳动中男女平等。

（1）使女性进入社会劳动，与男性一样参与社会劳动。

（2）废除男性父权薪酬，支付给男女无差别的家庭生计费用。

（3）实现男女平等分担家务劳动。

三、实现母性的权利［同上：205-206］。

在这几点之中，我并不认同第一个命题中的“女性压迫的根本问题在于私有”的观点，除此之外，我几乎全部都同意。第二个命题的三个条件，用女权主义的术语来讲便是：废除劳动市场的性别隔离（gender segregation）；男女同工同酬（包括让单身妈妈可以安心生存下去的薪酬）；男女共同参与家务。我想将第三个命题中的“母性”改成包含男女双方在内的“实现**父母性**的权利”。这里对“母性”这一概念的冒失使用体现了他并不理解自始至终将“母性”的政治性作为问题的女权主义。除此之外，我几乎完全赞成他所提出的问题。然而他或许应该坦率地承认，这些是马克思主义理论中所未包含的问题，也正是他从女权主义之中所学到的东西。

对于“人类解放的实践运动”问题，他所提出的下面的三个战略更为重要。

第一，“解放主体的形成……实际主要在于女性解放主体的形成”。它是从“家庭的变革”开始的。“这种解放主体使家庭发生了变革，其最重要及最低的条件是什么呢？那就是家庭自身不再是压迫人类的场所。换言之，家庭不再是父权制的家庭”［同上：408-409、413］。

第二，“组织女性劳动工会”。女性劳动工会的主要任务之一就是“为实现男女薪酬的平等而奋斗”［同上：414-415］。

第三，“组织女性党”。“只要女权主义的实践包含女权主义者所提出的问题，组织女性党就是不可或缺的重要之事。女性党与既有政党在一致问题上共同面对，在敌对问题上互相斗争。女性党本身不阻止成员加入既有的其他党派，也就是二重加盟。”［同上：419-420］

我完全同意以上三点。并且，他提出的战略一一击中了父权家庭、男性劳动工会、男性党的各自的要害。我对于作为男性马克思主义者的川副以及他直言的勇气表示深深的敬意。这些战略正是一直在“破坏家庭”和“分派主义”的名义下的女权主义者所遭受的责难。然而他的提案同女权主义者的战略几乎全部一致，在我看来这是理所当然的。这是因为他向女权主义理论学习并走进了女权主义。

他提议，“马克思主义与女权主义的不幸关系应当立刻叫停”［同上：370］，在这点上我也完全同意。我从他身上看到了正面接受“女权主义对马克思主义的挑战”的马克思主义者的真挚态度。同时，正如女权主义者向马克思主义学习一样，我们也看到了马克思主义者向女权主义学习的坦率，因此双方应该互相让步。

他虽然认为父权制存在问题并也同意废除父权制，但在具体战略上，他还是显露出以往**男性**马克思主义者所展现的局限性。

他提到，“废除父权的具体要求，并非女性对于拥有父权的男性劳动者提出的要求，而实际上是女性对资本和国家的要求”［同上：360］。他的这种观点将女权主义者的斗争再次还原为“阶级斗争”。这在理论上体现了他并没有理解女权主义，从实践上则体现了他对女权主义的扼杀。

对于“女性的斗争”，“男性可以站在任何立场上。而作为紧握父权特权的人们，他们站在资本和国家的立场上，对于女性所提出的要求或许只会冷眼旁观、置之不理。而想要同女性一样争取人人平等的人们，会同女性一起战斗。中间的人仍会坚持做旁观者，但实际上他们中的一部分助长了性压迫的统治，安于处在父权这一特权之下”［同上：360］。在360页，在论及马克思主义女权主义之后，他又在男性的态度问题论述上展现了他事不关己的态度。无论从左派还是右派来看，他的论述都展现了男性在“女性问题”上绝望般的无知和不理解。倘若如他所言，如果能从是否支持“女性的阶级斗争”来试探男性劳动者的“阶级意识”，那么他们是没有选择的余地的。他没有说“男性马克思主义者**必然**要同女性共同斗争”，而是说“站在任何立场都可以”，这就展现了他本身就认为阶级所划分的利害关系与性别所划分的利害关系是截然不同的。

马克思主义女权主义的回答是直接明了的。第一，性压迫是存在物质基础的；第二，男性劳动者从中获利；第三，他们无意放弃既得权力；第四，在历史上，男性劳动者为了守住既得权力，与资本和国家狼狈为奸并积极地排挤女性。女权主义不是单纯的人道主义（Humanism）。女权主义提出了“与女性并肩一起争取人人平等的男性”是多么的稀少，并分析了发生这种现象的原因。川副认为，“女性的斗争”“是对资本和国家的斗争，这不一定是针对父权男性的斗争”。而与他这种主观愿望背道而驰，我不得不宣告女权主义的“主要敌人”［Delphy，1984］就是男性。避免与男性敌对的冒牌的女权主义者女性，以及通过避免与女性对决而无视女权主义问题的反女权主义者的男性，只有他们才天真地认为“男人和女人可以面对共同的敌人一起战斗”[1]。

1　“男女共生社会”这种政府的标语也是一样的。如果不同男性对决、不改变男性，就无法实现“男女共生”。“对立时代已经结束”，想必这种话语只有“不想与男性为敌的女性”或者“谄媚男性的女性”才会支持吧。

对于女权主义者的实践，作为实践活动家的他称这种实践为“宛如‘打地鼠’一般，逐一击破父权的每个虱子”，而他所提出的疑问正体现了他没能理解女权主义者的这种实践运动。劳动运动不正是将资本主义的压迫宛如“打地鼠”一样，将每个虱子逐一击破吗？他应该最了解，只要最终没有废除阶级，压迫的根源就不会消除。而即便是这样，也不能放弃每日的劳动运动。所以，一直以来，女性劳动者不仅同男性雇佣者，还同男性主导下的劳动工会一起斗争，而在每个家庭中，妻子都在与丈夫不断作斗争。在父权制的最小单位，即一夫一妻制的家庭之中，妻子对丈夫的个别作战，才正是女权主义的出发点。正如每个劳动者都无法避免与雇佣者的直接斗争一样，每个女性也是如此。她们无法避免与在一组男女关系中所展现的父权制的直接对垒。

最后，我来解答他在该书的结尾处所提到的对女权主义认识论的疑问。他批判女权主义将所有认识都还原为意识形态的做法，而拥护“科学认识的可能性和实在性”这一观点。他认为“科学认识”应该是“唯物论世界观”。他说，“上野以及女权主义者理论的最根本的问题”“在于对科学的嘲讽态度”［同上：437］。的确如此，他的批判是正确的。我无数次地“嘲讽”过所有以“科学认识”为名的，要强迫女性接受性别歧视的意识形态的理论。我不是在争论是否有“客观存在”，我是在“嘲讽”所有打着科学旗号的、自封为“客观存在”的、以往所有男性所提倡的理论。我辜负了他的期待，我从来没有将女权主义当作基于客观认识基础之上的实证主义。所谓的“客观存在”，或许存在又或许不存在。但即便存在，也应该没有人能对它了如指掌。女权主义只是提出了从女性角度来看可能存在的“客观存在”。当然，这样的看法也存在着局限性。女权主义是一种意识形态，是受利害和立场制约的、有倾向性的思想。面对这种“倾向性”，“不过是女人的思想”的女权主义对于以往所有的看法，以牙还牙道“你们不过是男人的思想罢了”。而且当“女人的看法”与“男人的看法”存在天壤之别的时候，谁能说它们一样都是“客观存在”的呢?

这里我不再重复前言的内容了，我认为视角的共通和多元化是可能的。与其将“科学认识”妄自尊大地自我正当化，不如将女权主义作为一种多元认识来谦虚看待。

第八章　父权制与资本主义第一期

工业化与家族（Domus）的瓦解

在近代以前的社会，生产－再生产复合体以家族（domus）为单位。在家族中栖居的人被称为familia，而将它译成近代意义上“家庭”是错误的。Familia在拉丁语中是指包括从家奴到家畜的世代单位。家族通常是指以土地为基础的，并拥有完整生产、再生产自主权的单位。

家族的理想型是让－雅克·卢梭（Jean-Jacques Rousseau）在《新爱洛伊丝》［Rousseau，1761］中所描绘的克拉朗农园里乌托邦式的生活。克拉朗是一个以农业为基础、以自给自足的家族为单位的、包括仆人在内的世代成员一年四季所经历自给自足生活的微观世界。生产劳动都是家庭内部劳动，它是家庭内部生产方式的一种，并且在这当中也进行着后代的再生产。

需要注意的是，这个家族是由一夫一妻制家庭组成的。青年家庭教师圣普乐仿佛是卢梭的化身，他所爱的贵族小姐朱丽最终嫁给了与自己门当户对的绅士沃尔玛，从而成为了克拉朗的女主人。而圣普乐敬爱着这对高洁的夫妻，他担任了朱丽的孩子们的家庭教师。倘若朱丽的丈夫是诸如企业家一样的工业资产阶级的话，那么这种“家庭小说”式的设定就具备了近代资产阶级一夫一妻制家庭的全部特征。朱丽是不从事劳动的，她是家族中的女主人、理想妻子和母亲的家庭式女性（domestic woman）。

自18世纪末到19世纪，无论是在欧洲还是美国都流传着将家庭理想化的小说和意识形态式话语。家庭史学家以及女性学学者指出，正是借由这种理想化话语，当时历史上首次出现了“家庭性”（domesticity）的概念。［矢木，1981］

有趣的是，“家庭性”的概念形成之时，它的基础与《新爱洛伊丝》一样往往是前工业式的，即它是以农业式生产为基础的，换句话说，它是以自然和田园生活为基础的概念。18世纪到19世纪正是近代化的时期，也就是在城市化和工业化浪潮下被称为“田园危机”的时代。这不仅仅只是自然遭到破坏的过程，还是共同体式土地所有权被改变以及农村逐渐走向瓦解的过程。

以土地所有权为基础的家庭－经营体原本就是前近代式的产物。通常这样的家庭不可能是一夫一妻制家庭。作为农业经营体的家庭，是超越了一夫一妻制小家庭的扩大版的家庭，在日本它表现为直系家庭，在印度－欧洲则表现为包括旁系亲属在内的复合式家庭。以这种形式为单位的农业经营体家庭，以土地所有权为基础，拥有很强的凝聚力。并且，这种家庭－经营体是一种家庭劳动集团。其中虽然存在按性别和年龄划分的劳动分工，但所有的生产劳动都是家庭内部劳动，生产劳动与家庭内部劳动之间是不存在分工的。

在希腊语中以自给自足为基础的家庭经营体被称为oikos。执掌oikos规范（nomos）的，也就是oikos・nomos，是oikonomia，即economy的词源。所以oikonomia应该被译为“家政学”，而oikos的主人即家长（patriarch）应当具有**严谨的**知识。实际上到19世纪为止，在英国，所谓的“家政”是指由男性承担的事务。Oikonomia转变为economy（经济学）的背后，体现着社会巨大的转变。生产活动从亲属集团“脱离”（disembedded）（波兰尼语），并分裂为“生产劳动”和“家庭内部劳动”。在这之后，“家庭内部劳动”成了生产劳动的剩余之物。与此同时，economy不再是oikonomia，它成了家族的“外部”，即探究市场运作原理的学科。

因而，卢梭将资产阶级一夫一妻制小家庭的理想蓝图建立在非资产阶级的（即前工业的）基础上，这种做法显而易见是矛盾的。克拉朗的乌托邦，除去质朴勤奋的资产阶级气质，它原本就是依附于他人劳动的贵族式生活形式。朱丽的丈夫沃尔玛虽然如同企业家一样指挥着农园经营的这种“家政”，但朱丽是他的妻子、是孩子的母亲，她被局限于作为女性的性别之中。贵族的女性逃离了作为生产者的宿命，她们被要求主要担任再生产者[1]这一角色。

资产阶级家庭的理想蓝图之所以是贵族式家庭生活有以下几点原因。第一，处于（法国大革命前的）旧封建社会制度时期的资产阶级一直都有阶级晋升的愿望。将不工作的美貌妻子置于家中是一种身份地位的象征。对女性而言，成为“在家中的妻子”（即使失去佣人自己不得不躬身力行一切家务劳动）与“阶级晋升愿望”紧密相关。第二，与生产场所相隔绝的“家庭领域”（domestic sphere）的出现也得到了女性的支持。女性成为“女性之家”的主人，掌管着“家庭领域”［Cott，1977］。即使之后这被称为“幽禁”，但比起在父权制统治下的生产劳动中所展现出的直接受到劳动剥削的状态，它作为“女性地位的提高”的象征，反而得到了

1　贵族女性不只是再生产者。她们虽然算不上生产者，但因其拥有财产继承权，因而属于“所有者”。正是这种虽不是“生产者”却是“所有者”的特点，才将其定义为贵族阶级的特征。因而作为所有者的贵族女性除了进行最小限度的“再生产劳动”，即生育正统的财产继承人之外，她们享受着作为“有闲阶级”（leisure class）的巨大自由。

女性的支持[1]。这样一来，在远离公共世界的、作为避难所的私生活中，女性同被保护的孩子一起，共同创造出了“女性与孩子的世界”。阿利埃斯［Ariès，1960］和巴丹德［Badinter，1980］等学者证实了“母爱”、“童年”等我们所熟悉的概念与“家庭性”的概念一样，基本上都出现于这个时期。

第三，将女性从生产劳动中隔离，它所带来的结果之一是家庭史无前例地变成了性的存在。米歇尔・福柯（Michel Foucault）在《性史》［Foucault，1976］中指出，近代的性道德将“性”带入“家庭”之中，这背后也是史无前例地将家庭“性化”（sexualize）的过程。在近代家庭中，人们为了性交、生殖而建立起了家庭。将家庭中的一切归于“性”，这种一元化的现象在结婚之时就显露无疑。周围的人们在向两位新人询问对家庭生活最初的“期许”时，会问“想要几个小孩？”。在面对如此明显的有关“性”的提问时，新郎、新娘会害羞得面红耳赤。但是对于已被“性化”的家庭而言，除此之外本就不存在其他目的。如果家庭同时也是以生计为基础的前近代家庭，那么就不会发生诸如以下的情况。年轻夫妻在被问到有关对婚姻生活的“期许”时，也许会理直气壮地回答道：“为了传承先祖的家业，为后代子孙奠定基础。”家庭的“性化”使女性被局限于“再生产者”的身份（这背后也伴随着男性被局限于“生产者”的身份），而近代家庭也得以区别于其他所有的前近代式家庭。

使这种近代家庭立足于本不可能成立的自给自足的田园生活，并在此基础上展开描绘的不仅只是卢梭一人。从18世纪至19世纪的“家庭小说”（family roman）常常伴随着对都市生活的厌恶和对自然的赞美。另外，同时期描绘的“家庭蓝图”，许多都以田园生活为背景。18世纪至19世纪的家庭理想蓝图是遭到工业化浪潮的步步紧逼，并在持续推进的“家

1　请参照本书第三章第三节《家庭－女权主义（domestic feminism）的悖论》。

庭危机”中所诞生的产物。近代也是如此，在近代形成期就出现了“家庭瓦解”的危机。但是“瓦解”的只不过是“前近代家庭”而已。家庭通过这样的“瓦解”，“重组”成了“近代家庭”。［落合，1989；上野，1985］

再生产的“自由市场”

卢梭的《新爱洛伊丝》，准确地来说是“家庭小说”出现之前的“恋爱小说”。《新爱洛伊丝》这个题目本身是指中世纪一对热恋的恋人——阿伯拉尔（Abélard）和爱洛伊丝（Héloyse）。卢梭的恋爱小说与中世纪的宫廷爱情小说有几点不同，它是划时代的**近代**恋爱小说。第一，未婚的千金小姐朱丽和青年圣普乐陷入炽热的恋爱中，他们之间存在着包含性关系在内的交往。第二，朱丽后来成为沃尔玛的夫人，迎来了自己孩子家教、曾经的恋人圣普乐，她开始经营“三角关系”（ménage à trois）般的家庭。朱丽，作为沃尔玛夫人这一人物，作者通过对她的德行、自由意志的描写，得以规避了她与圣普乐之间的“通奸”。

卢梭的《新爱洛伊丝》出版之际，这种恋爱小说对于当时的法国社会而言是巨大的丑闻。这也是因为婚前自由恋爱、婚后贞节的“近代式”卢梭的恋爱结婚观念与当时的性风俗，即婚前的纯洁、婚后的通奸（乃至于在法国，结婚曾经对于女性而言都意味着拥有情夫的资格，对男性而言结婚则意味着让奸夫睡自己妻子，他们变成了戴绿帽子的丈夫）完全对立。

朱丽与沃尔玛之间的婚姻不是源于炽热的恋爱，而是源于双方的自由意志。在这个婚姻中，财产、家世等阶级性“门当户对”原则发挥了效用，即恋爱结婚也几乎是遵循“门当户对”的原则，很少有超越“身份差距”的结合。除去这种原则，**理想状态上**朱丽是依其自由意志结的婚，在克拉朗经营着一夫一妻制小家庭并以其自由意志守护着这个家庭。

依照自由意志的恋爱和结婚，体现的是在再生产伙伴的配对游戏中“自由放任主义”的规则。近代式恋爱结婚的意识形态也将再生产“自由市场”化了；在“性的自由市场”之中，期望能达成终极的“最适合的均衡”。对于出现在这个自由市场上的玩家而言，无论是谁都可以成为某人潜在的恋爱—结婚对象。

列维·斯特劳斯［Lévi-Strauss，1949］精彩地论述了婚姻可被视为交换游戏。这个游戏的规则（婚姻规则）是从将玩家划为“可以结婚的对象”和“不可以结婚的对象”而开始的。基于这种规则，就明确了婚姻游戏的方向性和规则性。

恋爱结婚的意识形态在“自由恋爱”的名义下瓦解了婚姻游戏的规则。即使在“自由恋爱”中，婚姻唯一的禁忌还是残存下来了，那就是乱伦禁忌（incest taboo）。只有自己的母亲、姐妹、女儿被划归到“不可以结婚的对象”之中。但是在一夫一妻制小家庭中，符合这种归类的对象用五根手指也数不满。而当母亲、姐妹、女儿作为某一特定类型的亲属名称贯穿于整个家庭亲属体系时，“不可以结婚的对象”的数量就会大幅增加。从不同文化中婚姻规则的对比上而言，近代社会就是“不可以结婚的对象”的数量低至人类史上最小值的社会。反言之，除了极少数的亲属之外，所有的异性都有可能成为性的对象，也可以说这是从未有过的“性”的时代。

恋爱结婚的意识形态扰乱了婚姻游戏。乍看上去这似乎无秩序、无规则，但是如同资本主义是基于生产的“自由市场”一样，以恋爱结婚为基础的近代家庭也是基于再生产的“自由市场”而形成的。生产方式和再生产方式不是毫无关系的，它们有着共同的基础。并且在再生产的“自由市场”中还有**理想状态下**脱离亲属关系体系的自由单身者。而使这些单身者具备进行再生产条件的是将自由的个人从土地中解放出来并将其作为“劳动力”进行商品化的资本主义。更明确地来说，即使是没有土地的无产者，只要他变卖自己的劳动力就能经营和维持自己的家庭。而没有这种机制，就没有近代化带来的结婚率的质的飞跃和一夫一妻制小家庭的普及。

近代就是无论是谁都可以结婚的时代。与阶级、亲属关系体系中的一部分人独占再生产的时代相比，在近代家庭之中，无论是谁都可以成为再生产者。人们虽然以单身者的身份登上生产的自由市场的舞台，但正因如此，这些单身者使再生产成为可能。

“近代家庭”的形成

近代形成期也就是资本主义形成的时期，这个时期究竟有没有出现瓦解“家庭”概念（包括传统家庭在内的）的动向呢？针对这个问题存在着许多争论。**理想状态上来看**，参与市场这一经济交换游戏的玩家与土地这一生产资料分离继而成为“自由的个人”，他们“**摆脱了**生产资料”，也就意味着他们是**无产**劳动者。这里的“个人”，在英国，它是指由于“圈地”而导致被迫离开土地放弃农业的农民，而在日本，它是指土地被长男继承并独占的农业家庭中的次子和老三。对市场而言，参加游戏的“个人”基本上都是单身者，并且“个人”是否进行再生产与市场无关。正因如此，神岛二郎指出，英国在工业化初期时存在着弃农的农业家庭涌入城市的问题，而日本与英国不同，日本实现了“单身者类型”的近代化，只需以“福利立法”的形式，就可以不花毫厘地来维系劳动者家庭。

并且，伴随着工业革命而掀起的技术革新使劳动的**质**平均化，这正形成了马克思所说的“抽象劳动”（abstract labor）。诸如以时间单价来计算“劳动价值”的说法，其前提是“抽象劳动”的形成，也就是舍去全部劳动的**质**，将“抽象劳动”作为共同的分母，去除劳动中存在的质的差异并使它们的互相交换成为可能。因此，资本主义中的抽象劳动也一并破坏了以性别和年龄为基础的传统劳动中的差异性。就连在技术层面上的工厂生产，都用熟练劳动替换掉了连女性和儿童都能进行的非熟练劳动。总之，以市场为前提的“个人”是不问性别和年龄的“单身者”，而对于这种体制来说，单身者就是如克隆人般能进行自动再生产的存在，并且不花丝毫的成本！正因如此，这种体制也是最理想的。对于市场式的生产体制而言，作为再生产变量的性别和年龄只会是干扰而已。

至少**理想状态下**是这样的。但是，家庭史研究以及比较近代化理论逐渐明确的是，在市场化推进的初期，市场化只有在与市场**外部**这个重要因素的相互作用下才能发展起来。例如，在工厂劳动初期，有许多女人和儿童加入了工厂工人的队伍中，这不仅仅是源于技术革新带来的“非熟练劳动”的普及。女人和儿童成为工厂工人是因为传统社会中对性和年龄的差别对待。即第一，女人和儿童的工资较低；第二，使货币这种不可靠的新型社会资源首次登场的是这样一批人，也就是被排除在土地及名誉等传统型社会资源分配之外的人们——女人和儿童以及底层男性。工业革命虽然是从纺织业等轻工业部门开始的，但无论最初的纺织工人是男人也好，是女人也罢，都能从他们身上看到传统性别分工残存的影响。纺织这项工作传统上是女性的工作，即使机械化改变了其劳动形态，纺织工业仍旧由女工来承担。但是由于劳动由私人领域转向了公共领域，也就出现了像印度这样的由男性独占机械化劳动的社会。

女性劳动经济史学者千本晓子详尽地调查了明治时期工厂工人的薪酬账本。她证明了不管地域、职业有无差别，无论是哪个工厂，女性工人的薪酬几乎都被控制在男性工人薪酬的三分之二左右［千本，1981］。其中的一个原因在于男性工人与女性工人的职位不同（男性工人负责监督女性工人），而这一点却无法从劳动的内在原因中得到相关解释。但是，这个薪酬控制的过程，是以锯齿形的方式向男女同薪同酬趋近的变化过程。这个过程反而让我们看到了某种徘徊，即附着于传统社会的“外部”且逐渐膨胀的资本主义体制，对于如何应对市场**外部**的因素所表现出的无所适从。

哈雷雯（Tamara K. Hareven）用庞大的社会史资料证明了就连工厂工人的招募都没有瓦解家庭制度，反而还利用了家庭的联系［Hareven，1982］。从叔叔到侄女、从姐姐到妹妹以及表兄弟姐妹，有着血缘关系的人们一并被雇用为工厂工人。就连在机械化工厂劳动的队伍中，都存在着有着血缘关系的人们，也就是父亲监督着女儿、姐姐与妹妹共同劳动。家庭式关系可以说被照搬到了工厂劳动的队伍中去。家庭劳动团队由农田那片土地转移到了工厂这片土地上。

在资产阶级式近代家庭的理念尚未瓦解前近代式家庭－经营体之前，工业化急速地发展，这一阶段的家庭－经营体的理念往往只是通过“放弃农田”来实现的。简单来说，就是出现了诸如工业化进程越晚，女性就越容易进入职场工作的悖论。即便是在日本，与城市相比，一般来说在农村的女性的就业率更高，她们对工作的抵抗也更少。只要“家庭劳动团队”的传统仍根深蒂固，无论是女性还是儿童，只要是能工作的人，但凡有机会从事劳动，他们的劳动就被视为是“理所当然”之事。鹤见良行周游亚洲，他发现无论是儿童、女性，还是老人，甚至是一家之主，都做着无法自足的收入微薄的工作，拼拼凑凑才得以勉强维持生计。对此，日本人可能会感到“悲惨”，而对于他们这种看法，鹤见则敦促他们进行反思［鹤见，1986］。鹤见提醒道：“细细想来，前近代社会的生活不就是老人和年轻人都通过各自的劳动来维系着全家吗？”对于有着“家庭劳动团队”意识的人们而言，近代化只不过意味着劳动形态由非货币领域转向了货币领域而已。

村上信彦也在《明治女性史》［村上，1977］中指出，明治时期，最初在工厂劳动的工人是通勤女工，而她们中的多数是已婚者。而像《女工哀史》中所描绘的寄住在雇主家里的未婚女性劳动者，她们之所以是“女工”的主力，是因为日本经历了甲午战争和日俄战争，并完成了工业革命，其纺织业飞跃发展的过程要求劳动的强化。与已婚的通勤女工相比，未婚、单身以及寄住在雇主家的女性劳动者要忍受低薪且更长时间的劳动，她们处于更容易被管理的环境。通勤女工将家庭问题带到了劳动之中，另外，她们总是有很多的牢骚和不满，而且她们的要求又很高，所以不受雇主的欢迎。

从已婚的通勤女工到未婚的女性劳动者，劳动者变为超越了性别和年龄的单身者，这当中的变化从表面上看，是追求经济合理性的结果。然而，她们只有在进入劳动市场之时才是“自由的个体”。实际上她们仍然只是父权制之下父亲所持有的财产般的存在，靠着提前支付的微薄的薪金到工厂打一整年的工，而她们还只是年幼的女孩子。她们对于如何使用和处置自己的劳动力没有决定权，并且无法取得劳动的收益。父权制下家庭财产权的支配对象不仅有女性，还有孩子。我们常常关注丈夫对妻子的压迫和剥削，而容易忽略父亲对女儿的剥削。日本未婚女性劳动市场的形成并不是通过贯彻市场原理做到的，而是市场通过抓住父权制这一市场外部原理趁虚而入建立起来的。

虽说如此，由于家庭式的劳动从非货币领域转移至货币领域，这使得旧制度下的家庭权力机制受到了一些影响。这是因为劳动的货币报酬是归属于个人的。在家庭内部生产方式之下，很难分清劳动成果的个人归属。所有家庭成员的劳动成果，均按照权威的分配结构而被置于父权制的统治之下。无论女性劳动的贡献有多大，也未必会与劳动生产物的所有权相结合，正因如此，它与女性地位并无关联。然而工厂生产之下的男女雇佣工人会以薪金的方式来明确个人劳动成果的归属。事实上，这在一定程度上挑战了父权的独裁所有权。

然而这也是要建立在“个人”这一概念形成的基础之上的。“家庭”这一单位作为超个人的实体这种观念已经被内在化，而个人不过是其中的有机组成部分而已，因此劳动者的薪酬不归属于个人。譬如父母代替子女受领预支工资，丈夫去妻子工作处要求预支薪水等。从这些司空见惯的行为来看，劳动者是作为“家庭的一员”，而并非作为“自由的个人”在工作。即便劳动者个人按照自由意志来工作，比如在外工作的姐姐给大学在读的弟弟寄送生活费或者供养乡下的弟弟妹妹，这不是由于制度的强迫，而是将家庭内在化的结果。她们作为超个人实体、作为家庭的一份子在劳动。这无法称为家庭**内部**生产方式，而是家庭**外部**的，且是**家庭式**的生产方式。

货币经济依照性别和年龄进行的渗透在时间上存在延迟，这对于传统家族内部权力机制所造成的影响十分显著。比如，长老独占了传统的贵重财产，而对于货币这种不太可靠的新型财产，保守的长老则会拒绝。因此，对于在“结构上处于劣势”（structural inferiority，特纳语）的女人和年轻人来说，货币反而是更容易入手的资源。在交换经济上鼎鼎有名的特罗布里恩群岛，当岛上传统经济被卷入“世界体系”（沃勒斯坦语）之后，人类学家就货币经济化的进程进行了众多个案研究。其中出现了这样的一种情况，货币经济化对传统社会的威信构造（authority structure）产生了威胁。在传统中，被称之为库拉环的有关荣誉的交换游戏之中不包括女人和年轻人。然而他们通过掌握新技术（开货车）或通过教育这一方法（学校的教师）获得了货币收入。随着货币这一新的社会资源逐渐可以交换罐头以及各种各样的工业制品，这表明了货币是一种流通性较高的媒介，传统贵重财产的威信则随之降低。在这一过程中也出现了这样的情况，比如走出岛外工作赚钱的女儿和儿子，将获得的现金收入汇给家里人，虽然这些现金仍然被看作是参与传统交换游戏的父亲、叔伯的贵重财产，但女儿和儿子被公认为拥有实质的所有权。［Gregory，1982］

这也是市场**外部**的要因给市场带来的影响，是过渡期的悖论。在社会的变动期之中，通常来看，原有的旧秩序之中的受益人反而最无法追随变动的浪潮。然而这种“时差”的消除，正如字面意思一样，不过是时间的问题而已。当社会构成的成员全部转移到新秩序之中后，这种过渡期的逆转就会消失。如此一来，明治三十年至四十年间，男女薪酬差异大约固定在了三比二的比率上，而未婚女子劳动市场也相继成立了。近代型性别角色分工——雇用男性家长劳动者、清除劳动市场中的已婚女性，这种“结婚了就做主妇”的常识沿着Z字形发展，在这个过程中，市场通过引入并利用市场**外部**的要因，在资本主义初期就逐渐形成了这种近代型性别角色分工。

那么，资本主义如何处理市场**外部**的要因呢？在这一反复试验的过程中，比如在自发形成了资本主义并推动其逐渐走向成熟的英国，它的发展更加具有戏剧性。通过“圈地”而使得被迫放弃农业的农民举家迁至城市，这使得城市的移民承受了城市病症的重担，他们在面临着贫困、犯罪、卖淫、疾病、贫民窟化等各种城市问题的同时，也面临着家庭解体的危机。对于城市的怨恨是源于城市移民的生活现实。针对这种现实，16世纪到17世纪英国政府颁布了大量的济贫法。据说济贫法是福利立法的原型，从济贫法的成立过程来看，所谓“福利国家化是在后资本主义国家才会出现的”这种发展阶段论说是值得怀疑的。社会福利，是资本主义制度成立极早时期伴随着资本主义制度，并且可以说是作为资本主义制度的补充物出现的。自由市场虽然理应要求国家的最小限度，但实际上，市场从最初便针对“外部”向国家提出了要求。看上去，市场仿佛最初便知道自己的局限性，即市场仿佛提前预测好了一样，若将市场原理合乎逻辑地极限化反而会增加干扰而陷入悖论。

1802年，英国制定了最早的工厂法案。它规定了禁止9岁以下的少年参加劳动，9到13岁的少年劳动时间被限制在每周48小时之内，等等，因此它又被称为最早的劳动者保护法。这一劳动者保护政策进而又由少年劳动扩展到妇女劳动。这些针对妇女、少年劳动者的“保护”立法，最终给劳动市场所带来的现实结果是女人、儿童被排除在劳动市场之外。这导致了成人－男性劳动者独占了劳动市场，以及男性背后的“女人和儿童的世界”脱离出了劳动市场。倘若不考虑脱离出劳动市场的“女人和儿童的世界”，那么“母爱”和被保护的“儿童时代”的概念就无法成立。

劳动市场驱赶女性、孩子而仅对成人－男性劳动者开放，这究竟对于资本主义制度而言是否是划算的买卖仍是疑问。这是因为成人－男性劳动者还并非“自由的个人”，实际上他们当时仍是作为家长劳动者的家庭代理人。如果成人－男性劳动者是“自由的个人”，那么只针对这一单身者的再生产，市场支付相应的成本作为其劳动报酬理应足够了，但事实上，当时资本家家长劳动者支付了其足以扶养家庭的薪酬（即便这只是最低限度的）作为“家庭津贴”或者“生活津贴”。这从市场原理来看的确是干扰[1]。

家长一个人代替了所有家庭成员成为“顶梁柱”（breadwinner），只要他一个人工作就可以得到养活一家人的薪酬，而也有人将这种情况看作是一种“进步”。相比于全家劳动时代下家庭成员的总劳动时间，家长劳动者一个人的劳动时间或许较短。这也是劳动生产效率上升的结果。

1　日本的薪酬结构如下：青年、低学历层呈现的是单身型，而在其结婚年龄前后开始极快地上升，并在中年期呈现停滞状态。支撑这种薪酬体系的理念并非针对个人的“职务津贴”，而是将其生活周期的平均类型作为约定俗成的前提的“生活津贴”体系。

虽然“生产劳动”的时间减少了，然而对于被隔离在“家庭内部领域”中的女性和孩子而言，等待他们的则是“**进行**再生产所需要的劳动”与“**被**再生产所需要的劳动”。“女性和孩子”的隔离使得孩童时代延长，这与长大成人所需要时间的延长密不可分。在前近代社会之中，9岁的少年就拥有了足以独当一面的工作能力。被禁止劳动的少年们被迫接受教育。孩童时代的延长意味着教育时间的延长。与此同时，教育的作用就是将等级（grade）更高的劳动力输送至下一代的劳动市场。伊利奇（lllich）睿智地将“（接受）教育这一劳动”看作是“影子工作”（shadow work）的一种。教育并非单单是充实自己的活动。为成为一名劳动者而接受教育的孩子们自己承担着这种准备劳动。（接受）教育从其强制性的特点来看也是一种劳动，且这种劳动是被置于非市场领域的无偿劳动，从这两点来看，接受教育这一劳动与“影子工作”有着相同的特点。如果将“女性和孩子”的影子工作也计算在劳动时间之内，并且支付给家长劳动者的薪金还约定俗成地包含这种个人的再生产劳动的话，那么户主单独收入（single income）这种形式的劳动与家庭集体劳动这种形式相比，很难说是一种“进步”。

维多利亚时代的妥协

工厂法颁布后的1837年至1901年，英国在维多利亚女王统治下，进入了俗称“维多利亚时代”的经济繁荣发展时期。对家庭生活的崇拜（cult of domesticity）和所谓维多利亚时代压抑的性道德的规范，以及男性气质与女性气质规范等几乎都形成于这个时期。通过这一过程，按照市场与市场外部的性别分配，逐渐形成了性别分工式的“近代家庭”。在这种家庭之中，成人—男性排他性地独占了进入货币资源的通道，从这点来看，这的确是“父权式家庭”。然而从它并不遵照家庭内部生产方式这点来看，它与传统的父权制又有所不同。我们不能将近代的与传统的父权制混为一谈。资产阶级单婚小家庭之中的父权制并非“封建式”的父权制的残余，而是由市场形成的且是适合市场的近代式制度。

然而，劳动市场将“女人和孩子”驱逐出去并雇用男性家长劳动者，这种选择真的是符合市场的经济合理性的**逻辑性结论**吗？有人认为，倘若为了经济合理性，市场可以利用市场**外部**的任何要素。从这个角度上来讲，市场**合理**的选择结果就是将性别和年龄这些市场**外部**的变量导入市场之中。这是因为正如福利法和劳动者保护法的建立目的一样，我们知道，家庭解体所需的成本远比维持家庭所需要的成本要高得多。

家庭解体所需的成本与维持家庭所需的成本都是一种社会费用。简单来说，我们可以将其类比为国家－总资本，也就是说，总资本在双方达成一致的基础上可以承担这种社会费用。但在现实中，家庭解体所需的成本在“福利”的名义下，由社会费用所负担。相反地，“维持家庭所需的成本”是对家长劳动者所提供的“生活津贴”，而这是由每个企业来承担的。从自由市场的原则来看，倘若每个资本家的行动仅仅是从自己的经济合理性出发以谋取利润最大化，那么其最终应该可以达到“预定和谐”。这才是私有资本之所以被称为“私有”的原因。个体的私有资本都不参与劳动者的再生产。劳动者的供应与资源的供应相同，都在市场外部，也就是说都属于“自然”。而且劳动市场的建立与商品市场相同，必然要以此为前提，即来自外部的供应应当没有极限。虽然总资本有意要参与劳动市场的再生产，但个体资本的利害不可能与总资本的利害相一致。

劳动市场驱逐了“女人和孩子”，并把近代家庭这一私有领域驱逐至市场之外，这时，市场暗地引入了非市场原理——这对市场原理而言原本是干扰性的，并与非市场原理达成了妥协。而对于市场而言，这种妥协**最**

终能否达到经济合理性，则是另外的问题。问题在于，“市场”是一种局部式原理（而且是一种自认为自己是全局式的局部式原理），而它从外部引入了其**内部**不会产生的原理。也就是说市场采取了**不合理**的行动，无论这种不合理的选择最终能否实现“利润最大化”的目的，我们都不能放过对这种选择“不合理性”的质疑。

马克思主义女权主义者，将为了维系“近代家庭”市场所支付的费用，称为在历史中所形成的资本主义与父权制之间的“维多利亚王朝的妥协”（Victorian compromise）［Sokoloof，1980］。而这最终所形成的机制被称为“父权制资本主义”（patriarchal capitalism）。这种机制最初便是二元的。父权制下的近代家庭，不过是资本主义制度下的家庭。反过来说，资本主义的前提便是把资本主义补充之物——家庭置于市场的“外部”。

倘若如此，那么与市场携手的代理人（agent）实际上并非个人，而是家庭。市场本应该是将“自由的个人”作为玩家（player）而组成的一种游戏，但这里的个人实际上是一夫一妻制家庭的代理人——家长劳动者。为了使“自由的个人”出现，市场与传统的共同体相敌对，并通过工业化的过程将其解体。但从共同体中孕育而出的不是“自由的个人”，而实际上是“自由的、独立的一夫一妻制家庭”。阿利埃斯称，在近代化的过程之中，“胜利的不是个人而是家庭”。家庭的独立性之高是前所未有的，同时家庭是被隔离于公共领域之外的孤立的场所，这是史无前例的。而也正因如此，家庭被完全曝露于市场之中。以上几点都是近代家庭所具有的特征。如此一来，这些属性并非是在“市场与个人”的二元结构之中形成的，而是在“市场与家庭”的二元结构基础之上形成的。

“家”的发明

众多学者早已指出，家庭这一自律单位并非传统社会的遗留制度，它是近代的产物。在日本，“家”制度被公认为是明治政府的发明之物。将“家”制度看作是封建遗留制度是不正确的。它的确是发祥于封建制度下武家的传统，然而在身份制度社会之中，武家的传统与“常民”（柳田国男语）的传统并不一致。将武家的传统引入“常民”的世界并确立了“家”的概念的是明治31年的帝国民法。伊藤干治在《家庭国家观的人类学》［伊藤，1982］一书中描绘了民法制定之前的情况。这也就是“常民”的家庭习俗逐渐衰退为武家式父权制式的家庭规范的这一过程。青木弥生结合明治国家的成立过程这样论述道：日本儒教的“家”制度是基于维多利亚时期规范的西欧近代家庭的翻版［青木，1983b］。在这些著作的论述下，原本看似惊人的发现逐渐变成了一种常识，即“家”非但不属于前近代，而且是极其近代的发明，有关这点详细的论述就请参照以上学者们的论述。

幕末到明治时代是传统村落共同体的解体时期。“家”的独立性、自律性与共同体的规范南辕北辙。共同体中的约束力（sanction）较弱，相比之下，“家”获得了作为经营体的自律性，也正因如此，“家”之间的墙壁随之变得厚重。共同劳作和借贷农具的传统逐渐消失，村内婚姻也转变为看中门第的媒妁之言。“家”失去了其公共性特征，相应的“私事”的隐匿性（“家丑”意识）逐渐上升。促使共同体解体的不是个人主义，而是“家的利己主义”。

将“家”制度看作是封建遗留制度的这种看法，首先是来自一种误解的陷阱，即把近代百年（准确来说是从明治三十年代起）的传统视为不变的历史传统。其次，这也源于错误地将武家的传统看作是整个日本社会的传统。第三，这是近代主义者的执念，他们把“近代”按字面意思来理解，看作是“个人主义”时代，认为“家”是前近代的产物，而“个人”是近代的产物。深信不疑地抱有这种想法的人喜欢把“家与近代的自我之间的冲突”当作近代人的心理主题来书写。这一主题，正是日本近代小说中以“私小说”为名不断被创作的主题。但是，女权主义者的文学批评也成功地颠覆了这一视点。驹尺喜美从女权主义者的视角出发，重读了整个日本近代文学史。在她雄心满满的这一探索中［驹尺：1978、1982］，她谈道：“私小说中的主人公，真的是被‘家’制度压迫而牺牲的被害者吗？”她的设问极其精辟，宛如是哥伦布竖鸡蛋一样的知易行难的真知灼见。岛崎藤村也好、太宰治也罢，私小说作家们无一不是站在父权者的立场上的男性，他们笔下没有在父权统治下痛苦挣扎的女性和孩子。他们所书写的是他们与“家”制度之间的冲突，而这种所谓的冲突不是什么“家与近代的自我之间的冲突”，而是“无法背负父权责任的怯懦自我的烦恼与苦闷”。而且也正因如此，“从父权责任中逃离的未成熟的自我”深深伤害了在父权统治下的妻儿，反倒对自己的加害性没有自知之明且不以为耻，以至“恍然大悟、茅塞顿开”（五木宽之所用之词）。

因此，近代是一种悖论，与其说它是“个人的时代”，不如说它是“家庭的时代”。这里的家庭是史无前例的脆弱而又孤立的小家庭，它的确是，而且仅仅是史无前例的纯粹化又特殊化的“家庭的存在”。

第九章　父权制与资本主义第二期

第一次世界大战和第Ⅰ期女权主义运动

资本主义与父权制的妥协在历史上不仅仅只发生过一次，也不仅仅只经历一次就落下了帷幕。可以说，资本主义形成之后，其自身也经历了数次蜕变。而资本主义生产方式和父权制再生产方式，则随着资本主义的变化而被迫相应地进行了些许调整。

直到19世纪末，也就是直至资本主义各国的帝国主义侵略时期，针对它们的动向的相关讨论，马克思的市场分析都还是有理论预测力的。市场依照固有的运作规律重复着繁荣和萧条的轮回，最终也没能逃过陷入大萧条的命运。我们只要看市场**内在的**运作规律就可以明白这一点。而为了避免这样的命运，市场就必须求助于市场外部，以避免市场的运作规律在市场中一意孤行。资本主义无可避免地转向了帝国主义，这就体现了资本主义对市场外部存在着明显的依赖。结果，经济转化为战争经济。但只要战争这个巨大的消耗作为黑洞存在于市场外部，就可以解决市场供给过剩的问题，如此一来就不会导致恐慌。战争是发达经济的倾销之地（dumping ground），对资本主义而言是不可或缺的另一个“自然”。如此一来，正如预测的一样，19世纪末从列强的帝国主义侵略开始最终引发了帝国主义战争，即第一次世界大战。

藤枝澪子把20世纪的女性解放运动划分为两个时期：她将20世纪初的女性解放运动命名为“第Ⅰ期女权主义运动”；将60年代到70年代的妇女解放运动的浪潮命名为“第Ⅱ期女权主义运动”。无论是在欧美还是在日本，第Ⅰ期女权主义运动都在第一次世界大战结束后迎来了高潮［藤枝，1985；落合，1985a］。

换言之可以说，战争促进了女性解放。战争是男性所有活动中最为神圣的行为，而女性进入了男性气概的最后一片圣地（sanctuary）[1]。但是，由于男性出征战场而导致大后方以往的性别分工体制瓦解，男人们将农田及工厂置于身后，女人们则不得不取代男人拿起铁锹和锄头，去从事工厂中被视为是“男性工作”的车工和上铆钉的工作。两次世界大战中，参战各国都呼吁女性配合国家政策。这不仅包括利用母性，呼吁女性“多生多育”，让孩子作为士兵为祖国而战，还包括让女性参与到制作炮弹及飞机等所谓男性的职业领域之中。这些配合战争的行为都呼吁女性走出传统家庭领域。当然，由于这种呼吁违背了“女性的领域是家庭”的“良风美俗”，所以作为国家政策的一环，呼吁女性配合协助战争只会是一种矛盾的存在。我们能看到，无论是美国还是欧洲，在两次世界大战中都有数不胜数的宣传海报，这些海报贯彻了呼吁女性配合协助战争的这一国家政策。其中许多传达的都是让女性感到极为矛盾的双重信息，那些海报仿佛

1 在性别分工中，无论是哪个社会，男性都独占“战斗”这一行为。“战斗”对女性而言是禁忌，女性被视为污秽，战士和武器应远离女性。从动物行为学上来讲，这种“战斗”就是在男性之间围绕食物和女人而发生的争夺势力范围的战争。所以当他们本该保护的女人们走上前线时，男人们作为战士的主体性就会坍塌。在美国ERA运动（平等权力修正案）所遭到的恶性攻击中，出现了这样一种宣传口号，也就是“要实现男女平等，那么女性也应该是征兵的对象”。然而在接受新闻节目采访时，年轻的GI（士兵）明显表现出了困惑，他说道：“要是这样的话，我就不知道我是为了什么而战斗了。”

在说：“即便从事男性的工作也丝毫不会有损你的女性魅力。”[1]［Honey，1981］

女性通过配合协助战争的“社会参与”，她们获得了进入公共领域后所带来的实际成果和自信。通过这一过程，女性懂得了性别分工，即社会领域的划分和与之相对应的性别分配，而这种分配并不是按照“能力”，而是按照“禁止”和“排除”来实行的。

反言之，大后方建立起了女性的自治（autonomy）。女性进入了家庭以外的活动领域并建立起了自信。村上信彦在《日本妇女问题》（1978）中指出，就连大政翼赞的国防妇女会都对女性解放做出了贡献。在配合协助国家政策的锦旗加护之下，媳妇不用再顾及婆婆的意思，即便是在晚上也能堂堂正正地外出了[2]。

在一个国家举全国之力进行战争动员时，女性的参战被强有力地向前推进了。战争中，几乎所有男性都必须冲上战场。在这种情况之下，一直以来的性别分工就很难再继续维持下去了。日本也是如此，在长达15年的战争中，初期，户主和家族继承者还不会收到入伍通知单。但随着战败的形式愈发严峻，连一家之主都会收到入伍征集令。对于母子家庭中“处于大后方的妻子”或是战争遗孀而言，她们只能选择自己成为一家之主来支

1 莫林·哈尼（Maureen Honey）分析了在第二次世界大战中美国呼吁女性配合协助战争的宣传海报，她揭示出这样的两难困境：国家一边呼吁女性打破传统女性角色，而另一边却又要求女性保持其女性气质。位于京都工艺纤维大学的美术工艺资料馆收藏有大量一战中德国、英国以及美国的宣传国家政策的海报。在竹内次男的努力下，藏品的整理归类得以顺利进行。参考《朝日俱乐部》1986年5月30日号《第一次世界大战中的欧美宣传海报》。

2 作为一种社会现象，它本身既不是100%好也并非100%坏，它对于女性的影响是多方面的。从战争即是压迫人民这种公认的角度来看，很难得出村上这种灵活开放的结论：**即便**是战争也对女性解放做出了贡献。

撑起这个家[1]。经历战争的女性，她们所获得的实际成果和自信并不会随着战争的结束以及和平的恢复而轻易消失。这种情况在战败国尤为明显。这不仅仅是因为战败国比战胜国损失了更多的男性人口。还因为战争不单单是争夺物资的交战，更是国家之间意识形态（理念）的斗争。因此，国家一旦输了战争，那么该国家的国民理念也就失败了。高举理念大旗而奋战的士兵们在复员归家之际，连对内的权威都已不复存在了。无论是哪个国家，战后的混乱期就是恢复从前的内与外"性别角色分工"的过渡时期。在这一时期中，相比于战胜国的男性，战败国的男性让女人们"回归家庭"则更为艰难。

第一次世界大战结束之后欧美各国相继通过了妇女参政权，英国于1918年、德国于1919年、美国于1920年。这一系列妇女参政权运动所取得胜利的背后包含着要求国家承认战时女性为配合协助国家政策所做出的贡献的诉求。当然，将女性为国家所做出的贡献作为获取她们政治权利的交易品是极为危险的。而日本的妇女参政权运动没能赶上第一次世界大战后的第Ⅰ期女权主义运动的浪潮。也正因如此，她们在15年的战争中被卷入了配合协助国家政策的漩涡之中。对此，铃木裕子在《女权主义与战争》［铃木，1986］中有详细的论述。

未婚女性劳动市场的形成

第一次世界大战结束的时期同时也是女性进入职场的时期。无论是在德国还是英国，除了工厂工人以外，护士、打字员、电话接线员、秘书

1　巴霍芬（Bachofen）认为易洛魁族的女性"最接近所谓的母系氏族"，她们虽然拥有选举氏族首长的权利以及收养孩子这样重大问题的决定权，但这是由于男人们长时间在外参与战斗和打猎不在家的缘故［上野，1986a］。在发达工业化国家之中，在男女平等走在前沿的瑞典，一位参与女性运动的瑞典女性将本国的"文化传统"大胆地说成"这完全是由于维京人的传统"。因为她们在男人们长期出海期间，在家园中建立起了女性的自治区。

等办公室女性劳动者也随之增加。这些女性们在战时被招募为随军护士和事务员，而战争结束后，她们就这样继续留在了职场。另外，战后逐渐复苏的经济还顾不上甄选男性劳动者，女性就在这个时期进入了职场。她们中的大多数是丧偶的遗孀以及丧父的女儿。她们代替战死的家长支撑起家庭，并肩负起了家庭收入的重担。

经历了战争经济的发展，未婚女性雇佣劳动力市场就此形成了。即便是从事生产劳动的女性，她们与以往仅限于家庭内部生产领域的女性相比，也有着更多的家庭外部的雇佣机会。并且，在劳动市场中的女性，她们“与男性一样”，身着模仿男性的商务正装以及加入垫肩的男款女装，这就是她们的商务时尚。

但是，这样的劳动市场仅仅向“不用承担家庭责任”的女性敞开。“工作还是家庭”这种对于我们而言再熟悉不过的二选一的问题就是在此之后出现的。也就是说，在这个时期形成了“工作**到**结婚**为止**”这种未婚女性雇佣劳动的**社会共识**。在没有“（家庭外的）工作”这一选项时，“工作还是家庭”这样的选择本身就无法成立。女性在结婚时才首次面对“是（继续）工作还是（进入）家庭”的问题。

基于这种情况，也就此达成了“结婚之前的暂时工作”的**社会共识**。当然，并不是所有女性劳动者都会结婚。在女性劳动市场中，不仅包括未到适婚期的**未婚**女性劳动者，还包括过了结婚年龄的**不婚**女性劳动者。“职业女性”这个词中包含着“结婚晚”的剩女（high miss）的意思。另外，在女性劳动市场里，除了未婚、不婚的女性之外，即便是已婚的女性，当她成为寡妇或离异的女性时，也随之成为这个群体的一员。无论是哪一种类型的女性，她们都被夹在了“工作还是家庭”二选一的两难之中，也就是结婚不工作和工作不结婚的处境。

但是，“工作还是家庭”这种选择并没有撼动父权制家庭制度。资本主义需要女性雇佣劳动力。而对资本主义而言，将其置于“**到**结婚**为止**的工作”和女性的生活周期之上，这种做法使得生产领域和再生产领域的分离得到了保留。不论未婚还是不婚，“不用承担家庭责任”的女性劳动者被视为“与男性一样”的单身者。资本主义下的生产劳动依然**不会与**以“家庭责任”为名的再生产劳动**对立**。

未婚女性劳动市场的形成也没有撼动“女性气质”的规范。倘若女人在结婚之前被视为不能独当一面的人（或不结婚就不是女人），那么在劳动市场中的女性就被迫要求作为中性劳动者而勤劳工作。只不过她们一结婚，她们的生活重心就随之发生了变化。即便是职场中极有能力的职业女性，只要是将这种规范内化的人，一旦结了婚就会毫不犹豫地选择辞职而专心于家庭。在“非此即彼”的二选一的规范中，“结婚前工作第一，结婚后家庭第一”这种在各自领域中尽善尽美的做法不存在任何逻辑矛盾。

除此之外，所谓“结婚就是女性的终点”，这种观点只不过意味着停留在职场生活的女性总是被看作是不完整的女性而已。女性一旦结婚，她的工作就随时可能被叫停，从这点上来看，未婚女性劳动者仅仅是职场上的“过客”。即便她们一直保持单身，但当下的状态也不知何时会由于结婚而导致中断。“工作还是结婚”这种选择规范，给女性无法成为职场上永远的伙伴找到了理由，这也正成为职场上歧视女性的合理借口。

对女性而言，未婚女性劳动力市场的出现所带来的结果是，让单身女性得以享受“与男性一样”的自由以及女性的晚婚化。第一次世界大战后，在魏玛时期的德国，拥有职业和收入的女性，社会对于她们性的放纵不羁以及享乐式生活方式的哀叹此起彼伏［住沢，1985］。她们成了消费社会中有力的一员。此外，女性的晚婚化也进一步推动了社会向少生少育和小家庭的方向发展。

萧条之下的家庭和凯恩斯革命

战胜国美国与欧洲不同，战争的战火没有蔓延到自家领土。美国在战争中的损失较小，并且与欧洲各国相比，战争所带来的影响不大。不仅如此，在第一次世界大战中，通过战争经济尽享渔翁之利的也是美国。

在这样的背景下，1929年华尔街股市崩盘引起了经济大萧条，美国便开始陷入了恐慌，国内资本主义的改革迫在眉睫。经济萧条也同战争一样，为女性地位的提高做出了贡献。这是因为妻子和女儿取代了失业的丈夫和父亲来维持一家的生计。由此，在家庭中，女性取代了权威尽失的男性，与此同时形成了“妻子、母亲处于优势地位”的家庭格局。

通常来看，在经济不景气时期的家庭以及经济层面上受压迫的少数民族（ethnic minority）家庭中，“妻子、母亲处于优势地位”的母系家长制倾向较强。也就是说，虽然劳动市场没有能够给予女性独当一面的家长劳动者的就业机会，但劳动市场却给予了“赚取零花钱的女人和孩子”就业条件较差的机会。这使得劳动市场的性别歧视开始发生了逆转，也就是女性比男性更容易获得就业机会。失业的丈夫靠妻子做洗衣工、清洁工等工作来维系生活，在萧条期的家庭之中或是贫民区的黑人家庭中，这样的情况比比皆是。

大萧条下的美国有了前所未有的高失业率。这随之引起了社会的恐慌也同时撼动了父权制。对此，美国所采取的策略是通过财政投资来创造扩大内需，也就是凯恩斯政策，这又被称作“修正资本主义”。在“自由市场”无法实现预定和谐之时，代表总资本的政治所给出的良药便是“加强国家的干预”。这时，“看不见的神之手”就转变为了“看得见的国家之手”。财政投资和融资政策成为经济状况变化的保险阀。此后，这种政策成为了“自由主义”国家的一大任务。市场仅成为超越资本家玩家总和的存在。这里体现了超越个体资本的“公共意志”（volonté générale）（卢梭语），也使得既非家族又非市场的第三领域的“国家”昭然可见。

资本主义在凯恩斯革命之后，略微转向了宽松的“管制经济”。如果说凯恩斯革命之后的“修正资本主义”可以被看作是由国家主体所执行的“管制经济”的一种，那么苏俄形成于1917年的“计划经济”也是“管制经济”的一种，且被看作是一种极端的变种，这是因为经由斯大林统治，苏俄逐渐实行了五年计划。苏俄所达成的这种计划经济也是通过国家来干预生产调节和达到需求平衡。美苏的差异只在于“程度之差”。如此一来便产生了“收敛理论”（convergence theory）。收敛理论认为，社会主义经济体制并不是在资本主义**之后**必将到来的发展阶段，而只不过是由统制经济“程度之差”所引起的另一种经济制度而已。从这种观点来看，“资本主义经济体制”与“社会主义经济体制”之间并不存在决定性的鸿沟。它们之间的差别只在于有无计划性、意志决定主体是集中还是分散（集权或是分权），这导致了从完全的自由市场到完全的计划经济的连续性。然而在这一连续性的两极中，自由市场则要求更多的国家干预，计划经济则引入分权式的市场原理，二者互相逐渐“趋近”对方的形态。如此一来便出现了分析南斯拉夫“混合经济”的“比较经济体制论说”这种变通的理论［岩田，1971］。

战争也是管制经济的一种形式。国家在决定命运的“非常时期”，以一种掌握“公共意志”的人格性存在作为主体粉墨登场。在“国家利益”的名义下，由它来决定资本和劳动者的分配。战争中的“国家主义”**看上去**是一种“社会主义”，而“国家社会主义”者的**误解**便由此而来。

在管制经济的各种变形体之中，处于危机之中的经济从战争和革命这两种强烈的国家管制中寻求出路，而处于危机边缘的经济则像罗斯福新政一样寻求更温和的国家干预。卷入资本主义“世界体系”（沃勒斯坦语）

下的各国同时面临着危机，只不过针对这种危机的轻重而采取的应对方法才是优劣成败的关键，而这种看法现在已得到了广泛的认可。

战争是市场寻求的“外部”，而内需则是让市场衍生出“内部”的“外部”。选择放弃战争这种“极端的外部”途径的市场体系，便只能转向扩大内需（和平产业）。通过分配给劳动者利润来创造需求这种方法对市场来说，宛如章鱼吃自己的腕足来增重的诡计，凯恩斯政策正是以这种诡计来抑制失业的，并通过这种**不自然**的行动，完成了**修正**资本主义的“革命”。

经济高速成长期与第Ⅱ期女权主义

第二次世界大战后，日本终于在1946年通过了妇女参政权法案。在作为战败国的日本，男性丧失自信退伍归来，而女性在战争中和战后不得不拼命地工作，她们重拾了自信，取代了丧失权威的男性原本的家长地位。战后逐渐复苏的经济顾不上甄选家长劳动者，企业就开始接收未婚、不婚、非婚的女性劳动者。在她们当中：有些人是战争遗孀，失去了丈夫并需要抚养孩子；有些人是妹妹，由于兄长逝去，需要赡养年迈的双亲；有些人是年轻的女儿，由于战争中可以成为配偶的同龄男性大量死亡不得不孤独终老。如今，在企业工作到退休的女性之中，那些做到管理层和担任要职的职业女性的先驱者们大多都是这一时期进入职场的女性。

随着战后经济的复兴和建设，企业逐渐关闭了向女性劳动者敞开的大门。1962年，媒体上有关“女大学生亡国论”的话题成为一时的热门。那时人们**普遍认为**，女性即便接受了高等教育也不过是“结了婚就当主妇”罢了。

即便如此，那些经历了20世纪50年代的女性，她们在社会运动中彰显了巨大的力量。1954年杉并区一名家庭主妇带头发起了反对原子弹氢弹的署名运动，并瞬间征集到了一千万个签名。反对战争、守护和平的“母亲大会”也在各地召开并取得了巨大的成功。

然而，从二战结束到50年代中期出现的女性运动的高涨却不能被称为是第Ⅱ期女权主义运动。战败后的女性力量会如此轻易地掉进陷阱的原因，我们还不得而知。而这个陷阱也就是与战后复兴一同兴起的“女人要回归家庭”这一宣传运动。随着1946年新宪法的颁布，一直以来团结女性力量的妇女参政权运动仿佛天上掉馅饼一般地达成了其暂时的目标，也就是获得了妇女参政权。而与此同时，运动也失去了目标并陷入了低潮。达成“政治平等”的女性运动，对暗藏在形式平等背后存在的实际不平等问题则付之不问。女性的目标是“作为母亲”参与和平反核运动。而作为家庭领域的中坚力量，女性非但不去质疑自我的分工，还积极地接受了这种分工。这种母亲运动无论起到多大的作用，它都只会加强父权制的统治，而绝对无法实现对父权制的颠覆。

20世纪60年代至70年代，第Ⅱ期女权主义运动几乎同时在发达工业社会的各个国家中兴起了。在美国，它作为肯尼迪政权下民权运动的一环，只不过是“向黑人权力致敬”（The Black Power Salute）的伴随现象罢了。然而到了60年代末期，女性脱离了种族歧视运动，并随之展开了独创性的反对性别歧视的运动。

日本的女权主义几乎也在同时期进行。日本的妇女解放运动并非源于美国的妇女解放运动，而这点很容易引起误解。日本的确受到了美国的影响，然而欧洲与日本都面临着高度工业化资本主义制度下的各种问题。而这些问题正是发达工业国家中的女性所需要共同面对的。

第Ⅱ期女权主义运动首次以“女性问题”为运动背景，并且只兴起于高度发达的工业化社会。而这当中混杂着各种问题，不能仅仅从压迫女性的“封建遗留制度”与觉醒的女性所拥有的“近代式自我”之间的冲突来解释。虽然第三世界的女性问题与发达工业国家的女性问题二者出现于同一时期，但其内容却大相径庭。第三世界的女性容易将发达工业国家妇女解放运动中女性所提出的要求，看作是生活在丰衣足食世界中人们的奢侈的烦恼。而第Ⅱ期女权主义运动仅仅出现在发达工业国家中，是因为只有这些国家才存在着运动的根基。

用一句话来阐述这种根基就是：对女性而言，家庭的“近代”已经形成了。

在某种意义上来说，日本的20世纪60年代是戏剧性的新时代。日本“近代”的形成经历了60年代的经济高速成长期。当然，“近代化”从明治维新开始已经经历了一百多年，而在这期间，其变化发展的程度也并非完全一致。日本的“近代化”经历了两大转折：一次是从甲午中日战争、日俄战争到第一次世界大战，也就是日本资本主义制度形成期，即从明治末期到大正时期；另一次则是20世纪60年代。这两次转折分别对应的是第Ⅰ期女权主义运动与第Ⅱ期女权主义运动。

日本的“近代”是在20世纪60年代**完成**的。而对于这种说法，大多数人都会表示这仿佛是天下奇闻。因为一般**常识**认为，日本的“近代”早在明治维新时期就开始了。社会学家放弃了“昭和”这一持续较长时期的年号，而将昭和三十五年称为“高度成长元年”。从以下的指标中可以看出，以高度成长元年为界，在这前后日本社会经历了戏剧性的变化。

比如在20世纪60年代初期，日本的劳动人口中，雇佣人数超过了自营业者。即便说日本实现了“近代化”，但直到经济高速成长期为止，日本人口的一半以上都还处于家庭内部生产方式之下，并且将近一半的人口还依然从事着农业劳动。从作为近代化指标之一的人口城镇化率上来看，1950年的数值还是37.5%，而到了1960年则达到了63.5%。50年代出现了人头攒动的“进城离村”现象。而在这一过程中，日本人口的很大部分都在60年代变成了城市移民的第一代，并开始了他们的城市生活。在这一时期，核心家庭的百分比达到了60.2%。并且以1960年为分界点，家庭成员数量由平均 5 人左右急剧跌至3人左右（1960年为4.97人；1970年为3.69人）。女性平均生育孩子的数量不足两人也是60年代出现的情况。这一时期不仅仅出现了核心家庭化，而且也逐渐形成了小家庭化现象，即形成城市雇佣者核心家庭，并且孩子的数量不超过两人。这也就是我们今天所熟知的典型的近代家庭，家庭的形态也正是在这个时期基本形成了。

在雇佣者核心家庭之中，女性第一次实现了“结了婚就做主妇”。第一，她不从事**家庭内部**（生产）劳动而专门从事**家务**劳动。第二，除她之外，这个核心家庭中没有成年女性（婆婆或小姑子），因此没有竞争者的她自动成了“家庭主（要）妇”。然而这种“家庭主妇”并没有可以使唤的、给自己打下手的女性，她们成了家务、育儿都不得不亲力亲为的**家务劳动者**。

在经济高速成长期，对于男人而言的“全民工薪族化”的实现，对女人而言，则意味着实现了**荣升**为“工薪族的妻子”——“太太”的梦想。然而，当谁都能成为“工薪族的妻子”时，这种**荣升**的实质则变成了女性**沦落**为“专门从事家务的人”。经过了20世纪60年代的经济高速成长期，日本社会已经完成了这种最为**近代式**的性别角色分工，并且这种性别角色分工在社会上得到了普及。这种性别角色分工也就是克己奉公的企业战士和在后方专注于家务、育儿的妻子。女权主义者将其称为“父权制”，然而这种“父权制”完全是**近代的**产物，它与作为封建遗制的父权制大相径庭。

主妇的普及化与“女性阶级”的形成

经过了20世纪60年代的经济高速成长期，日本的“近代”已经完成。与此同时，家庭“近代”的形成意味着在城市雇佣者核心家庭中，“丈夫工作，妻子在家”的这种近代型性别角色分工的完成及普及。在女性的生活周期中，她们在经历了结婚前的“临时就业”后，会以结婚或生育为契机“进入家庭”，并以这种形式逐渐稳定下来。现在看来，这是多么传统的做法啊！

“结了婚就做主妇”的这种荣升至中产阶级的梦想，通过“全民中产阶级化”已得到实现。然而，在由经济变量决定的“生孩子要在两个之内”的这种小而舒适的中产阶级家庭中，女人仍旧无法安于被分配成为100%的再生产者。对于中产阶级的妻子而言，育儿期结束之后，等待她的终将是孤独和不安的折磨。贝蒂·弗里丹（Betty Friedan）在《女性的奥秘》（*Feminine Mystique*）（总是想要把它读错成Feminine Mistake）一书中［Friedan，1963］描绘了中产阶级妻子的不安与不满。而这正是日本20世纪60年代末为止大多数中产阶级妻子共同的烦恼。

1970年日本的妇女解放运动打响了第一枪。直接策划第Ⅱ期女权主义运动的妇女解放先锋是原新左翼女性以及失意的马克思主义女性。在她们的背后，许多过着“家庭主妇生活”的女性，也就是“沉默的大多数”（silent majority）抒发了共鸣并给予了支持。妇女解放运动虽然遭受了许多误解和诋毁，但是当它的主张一旦准确地传达给了女性阶层，那么它所传达的信息马上就可以得到女性的理解，并衍生出许多草根女性运动。这是因为第Ⅱ期女权主义运动并非争取女性的人权，而是将**近代型**性别角色分工视作问题之所在。她们对看似理所应当的“家庭主妇”这一角色发出了质疑。这里，“女性问题”转化为了“女权主义”。这是因为第Ⅱ期女权主义运动所讨论的问题并非社会的“不公正”——女性的“问题”，而是质疑社会上看似“正常”的“机制”。

在工业化逐渐实现的过程中，在发达工业化国家所开展的第Ⅱ期女权主义运动跨越了国界，一起面临着许多共同的问题。这些问题与前工业化社会中第三世界国家所面临的女性问题的背景有所不同。这是因为相比起**阶级差异**，**性别差异**作为分析阐释异化和压迫机制的第一变量逐渐显现出来。作为一种阶层的女性，她们被压迫的物质基础在于，女性作为家庭主妇所面临着的两种异化：第一，她们被排挤出了生产劳动；第二，她们被迫从事再生产这种无偿的劳动。“性阶级”（sex class）这一概念也是在这样的社会背景下出现的。在这一时期，女性作为被压迫阶级，也作为一种阶层，有着共同的利害关系。也就是说，她们共同面临着资本主义制度与父权制，她们有充分的理由向二者发起双重挑战。在这样的背景下，第Ⅱ期女权主义运动仿佛可以燎原的星星之火，迅速在女性阶层中蔓延扩散开来。

第十章　父权制与资本主义第三期

M字形就业形态

20世纪60年代的经济高速发展时期对资本主义而言又是一个崭新的开始。因为日本的“近代”在形成的同时，也是它走向瓦解的开始。就家庭和女性而言，只要“一结婚就变成家庭主妇”的性别角色分工规范一旦形成，家庭主妇的地位就从根基开始一步步地走向了瓦解。“家庭主妇劳动者”就这样出现了。

20世纪60年代的经济高速发展时期建立了以个人生活优先主义（My Home主义）为理想的性别角色分工规范，女性才刚刚被封闭在家庭之中，就立即从家庭被拉向了劳动市场。只不过这与近代家庭的性别角色分工并没有发生冲突，换言之，家庭以极为奇怪的形态保留了父权制，并且成功地建立了已婚女性劳动力市场。

从按配偶关系分类的女性雇佣者构成比率中可知，1962年未婚女性所占比率为55.2%，已婚女性占44.7%，其中12.7%是丧偶以及离异者，也就是**结束婚姻**的人，有配偶的女性占到了32.0%。这个数字在20年后的1981年发生了逆转，未婚女性所占比率为32.1%，已婚女性占67.9%（其中有配偶者占58.0%，丧偶以及离异者为9.8%）。因此，到20世纪60年代的经济高速发展时期**为止**，谈及职业女性就自然会出现这样的**社会共识**：她们是“结婚之前暂时工作”的未婚女性，亦或是奋斗工作错过适婚年龄的单身女性或寡妇。留在劳动市场的女性不是尚未结婚就是在婚姻之外，不然就是结束婚姻的女人，结婚和工作被视为是无法同时兼顾的。直到这个时期，女人要么就是工作没结婚，要么就是结婚不工作，而这被视为是**理所当然**的事。

经过经济高速发展的十年时间，未婚者和已婚者的比率实现了逆转。但是，已婚女性进入了劳动力市场，甚至许多女性在结婚之后也依然坚持留在职场，这样的现象丝毫不意味着她们“兼顾了工作和家庭”。大多数的未婚女性劳动者依然是以结婚或者生育为契机而离开职场。女性作为再生产者的角色与她们作为生产者的角色依然无法共存。已婚女性进入劳动力市场后，发挥女性角色的时期明显缩短了，这就意味着后育儿期提前到来。女性并没有**兼顾**再生产者的角色和生产者的角色，而是早早结束了再生产者的角色重新回归到生产者的位置。换言之，在某种意义上，她们虽然是实现了兼顾“工作与家庭”，但与此同时，这种兼顾是由通过错开生命周期的时间分配而得以实现的。

根据年龄划分的女性劳动力比率构成，我们即可得知这种变化趋势［图3］。1960年是经济高速发展的第一年，在这一年里，女性劳动力年龄比率在20到24岁达到峰值，随即呈现缓慢下降趋势。而到了1981年，在40到49岁区间又达到了另一个峰值，这样的曲线变化图呈现出“M字形”。我们可以看到，在25岁到34岁的生命周期第二期（生育和育儿期），劳动力比率暂时陷入低谷，在1980年前后达到最低，之后呈现出上升趋势。M字形低谷与女性进入劳动市场，二者息息相关，工作和育儿的对立证明了资本主义下的生产劳动其实是无法与再生产劳动并存的。进入20世纪80年代后，生命周期第二期的女性劳动力比率的上升意味着女性**雇**

佣劳动力的增加。在美国，女性劳动力比率曲线较早地消解了M字形，则没有呈现生育与育儿期的低谷［图4］。而这当然是因为女性做出了巨大的牺牲[1]。

在自营业者的生活中，再生产劳动和生产劳动的选择则并非问题之所在。在家庭内部生产方式之下，女性既是生产者又是再生产者。不仅如此，女性被迫要求二者同时兼顾。农家的家庭主妇没有成为**专职**于家务和育儿的主妇的**自由**。

从19世纪末到20世纪后期，女性劳动力在其长期变化中基本保持了平稳状态而且没有显现出较大的变化［图5］。德国、法国等较晚完成工业化的“二流资本主义国家”都是如此。而较早完成工业革命的英国和美国，则在工业化的过程中首先呈现出女性劳动力比率大幅降低的趋势（暂且将女性从劳动市场中驱逐之后），然后在20世纪末才逐渐开始上升。1980年发达资本主义国家的女性劳动力比率都趋于50%左右。而日本在工业化的过程中却没有出现女性劳动力比率大幅下跌的情况。在工业化－雇佣者化的过程中，女性单纯地只是从家庭内劳动者变为家庭**外**劳动者而已。

因此，提及工业化以后的日本“近代”，我们应该要看女性**雇佣**劳动力的比率才对。从图6来看，1960年提到女性雇佣者一定指的是未婚女性，这似乎是一种社会共识。经过经济高速发展的十年，女性雇佣者的确增加了，但是这一变化只发生在35岁以后年龄段的女性身上，也就是后育儿期的女性。

1　像日托中心这样的公共托儿设施，美国还没有日本完备。与自食其力型**资本主义**国家的美国相比，日本甚至可以说是非常“社会主义式”的国家了。美国女性在育儿期间能够工作是通过私人负担保姆或日间支付给养父养母费用而实现的。在资本主义下，育儿彻底私人化的代价是女性生育年龄的高龄化以及出生率的降低。

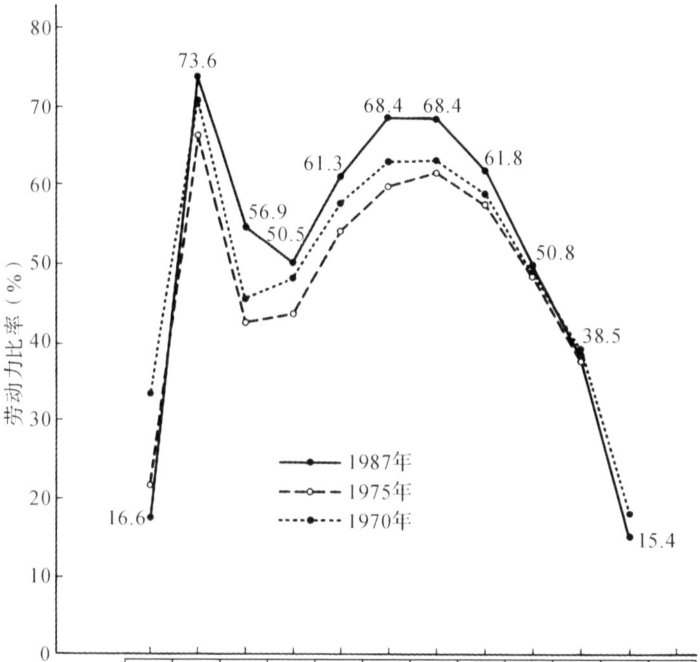

	15～19岁	20～24岁	25～29岁	30～34岁	35～39岁	40～44岁	45～49岁	50～54岁	55～59岁	60～64岁	65岁以上	平均
	%	%	%	%	%	%	%	%	%	%	%	%
1960年	49.0	70.8	54.5	56.5	59.0	59.0			46.7		25.6	54.5
1970年	33.6	70.6	45.5	48.2	57.5	62.8	63.0	58.8	48.7	39.1	17.9	49.9
1975年	21.7	66.2	42.6	43.9	54.0	59.9	61.5	57.8	48.8	38.0	15.3	45.7
1980年	18.5	70.0	49.2	48.2	58.0	64.1	64.4	59.3	50.5	38.8	15.5	47.6
1985年	16.6	71.9	54.1	50.6	60.0	67.9	68.1	61.0	51.0	38.5	15.5	48.7
1987年	16.6	73.6	56.9	50.5	61.3	68.4	68.4	61.8	50.8	38.5	15.4	48.6

资料出处：总务厅统计局“劳动力调查”（妇女教育研究会1988：54）

（注）图中数字为1987年的数值

图3　按年龄、阶级划分的女性劳动力比率变化趋势

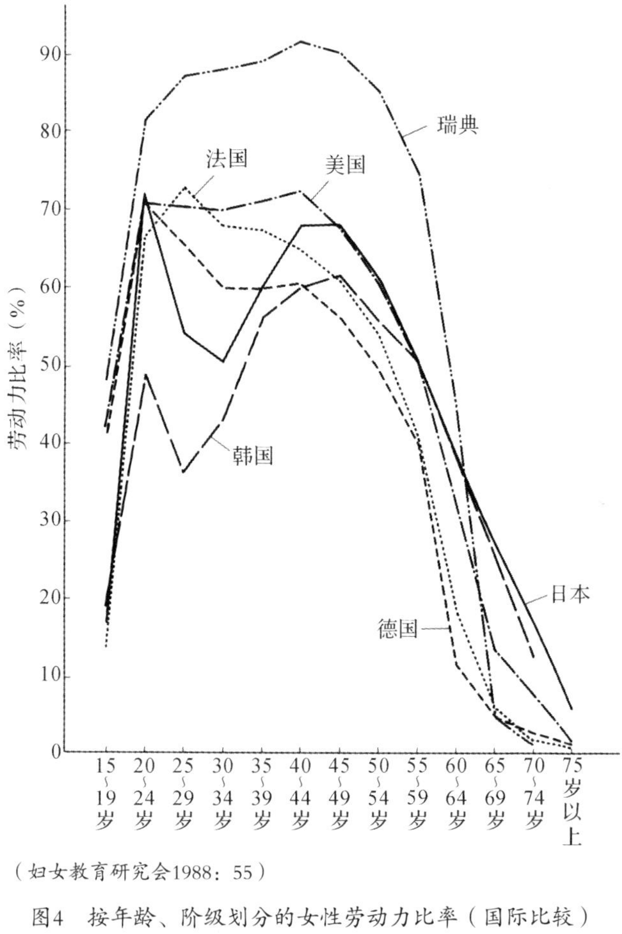

（妇女教育研究会1988：55）

图4　按年龄、阶级划分的女性劳动力比率（国际比较）

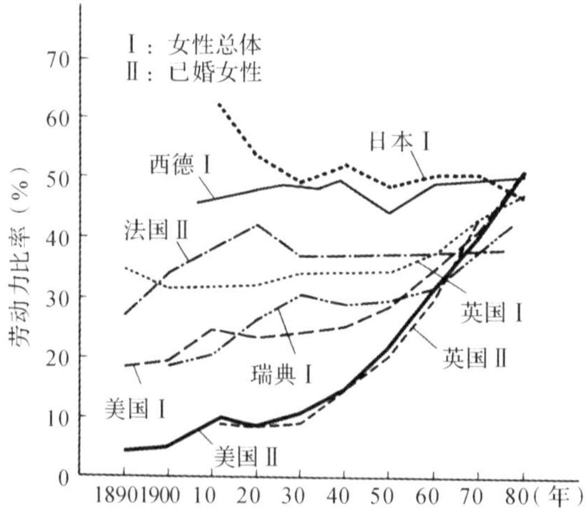

图5　女性劳动力比率的长期变化（1890—1980年）

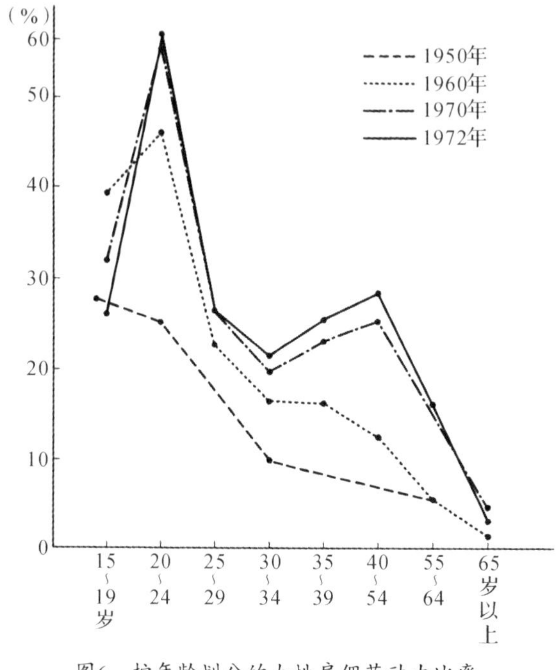

图6　按年龄划分的女性雇佣劳动力比率

“家庭主妇劳动者”的出现

“家庭主妇劳动者”是个多么奇妙的词汇。就在20多年前，社会上还遍布着这种社会共识，只要是家庭主妇就不会是劳动者，只要是劳动者就不会是家庭主妇。说起家庭主妇，就一定是没有工作的人。但是，经过经济高速发展的10年，既是家庭主妇又是劳动者的已婚女性劳动力市场[1]随之出现。“家庭主妇劳动者”出现的条件大体可以分为以下两个方面：一方面源于将已婚女性从家庭向外面推的推力（push）；另一方面源于劳动市场将女性从家庭向外拉的拉力（pull）［上野，1982b］。

推力中最重要的一个组成部分是新生婴儿数量减少所引起的后育儿期的较早来临。生于昭和二十一年[2]的那一代人，他们初婚的平均年龄在25.3岁，而一年后，他们在26.5岁的时候生下第一个孩子，经过两年，在28.5岁的时候生下第二个孩子，也就是最后一个孩子，继而他们画上了生育的句号。最小的孩子在他们35.0岁的时候达到上学年龄。即便女性一直受到“妻子和母亲身份”的女性性别角色社会化的影响，但这种影响的有效期限也仅仅只到35岁，之后等待女性们的则是过早到来的“余生”。正如贝蒂·弗里丹所描绘的“郊外中产阶级妻子”的孤独，这种孤独在过了育儿期后逐渐成为现实。

育儿期中的女性除了孤立和闭塞以外，仍然存在着一些其他的问题，但是处于这个时期的女性百分之一百都会先专注于作为再生产者的母亲这一身份。那种后育儿期母亲所感受到的空虚与不安，对处于育儿期的女性

1　与“家庭主妇劳动者”这种奇妙的词一样，“专职主妇”这种奇怪的称呼也同时在这一时间出现了。把理应“没有工作”的“家庭主妇”特意称为“（家务）专职主妇”，这与有工作的已婚女性（兼职主妇）的大量出现有着密切的关系。正因为家庭主妇的出现不再被看成是理所应当之事，所以才出现了“专职主妇”的这一说法，特意给了没工作的主妇这种特定的称呼［上野，1982b］。

2　1946年。——译者注

而言是无法感同身受的。想要推迟后育儿期，也就是延迟“母亲工作的退休”，只要一个接一个地一直生孩子便可以达到。实际上，明治时期出生的女性，在她们25.5到38.0岁的近13年的时间里，平均会生6到7个孩子，而在最小的孩子成年之前，她们就会离开人世。

日本女性的特殊出生率（一个女人一生所生孩子的数量），在1905年合计为5.11人，1981年合计为1.74人，而到1989年降至1.57人。在20世纪60年代，日本人的平均生育人数不足2人。“生孩子在两个之内”这种**规范**在60年代迅速得到普及。日本社会不依靠任何的国家强制力，在一代人的时间内就成功地控制了出生率[1]。并且这种控制出生率还是在经济因素主导的市场“放任主义”的**间接统一管理**之下出现的，同时这看似是当事人自由选择的结果。

女人们虽然最多生两个孩子，但这当然是由于只能最多生两个孩子所导致的。资本主义已经进入了新的阶段，也就是不再要求也不允许女性一生始终作为百分之一百的再生产者了。

推力中的第二个组成部分是家务劳动大幅度的减轻。20世纪60年代的技术革新使禁止参战的日本经济转向了扩大内需。市场无法开拓外部领域的“海外市场”而找到了内部的“外部”，也就是市场之外叫作“家庭”的这一内部领域。随着家电商品的不断开发和普及，资本主义迅速地将一大部分的家务劳动社会化－商品化。

这种扩大内需的路线将内部的“外部”侵蚀而尽，它包含了一种类似于“赏花饮酒经济”的循环论法则。女性们靠着家电商品大幅度地节省了

1　相较于日本，西欧各国出生率的降低历经了更长的时间。而诸如印度、中国等国，他们经历了人口在短时间内的急剧膨胀，这些国家则是依靠国家政策来控制人口数量的。中国的**计划生育**政策以及印度的奖励避孕手术等政策正是如此。与其他各国相比，日本在如此短的时期内且没有依靠国家统一管理就实现了出生率的大幅降低，不得不说是极为少见的例子。

她们的家务劳力。虽然家庭中最后仅剩下无法节省劳力也无法机械化的育儿劳动，但在后育儿期，这种劳动也不复存在了。由此看来，家务劳动已经不再意味着健康成年女性一天需要从事24小时的工作。当女性们没有必要再为家庭24小时不停献身之时，当女性想要具有购买家电商品的能力之时，她们就进入了职场。也就是说，节省家务劳力的机器将女性推出了家庭，但女性为了能够走出家庭不得不依靠节省家务劳力的机器。而为了购买这些机器，她们必须要外出赚钱。如此一来，女性们就被困在了这种循环往复的陷阱之中。

这个过程类似于农家的兼职化过程。靠着机械化的农业机器，农民虽然逐渐能够外出务工了，但是为了能够外出务工，农业机器对他们而言则变成了必需品；而为了能够购买“久保田”、“大发”[1]，他们又不得不外出务工。在这样的循环中逐渐形成了农家兼职化。在这一过程中，最受益的一方当然是利润大增的农业机械制造商。农民为了能够购买到自己想要的商品而外出务工。扩大内需的诡计宛如章鱼吃自己的腕足来增重，市场就是在蚕食市场的外部。

女性们虽然能够外出工作了，但与此同时，这也是为了能够有钱购买三种神器[2]以及3C[3]等家用商品。女性为了创造能够外出工作的条件，她们不得不开始工作。在经济高速发展时期，所谓“丰衣足食的生活”以及“平均生活水平”，这些都是通过让女性进入劳动市场而实现的。

非全日制劳动的“发明”

女性进入职场是由于家庭需要女性外出工作，但不管女性能够进入

1 两者均为日本农业机械品牌。——译者注

2 洗衣机、黑白电视机和冰箱。——译者注

3 彩色电视机、空调和汽车。——译者注

市场的条件有多完备，只要劳动市场不需要女性，那么女性就无法外出工作。也就是说，推力原因和拉力原因缺一不可，否则就无法让**家庭主妇转化为劳动者**。

慢性型劳动力的不足是20世纪60年代经济发展问题之所在，而在这一时期的经济增长中，一直都潜存着将女性拉向劳动市场的拉力原因。但是，一旦确立了作为企业战士丈夫和作为全职家庭主妇妻子的近代型父权制，就很难将已婚女性从家庭中拉出来。**只要**雇佣劳动与家庭主妇角色相**抵触**，那么女性就无法走出家庭。

雇佣劳动与家务劳动之间的这种“非此即彼”的矛盾关系是资本主义亟需解决的迫在眉睫之事。这是因为正是资本主义强行制造了这种二选一的矛盾。具体而言，只要将“朝九晚五”的全职劳动轮班强加给女性，那么就只有不用肩负家庭责任的未婚女性以及不婚的女性劳动者才会进入劳动市场。对此，资本主义以妥协的姿态进行了划时代的**发明**，那就是非全日制劳动方式。

非全日制劳动这种划时代创想就如同哥伦布竖起鸡蛋一般，并非偶然。为了将家庭主妇劳动者推向劳动市场，企业并没有让女性的生活去迎合劳动方式，而是通过**转变思维**，让劳动方式去迎合女性的生活。而从女性角度来看，将她们推出家庭的推力原因也完全成熟了。“生孩子在两个之内”使得后育儿期的提前到来的确缩小了母亲的角色分工，但这并不意味着这种角色分工不复存在了。让几乎所有家庭主妇犹豫要不要外出工作的唯一原因就是不想让孩子成为钥匙儿童。因为育儿这一再生产劳动才是让她们选择家庭的最重要原因。无论是以前还是现在，家庭主妇的门禁时间就是孩子回家的时间。非全日制劳动方式为女性提供了一种不与家庭主妇角色相抵触的全新的劳动方式。

需要注意的是，这种发明并不是女性的要求，而是因企业的需求所形成的。资本主义只有在需要女性成为劳动力的时候，才将女性招入劳动市场。

非全日制劳动方式的起源并不明确。大概是在20世纪60年代初左右，部分大企业先采取了这种形态，经历了60年代后，继而蔓延到其他企业。因此，70年代之后，政府劳动统计中才出现了“短时间工作雇佣者”这一分类项目。在很长一段时间里，劳动行政部门都没有掌握短时间工作雇佣者的实际情况，甚至连它的存在都不得而知。非全日制劳动者没有被视作为正式的雇佣者，他们不仅没有雇佣合约和社会保险，甚至都不是最低工资制的适用对象。到60年代初期，女性雇佣劳动的普遍形态（不知何时起，除了家务劳动，女性还得从事雇佣劳动！）仍旧还是副业。工场手工业之前的、恶劣的**家庭内部雇佣劳动**就是副业。至今，在地区新闻的“求职”栏里仍刊登着“寻找能够在家办公的工作”的启事[1]。企业转向承包，而承包则更多的依存于副业。副业，也就是进入家庭之中的工作，它意味着家庭是工厂的终端。副业逐渐被非全日制劳动取代后，女性们不再从事副业，转而走出了家庭成为非全日制劳动者。并且与副业相比，非全日制劳动的时薪还相对较高。“短时间工作雇佣者”的人数在经济高速发展时期的尾声时有216万人，在所有雇佣者中占6.7%。而在女性雇佣者之中，“短时间工作雇佣者”就有12.2%。之后，经过70年代，这个数字仍持续增加，到了1985年，在女性雇佣者中，这个数字达到了22.0%。也就是说，每5位女性劳动者中就有一个人是非全日制劳动者，她们中的多数都是有配偶的女性劳动者。这样一来，在社会上，非全日制的家庭主妇劳动者就成了日本劳动市场上不可或缺的一部分。

1 每每看到有处于育儿期女性寻找“在家就能办公的工作”时，我的心就会隐隐作痛。她们因为再生产劳动而被禁锢于家中，但即便如此，她们也不属于能够专注育儿工作的经济阶层。并且那些为了再生产劳动而“能够在家”的工作，其工作条件都处于标准条件之下。女性以“在家工作”这一条件被迫接受了低于劳动再生产成本的雇佣劳动。

日本资本主义的选择

我之前已经论述过，历经战后复兴和经济高速发展时期后，日本的资本主义面临着慢性型劳动力短缺的问题。而在20世纪60年代，高等教育的普及加速了这种劳动力短缺。在1960年，即经济高速发展的元年，这一年日本的高中入学率，男性为59.6%，而女性则为55.9%。而高中入学率在1980年时，男性为93.1%，女性则为95.4%，这近乎达到了“全民教育”的水平。而劳动市场中缺少的并不是管理部门以及决策部门，它缺少的是年轻人、单身者以及低学历的人群，也就是学历水平为初中毕业的劳动者，他们从事的是低薪酬、非熟练、单纯辅助型和不稳定雇佣的底层部门职业。那时初中毕业的劳动者被称为“金蛋”，而他们所在的部门之中，劳动力的补充却变得越来越困难。为了解决这些部门劳动力短缺的问题，日本的资本主义有以下几种选择。

第一，自动化。技术革新和不断进行的设备投资的确显著提高了工厂的劳动生产效率并且大幅缩减了在生产一线工作的人数。在机器化大工厂广阔的区域中，常见到以下这样的画面：仅靠着零星的几个人来控制着电脑并指挥无人操作自动运转的传送带。就连制造厂中在生产一线工作的人数也在明显减少，工厂组织结构也发生了巨大转变，由“金字塔型”转变为管理部门相对增多的头重脚轻的“钻石型”。

但针对自动化也无法完全解决的问题，在自动化也无法替代的面向客户的服务部门中，仍面临着劳动力短缺的问题。对此，资本主义能够采取的选项是：1. 已婚女性；2. 老年人[1]；3. 通过移民劳动力来填补，而日本的资本主义没有采用移民这种做法。

1　柏木博在《微型乌托邦的家庭》（1988）中指出，退休制度是一种通过将劳动者强制归入“老人”的范畴而使得他们被边缘化的一种手段。

除日本以外的所有发达工业化国家都采用了第三种选项，而只有日本没有采用这一项措施。美国自建国以来一直主要依靠包括黑人奴隶在内的移民劳动力，而欧洲则随着欧洲共同体的成立，将商品市场和劳动力市场自由化。欧洲共同体内部面临着南北问题，大量劳动力从南部各国流向北部富裕的德国。希腊人、土耳其人等外出务工的劳动者，德语不熟练，受教育水平较低，他们就职的正是劳动市场中处于最底层的生产一线部门以及服务业部门。这些移民劳动者居住在城市，引起了贫民窟、贫困、犯罪，以及卖淫等各式各样的社会问题。社会福利的负担成本也不容乐观。并且在工作岗位上，他们与下层的德国人之间竞争频发。贫穷阶层的德国人对他们产生的怨恨和敌意很容易就发展成种族主义。近年来，在德国能看到新纳粹主义的抬头，这就是源于下层中产阶级德国人对移民劳动者的敌意和反感。除此之外，更不必说延续至今的美国的种族歧视了。

如果日本也选择对劳动市场“敞开国门”，那会怎样呢？亚洲的“南北问题”将会使大量的劳动力一举从南部各国涌入日本吧。日本到现在依然采取严格的出入境管理法，但通过偷渡、非法签证入境的外来务工现象仍然存在。在20世纪50年代，日本的“南北问题”表现为大量农民“进城离村”的现象。恐怕现在应该会有许多亚洲人涌向“亚洲的东京”——日本吧。我们先不说德国的例子，光是日本，城市居住问题、贫困、犯罪等城市问题都随处可见。除此之外，还有排他的国民性这一问题。先不说归国子女问题和遗华日本人的问题，日本政府的高官也许会担心恐怖主义和严重的种族歧视的肆意横行。因此他们选择了对劳动市场“封锁国门”，死守最后一道防线。这就是臭名昭著的“出入境管理法”。即使面临难民接收问题，无论国际舆论压力多大，日本政府都甘受辱骂而固守着“封锁国门”的现状。长期以来，来自内外的“敞开国门”的舆论压力使得商品市场几乎全线败北，可以说，日本现在除了仅留大米供销这方“圣地”

外，其他领域几乎都实现了自由化。但是对劳动市场“敞开国门”则很难实现。日本的资本家们一定知道，相对于引入移民劳动力获取的利益而言，他们需要为移民支付的成本更高。

但即便如此，日本资本主义也没有放弃利用亚洲的廉价劳动力。他们没有选择将移民劳动力引入日本，而是选择了另一种方式利用外国人劳动力，也就是在**他们的居住地**进行就地利用。这是通过合并企业以及多国籍企业在当地进行生产的方式来实现的。因此，企业成功地实现了它的诡计：在利用当地的廉价劳动力和原料的同时，还能逃避支付处理工业废物这种公害的成本并可以仅仅获得商品。日本资本主义所采取的这种选项，真可谓是将成本降至最低并使利益实现最大化的“合理性”选择。

资本主义与父权制的第二次妥协

无法依靠移民劳动力的国内劳动力市场将目光投向了女性和老年人。而家庭主妇同时兼具了女性以及中老年这两个（不利）条件。她们作为中途被录用、担负着家庭责任的、不熟练的劳动者，带着所有的不利条件进入了劳动市场，成为了低工资、单纯辅助型以及不稳定的雇佣劳动者。

家庭主妇转变为劳动者，我们可以将这种转变称为资本主义与父权制的第二次妥协。“维多利亚时代的妥协”被称为是第一次妥协，其中丈夫是百分之一百的生产者，妻子是百分之一百的再生产者，并且二者形成了专职家庭主妇的近代型“性别角色分工”。如此一来，在第二次妥协中，确立了“家庭主妇劳动者”这种角色双重化的“新性别角色分工”[1]，也就是女性不仅是雇佣劳动者还是家务劳动者，此时她们既是非全日制家庭主妇，又是非全日制劳动者。对资本主义而言，“家庭主妇劳动者”的发

1　源于樋口惠子精彩的命名［樋口等，1985］。

明实为上策。劳动市场需要处于其边界外部的“劳动力预备军”（如果没有她们，劳动力商品的价格机制将无法运作），在工业化的发展过程中，资本主义使得劳动力供给后方的农村自行解体，资本主义已经无法再依靠农村中外出务工的劳动力——非嫡长子的次子和三男。日本的资本主义曾经是依靠农家的次子和三男外出务工来支撑的，也就是说，日本资本主义是由这些单身劳动力而支撑起来的。日本的工业化并没有像英国一样，发生因圈地而使农民弃农并移居城市等问题。在日本农村中，仍然是由长子单独继承土地、驻守家园，而这使得次子和三男远离了土地，不得不进入城市工作。农村的“叔伯”原本仿佛是家族奴隶一般在乡村被埋没，而工业化给这些人群提供了经济独立的机会。神岛二郎将这种变化称为“单身型近代化”。出身农村的人曾是经济萧条时期的保险阀，他们是“劳动力预备军”。因为对于外出务工的单身者而言，他们拥有回归农田的出路，即便在城市失业了，也有能回去的地方。即使他们没有货币收入，也不会苦于生计。这是因为在农村他们依旧拥有着实物经济。

在很长一段时间里，农村都曾是劳动市场的“外部”。随着农村作为“外部”被蚕食殆尽，家庭又作为新的“外部”粉墨登场了。如此一来，“家庭萧条缓冲论”出现了，这取代了经济学家所谓的“农村萧条缓冲论”。身为家庭主妇劳动者的妻子们即便失业也有可以回归家庭这一选择。1985年在“格力高森永事件”中受到“怪人二十一面相”威胁的森永制果公司临时命令“打工的阿姨们”暂时回家休息，而她们就只能听从公司的命令。

据报道，她们平均一天工作4个小时，每个月工作20天左右，当时每月的收入为4万到5万日元。当然，这些钱连女性一个人的生计都无法维持。她们把这些钱用在了什么地方呢？某位女性说道，当没有了那四五万日元收入的时候，这部分本应负担房贷的钱由家庭开销来填补，生活就变得越发艰难了。另外，其他女性也表示道，她们为此不得不停掉孩子的兴趣班。

对家庭主妇劳动者而言，最首要的就是找一份有收入的工作，而那些收入却不是为了女性的经济独立。女性的收入与其说是用在自己身上，还不如说就是为了补贴家用。“补贴家用型收入”是资本主义的一种分配形式，它针对那些需要收入而进入劳动市场的家庭主妇劳动者，它也是资本主义保留父权制的一种方式。非全日制劳动与补贴家用型收入的结合**看似**对女性和资本主义双方而言利害相同。但实际上，利害关系相同的并不是资本主义与女性，而是资本主义与父权制（下的女性）。

一般而言，女性的独立收入会威胁到父权制。女性的劳动在家庭**内部**生产方式之中与在家庭**外部**生产方式之中，两者的存在方式有所不同。在父权制下的家庭内部生产方式之中，女性的（家庭内部）劳动贡献由经营体的父权所占有。而在市场化的劳动领域中，工资并不是支付给她的丈夫、她的父亲的，而是支付给她本人的。也就是说，她的劳动贡献变成了肉眼可见之物。从历史来看，女性其实一直都在劳动，而当她们的劳动由家庭内部劳动转为雇佣劳动，这使得家庭这一单位，甚至个人（这也意味着无法再划分）这一单位都出现了划分的可能。

当女性的收入达到了足以让她们脱离父权制并独立生存的额度时，这种问题才会出现。实际上，大多数有配偶的女性劳动者，她们的家用补贴贡献率都未能达到25%。在1960年，工薪家庭中妻子的家用补贴贡献率微乎其微，仅为2.3%。但到了1981年，这个数字已经达到了12%，但是，这里出现了扣除抚养费用的上限金额，也就是1990年出现的“百万日元大关”[1]。

妻子的家用补贴贡献是不可或缺的吗？是的，的确不可或缺。如今妻

1　这里指被抚养者年收入达100万日元以上需要上缴所得税。——译者注

子的家用补贴收入已经不再是“可有可无”的存在了。因为妻子的收入并不是仅仅用在自己的身上。相较丈夫的钱包，妻子的钱包几乎与家用的钱包划了等号。妻子的补贴家用收入算在家庭收入之内，决定了家庭收入的状况。如此一来，家庭支出一旦增加，而这时倘若失去了妻子的收入使得家庭收入再次减少的话，对家庭而言恐怕会极为困难。

即便家庭收入增加，也不是说生活状况就富余了。许多妻子诉苦道，如果自己没有收入的话，生活将无法维持下去。整个收入分配结构已经无法保证仅靠男性一个人的单独收入（single income）就能养活全家了。双份收入型（double income）家庭最开始就依靠着妻子补贴家用的收入，而这种收入最终成了可以决定家庭收入状况的因素之一，这样的家庭现在逐渐成为多数。

妻子的补贴家用收入主要用于承担孩子的教育费用和购房后偿还房贷的任务。在森永公司做着非全职工作的女性告诉我们，倘若自己失去这份工作，她抱怨的也就是以上这两件事。依照“家庭萧条缓冲论”的说法，有些人认为“只要不奢侈”，仅靠丈夫的工资就足以生活。但是，要负担孩子的课外教育费，长远来看，还要让他们升入较好的学校，并且还需要负担一直到退休才能还完的房贷，最后手头仅剩下微薄零星的收入，这能称为“奢侈”吗？所谓“大家都是中等家庭”，这种与其他家庭别无两样的生活水平，是由妻子补贴家用收入而实现的。

女性的双重角色

由于雇佣劳动，妻子对于家庭生计的（可见的）贡献影响到了丈夫与妻子的上下关系，并且使父权制在一定程度上有所倒退。然而，它以一种更巧妙的形式补充了父权制，并强化了性统治。这是由于在近代型“性别角色分工”下女性成为家务劳动者，而在“新的性别角色分工”下，女性既是雇佣劳动者又是家务劳动者，她们扮演着“双重角色”（dual role）。并且，家庭主妇虽然成了雇佣劳动者，但她们作为家庭主妇的“家庭责任”丝毫不会减少。女性背负着百分之百的家庭责任（家务、育儿劳动），同时她们还要外出工作[1]。女性的“双重角色”，意味着“双重负担”（dual burden）。这意味着，女性作为雇佣劳动者在资本主义制度下遭受着剥削，她们同时又作为家务劳动者在父权制下遭受着剥削。而在家庭之中，丈夫对妻子的家务劳动袖手旁观；在职场上，这些男性对于女性劳动者（她们与那些在家庭中受到不平等待遇的妻子一样）而言，则是支付她们低廉薪水的上司。在此基础上，丈夫还享受着妻子赚来的用来填补家庭生计的收入成果。

社会学的角色理论认为，职业女性与家庭女性的“双重角色”是“角色冲突 ”的根源之所在。“工作还是家庭”这种二选一的窘境正体现了其中的冲突。同时，这种冲突又与女性解放语境下的“自立还是依靠他人”的问题遥相呼应。然而，我需要再次重复下面的话：**只要**雇佣劳动与家务劳动互相**抵触**，换言之，**只要**生产劳动与再生产劳动互相**矛盾**，就会遇到这样的问题。通过新与旧的性别角色分工，作为百分之百再生产者的女性，她们的家庭责任并不会消失。然而，按照她们的生命周期，再生产劳动的强度已经有所改变，或者说，再生产劳动的实质已有所改变。

在生命周期的第三期，处于后育儿期的女性与处于哺乳期的女性相比，她们的再生产劳动急剧减少。再生产劳动负担减少的部分则由生产劳

1　“妻子在丈夫的许可下”从事劳动，然而丈夫允许妻子从事劳动的条件通常是“不要给家庭（丈夫和孩子）添麻烦”。也就是说，“丈夫的逻辑”便是，妻子需要像往常一样负担家务的责任，只要不影响到自己的生活，妻子外出工作便是“自由”的。然而事实上，这种“妻子自由”的行使受益的则是丈夫。这是因为，他们的家务劳动负担为零，但通过妻子填补家庭生计的收入，使他们的生活着实富裕了。

动的负担来填补。然而女性无法变为百分之百的生产者。非全日制的从业形式（**部分**生产者！），这是与生命周期第三期相对应的劳动形式，也是使得生产劳动与再生产劳动**不互相抵触**的、雇佣劳动与家务劳动之间达成的妥协形式。

但这种说法似乎仍然不正确。在生命周期第三期，不仅是再生产劳动的**数量**会有所变化，其实质也会有所改变。儿童在从第一次社会化走向第二次社会化的过程中，**教育**代替了**养育**。换尿布、喂奶这种生理性的**养育**责任，会伴随着孩子的成长而大幅减少。而与此相应的**教育**责任则会变得格外重大。并且，教育的成本主要是货币成本。母亲的养育责任的确是逐渐减轻了，但减轻的负担会变为一种外部化的再生产劳动——也就是教育，这时，母亲就不得不用金钱来购买教育了。

家庭主妇的角色和职业女性的角色这两种“双重角色”之所以没有产生冲突，是因为“新的性别角色分工”成了维持父权制的秘密武器。也就是说，在后育儿期，女性进入职场后，无非是为了更好地达成“妻子－母亲”这一角色而已［Sokoloff，1980］[1]。

如此一来，女性就成了作为“妻子－母亲”的劳动者。这并不符合恩格斯所提出的假说——女性转化为劳动者则能撼动父权制。家庭主妇劳动者不但没有与“妻子－母亲”这一角色产生冲突，反而成了成为“妻子－母亲”这一角色的新条件。这种**悖论的辩证法**正是资本主义与父权制新的妥协形式[2]。这就是让女性成为非全日制劳动者或非全日制的家庭主妇[3]，

1　索科勒夫成功地识破了这个诡计。

2　在我所教的女学生之中，当听到“家务劳动”一词时，她们中甚至有人认为其包括了“外出工作”。按照她们的理论，依靠外出工作所得的薪金，能够为孩子“购买”到更好的生活环境和教育环境，这也是“母亲的职责”之一。对“家务劳动”现实的认知如今竟有如此大的改变。

3　非全日制劳动者（part-time worker）同时又是非全日制的家庭主妇（part-time housewife），关于这一**卓见**，可以参考女权主义者的盟友——丽贝卡·詹尼森（Rebecca Jennison）的评论。

也就是让她们成为部分生产者部分再生产者。通过给予女性这种新的身份认同，她们陷入了“工作还是家庭”的二选一的窘境，所以说，这种身份认同只不过解决了表面上的问题而已。

资本主义与父权制的第二次妥协对资本主义与父权制双方都是有利的。这是因为它代替了完全的生产者亦或是完全的再生产者这种二选一的选择，转化为了一种貌似和谐的解决方式，即“部分生产者部分再生产者”，而这种变化只发生在女性之中。

第一，对资本主义而言，女性是部分生产者，也就是她们作为**不完全**的生产者进入劳动市场。在劳动市场中，中老年家庭主妇劳动者从一开始便放弃了竞争，她们作为二流劳动者忍受着恶劣的待遇，作为心甘情愿的、经济实惠的、顺从的劳动者被压价购买，这对于资本主义来说是求之不得的。并且她们获取的用于家庭生计的辅助收入则在“扩大内需”的名义下提供了消费市场，可以说，她们甚至还是消费市场的老主顾。

第二，在父权制下，男性仍依赖着部分再生产者的女性所承担的家庭责任，他们只是盘腿享受着无偿劳动。女性成了部分生产者，而男性却没有成为部分**再**生产者，可以说他们丝毫没有改变。从部分生产者到部分再生产者，这种变化只要不发生在男性身上，那么以无偿再生产劳动为物质基础的压迫女性便不会消失。

而且，只要女性仍然是部分**再**生产者，这就为那些认为女性只能成为部分生产者的人提供了借口。在劳动市场中，作为部分生产者的家庭主妇劳动者被给予薪金低廉的职位，并且正因如此，她们的收入只够补贴家庭生计。如此一来，作为家长的男性，他们的权威便更稳如泰山了。女性的部分生产者化与部分**再**生产者化，就是机制互相强化的、在“新的性别角色分工”下压迫女性的物质基础。

女性成为部分**再**生产者，这意味着无偿再生产劳动的一部分在教育的名义下成为“有偿的劳动”。女性的部分**再**生产者化减轻了女性的再生产劳动吗？从表面上看，这一问题的回答是肯定的，然而最终却只能得到否定的答案。这是因为，承担着教育这种“有偿再生产劳动”成本的正是女性。

父权制资本主义需要从女性手中剥夺一部分再生产劳动使得女性变成**部分**再生产者。而依靠高科技的高度资本主义则需要**受教育**的劳动者。初期产业制下的技术革新把熟练劳动者替换为不熟练劳动者。与此相反，第三次科技革命只需要智慧的劳动者。而这种“受教育劳动者”的教育费用无非是由女性来负担的（本应由受益者负担！），这也就是资本主义与父权制的阴谋。

生产与再生产的辩证法

英国同当下的日本一样，也在经历着产业结构的转换。然而，英国又与日本不同，英国采取应对措施的时机相对较晚，又错过了转换期产业部门的衰落，产业结构的转化在社会的其他领域之中又会带来不平衡的影响，而英国比日本更容易受到这种好坏参半的影响。另外，在各个发达国家之中，女性劳动力化的比率从年龄、阶级构成上看，英国与日本最为相近。

有许多学者都已指出，过去的十年间，处于经济萧条和高失业率困境中的英国社会“男性失业率急速上升，而在社会各阶层中，女性的雇佣却有所上升”［Mitchel，1986；Beechy，1987］。而这种雇佣集中在中老年以及已婚女性的年龄层上。而年轻未婚女性，包括丧偶离婚的独身女性的失业率反倒有所上升。米歇尔（Mitchel）就曾经介绍过这一现象，某位著名经济学家在面向高中毕业生的演讲中说道：“找到工作的不是你们，是你们的母亲吧。”这些中老年、已婚女性的就业情况在职业种类上主要集中在以服务业为中心的各个部门，而她们的劳动形态则为非全日制、弹性工作制。尽管大多数非熟练部门的职位薪酬低廉并且雇佣极其不稳定。

而且更具讽刺的是，已婚女性参与劳动市场，却导致了女性失业率的上升。这是因为尽管“家庭主妇并不把自己当作失业者“，但随着雇佣机会的增加，潜在求职的家庭主妇数量急速增加。

> 在1974年到1977年之间，比起面向女性设置的职位数量，求职女性数量上升的速度更快。［Bruegel，1982：280］

在这期间所设置的“面向女性”的工作大多数都是烹饪、护理、保育、教育等“女性在家中所从事的工作”。但在这段时间中，虽然也有女性寻求一份全职工作，但公共部门所设置的社会劳动者等各种职位主要还是非全日制式的［上野：1987a］。比彻认为，其原因在于它们是“女人的工作”（woman’s work）［Beechy，1987：163］。勃鲁盖尔（Bruegel）也将这样“不稳定且季节性”的服务劳动看作是最具代表性的例子，他列举了如在学校食堂烹饪这样的职位。勃鲁盖尔指出，正因为它是女人的工作，所以无法成为“稳定的、持续的工作”，而正是由于它无法成为稳定的工作，所以它只能是“女人的工作”［Bruegel，1982：278］。

如此一来，就出现了女性大量被“边缘劳动力化”（marginalization of women’s labour）的现象。这样就形成了进出于劳动力边缘地带的女性“劳动力预备军”。

女性“劳动力预备军”这一说法，是从家务劳动论争发展到女性的“双重劳动”论说过程中的成果之一。

根据马克思的理论，劳动力预备军是“对资本而言不仅是有利的且是必不可少的”［Walby，1986：75］。这种劳动力预备军不仅有女性也包括了男性。布雷弗曼指出，“成为劳动力预备军的男性与女性，他们在数量上都在不断增加”［Braverman，1974］。亨弗里斯（Jane Humphries）谈道，“劳动力预备军的形成，不单单是一种循环，而是（在资本主义之下）一种永久性的趋势。在这一过程中，女性逐渐变成了雇佣劳动者”。［Humphries，1983；Walby，1986收录：79，括号内为引用者所加］而这种劳动力（无论男女）的边缘化正好呼应了沃尔霍夫（Claudia von Werlhof）所提出的劳动力的世界性“家庭主妇化”（housewifization）。于是，被驱逐至边缘劳动地带的女性与同样处于劳动边缘地带的男性——移民、失业者、第三世界的劳动者之间呈现出直接的竞争关系［上野，1987b］。

布雷弗曼谈道：

> 男性与女性以不同的方式加入了劳动力预备军的队伍。男性是通过离开雇佣劳动，而女性则是通过参与雇佣劳动。［Braverman，1974，Walby，1986收录：79］

与此相同的是，“劳动力预备军”是最容易因经济萧条而受到影响的“一次性”（disposable）劳动力。而基于这种假说，则衍生出了以下悖论。

> 经济萧条对女性雇佣机会的影响力是远超过单纯的劳动力预备军假说的，它是更加错综复杂的问题。1971年到1981年是制造业周期性的经济变动期，在这一期间的女性是最容易受到影响的。不仅如此，至少在70年代中叶时，无论是在公共部门还是私有服务部门，女性的雇佣机会都呈现整体性的上升。［Ruberty&Tarling，1982；Beechy，1987收录：99］

不仅是劳动力预备军的“一次性”假说，20世纪70年代在经济萧条的英国，女性雇佣非但没有减少反而还有所上升，这是否就印证了“一次性”假说应该被我们废弃呢？然而，如果考虑到这个过程中所发生的劳动力的整体“边缘化”问题，那么这一过程中也就不存在什么矛盾了。70年代时，英国涌现了大量失业者，他们是男性和单身女性，并且主要是全职劳动者。也就是说，经济不景气使得正规的全职劳动者所处的环境更加艰难，他们被非全日制劳动者所替代了。

正如布雷弗曼所言，“男性是通过离开雇佣劳动，女性则是通过参与雇佣劳动”，二者共同形成了劳动力预备军，而在男女双方的劳动力边缘化这一问题上，二者开始的时期是一致的。

20世纪30年代经济萧条的雇佣研究也同样证明了上述倾向。在美国1930年前后的大萧条时期中，“失去职位的男性比女性还要多”［Milkman，1976］。在经济萧条时期，劳动力的边缘化问题更加严峻。如此一来，更加适合边缘劳动的女性存留了下来，她们替代了失业的家长劳动者，获得了赚取“零用钱”（pin-money）的机会。

比彻指出，在1974年到1975年的经济萧条时期中，经合组织（OECD）各国出现了同样的现象［Beechy，1986：78］，而日本也并非例外。

日本产业结构的转换十分惊人，废弃产业中的失业者迅速被新兴行业部门所吸收，因此，日本没有经历像英美那样的严峻的失业率上升期。然而，衰落行业与新兴行业的产业部门间落差很大。其中，特别遭受打击的人群主要为职业转换艰难的、熟练部门的中老年男性劳动者。青年人在职业转换上相对容易，因此很快被成长中的产业部门所吸收。而这种现象与英国的情况恰恰相反，英国失业率最高的反而是青年人。然而，即使在新兴产业中，处于不定期或自由契约的不稳定雇佣形式中的男性劳动者也在逐渐增多。而女性劳动者的增长主要在非全日制和弹性工作制方面，也就是“边缘的”雇佣机会[1]。不仅如此，从事全职工作的女性在离婚后，作为非全日制、派遣劳动者进入了“二次劳动市场”（secondary labour market），而这种再进入职场的压力也比以前更大。

所以，正如加迪纳（Gardiner）和史密斯（Smith）所说的那样：

> 女性逐渐得到更多的雇佣机会，但雇佣这一领域丝毫没有改变男女的不平等［Gardiner&Smith，1982；Beechy，1982收录：100］。

在当今的日本，男女同工不同酬直到1978年才显示出了缩小的倾向，但随后又再次扩大。1978年，倘若将男性的收入看作是100，女性的薪金则为56.2。而到了1981年，女性的薪金又减少到了53.3，男女同工不同酬的差异逐渐增大。在这期间，女性雇佣机会虽然显著提升，但有数据显示，女性参与雇佣劳动（只要女性与男性不处于同一条件下）却丝毫没有消解男女之间存在的不平等问题。

女性劳动力边缘化的原因在于：

> 已婚女性有家庭这一独自的天地，即便被生产所排除，她们也可以回归家庭。而社会福利又没有必要关照她们的存在，同时她们的消失也不会（只要不是自己注册在案）反映在失业率上。［Beechy，1987：57］

支撑女性边缘化的是家庭。女性的雇佣劳动与家务劳动紧密相关。女性是再生产者，所以她们作为生产者是次等的，而正因为她们是次等的生产者，所以她们被称为再生产者。如此一来，女性被禁锢在家庭领域

1 比彻批判道：公共部门以这些是“女人的工作”为由，率先制造了护理、保育、烹饪等不稳定的非全日制雇佣机会。从这点上来说，政府和自治区在女性歧视问题上应当承担责任。

之中，以及女性劳动力的边缘化，二者共同制造了女性的“双重分离区”（double ghetto）［Armstrong&Armstrong，1978：201］。

80年代的改革

直到20世纪80年代，双循环型、家庭生计辅助型、非全日制雇佣的劳动形式，即工作至结婚，以结婚或生育为契机暂时退职，而进入后育儿期时又再次回归职场，这种情况发生在日本大多数的女性之中。经济高速成长期之后，仅仅过了二十年这种变化就显现出来了，不得不说时代变化的速度比我们料想的更快。

1980年，在哥本哈根，日本政府代表签署了联合国《消除对妇女一切形式歧视公约》。1985年该条约得到国会批准，同年，日本政府颁布了《男女雇佣机会均等法》。而与此同时，日本政府也废除了劳动标准法中保护女性的规定。在“均等法元年”的1986年之后，女性所处的职场环境，伴随着各种抵抗也在逐渐发生改变。这些事件出现的背景是，在第三次科技革命的浪潮中，产业结构的变化促使政府进行大刀阔斧的改革。

20世纪80年代之后，在日本政府所做出的政治选择中，包含着如何改革生产和再生产问题的洞察和判断。简单来说，所有男性都是生产者而所有女性都是再生产者这种“近代的假设”已经结束了。在“近代型性别角色分工”下，男性都可以成为生产者，而女性都可以成为再生产者（或者只能成为再生产者）。只要该结果成立，那么“近代”便也可以被称为平等的时代，让男性成为生产者，让女性成为再生产者，这是使得男女双方**平等化**的时代。而我们必须要面对的则是“近代型”生产与再生产的结构再次动摇的时代。

第十一章　家庭的革新 I

人口资源

人口被看作是一种资源，这种观念源于近代以后。马尔萨斯（Malthus）的《人口论》著于1798年。而这也标志着作为“学科”的“人口学”诞生了。在这样的背景下，出现了三种观点：

第一，“人口在不断增加”的现状认识；

第二，“使人口增加”的发展理论；

第三，“人口可以调节”的统一管理理论。

近年来，社会史研究均从人口统计学（demography）理论出发，这的确存在着一定的依据。罗斯托（Rostow）主张最为单纯的近代化。从他的观点上来看，近代化的“take off”（起飞）是人口激增期，而近代化的完成期则是“plateau”（停滞）——人口增长停滞期时期（图7）［Rostow，1960］。因此，我们从人口变化曲线就可以知道近代化的开始与结束。而所谓“近代”就是指夹在近代以前和近代之后这两个停滞期之间的、人口不断增加的过渡时期[1]。

人口增长时期是一直处于变动的时期。社会人口承载量变化会导致

1　罗斯托之后的近代化论也几乎都是基于人口学模式的。比如理斯曼（Riesman）在论人类社会学的经典著作《孤独的人群》［Riesman，1950］中提出了将近代化社会意识分为“传统导向型”“内在导向型”“他人导向型”。这也基本上是以人口统计学为基准来划分近代化各个发展阶段的。

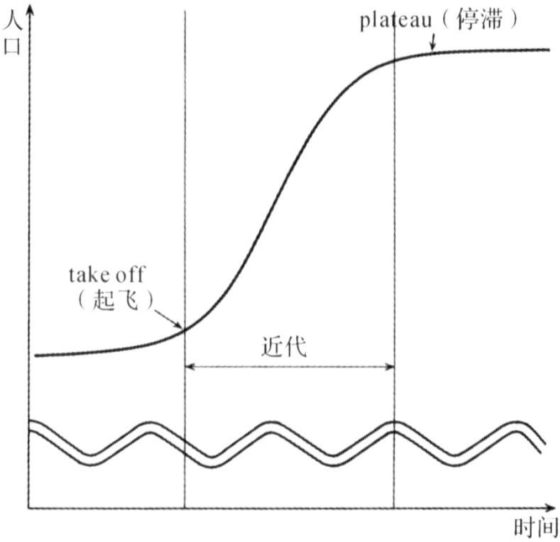

图7　罗斯托的近代化模型

人口的增加，而人口的增加也会使得社会随之发生变化。人口在数量上的变化一定伴随着社会的质变。我们所说的“近代”是人口增长时期，其实这也意味着“近代”是社会变动的过渡时期。所以人口增长一旦进入了停滞期，这就表明社会变动的过渡期随之结束了。

当然，即便是在人口停滞的传统社会中，人口也被看作是一种资源。但是，从以下两点来看，这仍然与“近代”社会存在着差异：（1）人口并不会如愿以偿地增长；（2）存在一些社会性牵制力使得人口停止增长。一般而言，“前近代”社会存在着婴幼儿的高出生率和高死亡率的多生多死现象。仅仅从这点来看，我们并不能把这种现象称为人口调节。如果弃之不管，任由人类被欲望驱使进行不断的性交，并且在完全不懂得受孕调节的情况下怀孕，在人类可以生育的年龄阶段一直不停地生育孩子，这样，多数孩子还会因为环境的不卫生或是疾病等原因夭折死亡。或许有人会说，人类居然是这样野蛮的生物啊！而我认为，“人口论”才是真正野蛮的**近代主义式**主观论断。

对于那些研究“未开化社会”的人类学家而言，这确实是理所当然的事（但从别的观点来看，这着实令人吃惊）。但在生产力水平极低的狩猎采集社会之中，人口的净再生产率控制在1.0左右。然而，这并不是多生多死导致的，而是源于受孕率本来就不高。当人们还不知道怀孕是怎样一种现象的时候[1]，很难说人们有避孕的意识以及相关的技术。但无论如何这是人类学家也不尽了解的情况，也就是为什么那时的人们一生并不会生育七八个孩子。

社会史学家落合惠美子认为，人口调节有以下两种手段：控制结婚和控制婚内的生育［落合，1987］。在传统社会中，由于很难筹措聘礼，所以不是谁都可以结婚；月子期间的性交禁忌以及漫长的哺乳期，使得生育的间隔时期较长；而性交频率不如“近代人”高也是原因之一。性交频率不如“近代人”多——恐怕没有像“近代人”一样，因量化后的性交（次数以及持续时间！）而产生出强迫性神经质执念的人吧！并且，以前人们的性交**大概**指的是体外射精（确认这件事比较困难，所以这也只是揣测而已）。由于以上种种原因，并没有导致这种结果——任由人们生孩子，孩子就会不断增加。

另外，这种停滞的社会与周围的生态系统之间也保持了某种协调性的动态平衡。狩猎采集的原始人并不是挣扎在饥饿线上的人，也不是只要是能入口之物就毫无节制地从大自然的恩惠中一味索取的人。各种各样的食物禁忌以及礼节性禁忌构筑起了一种文化规范，这种规范处于生态系统之中，以避免耗尽环境资源。他们没有办法百分之百地有效利用可以食用的环境资源。萨林斯（Sahlins）将这种社会称为“富饶社会”（afflunet soci-

1　比如，马林诺夫斯基（Malinowski）认为，基里维纳群岛岛民对如果没有男女性交，就无法生育孩子的观点付之一笑。而澳大利亚的原住民则认为，被祖先的图腾附身就会怀孕。他们都没有将性交与怀孕联系在一起。

ety）［Sahlins，1974］[1]。

而“停滞社会”就是不会把生产和再生产推向最大化（maximize）的社会，也是不会超越其能力极限的社会。如此一来，无论是在生产力水平还是再生产力水平上，“停滞社会”都只是单纯重复着再生产而已。

因此，在性与社会结构之间，存在着某种说不清、道不明的自我调节机制。正如罗斯托所言，倘若“近代化”的起飞是源于突然间的人口爆发，那么这种人口增长则是文化－社会的调节机制由于某种原因**失效**所产生的结果。这不仅仅只是由于卫生水平的提高使得婴幼儿的死亡率降低（当然**这也是**原因之一）。而且，从人类史上来看，女人一生之中生育将近10个孩子，这种现象本身就是极为反常的。

所以，所谓的“近代”，就是指“**失效**的社会”，也就是在人与自然、人与身体之间，文化－社会的调节机制开始**失效**的社会。禁忌的解除使得人类朝着生产和再生产最大化的方向发展前进。当然，禁忌的解除还有一个别名，叫作“解放”。扩大再生产的循环一旦开始，无论人类曾经历过怎样的传统，人类转瞬间就会忘记。

在亚洲和非洲，那些孩子较多的家庭的出现并不是“前近代”才有的现象（早在明治时期，日本的出生率就很高了）。它也属于“近代”的现象，它是在各个发达国家控制下的**落后**（under-developed）状态，是同时期“近代”世界体的一部分。我们所看到的非洲饥荒，正是**失效**的社会，或是社会的**被迫失效**所导致的一种悲剧。

1　如果人类的净生产率停滞在1.0左右，那么可能突发的气候变化等原因会给全体人类带来毁灭性的打击。正如饥荒时濒临灭绝危机的部族，事例比比皆是。但是，一般而言，由于他们不会**榨取**生态系统到人口承载量的极限，所以饥荒的时候也勉强幸存下来。实际上，在非洲部落社会，从狩猎采集向农耕方式转移的人群之中，饥荒时农耕人群比狩猎采集人群的死亡率要高。他们中的一部分抛弃了农田而又重新开始了狩猎采集的生活。因为狩猎采集的幸存可能性更高。

控制出生和“再生产的自由”

因此，人口政策从近代民族国家（nation state）形成之初便成为了重要的政治课题。市场与个体资本虽然对劳动力的再生产表现出了不干涉、不关心的态度，但国家却并非如此。近代国家一直对人口政策极为关心，诸如国家时而禁止堕胎时而又将其合法化，时而惩罚计划生育时而又鼓励计划生育。不仅如此，美国一部分保守州的法律仍然延续着维多利亚时期的性道德，就在近几年，法律甚至介入市民的床第之事，比如禁止同性恋、批判婚外性交，连夫妻间的口交都被视作是违法行为。

家庭是统一管理性和生育的社会领域。在文化人类学中，虽然“家庭”的概念早已解体，几乎无法定义，但即便如此，社会中由性别和年龄划分而定义的社会领域仍然根深蒂固。一直以来，家庭或亲族都是统一管理生产和再生产的社会单位。而说到“近代”，它所特有的现象便是，生产从家庭这个领域“脱离”（disembed）出来，也就是其英文字面的意思——离开bed（床）。在这个过程中，只有再生产被特殊化对待，也就是说，最后就只剩下了bed。

因而，家庭存在着历史性以及文化－社会性的多种形式。所以历史的变动期也就是家庭的变动期。虽然在“近代”形成之时，对于家庭解体已经怨声载道，但之后当我们回顾那段历史时，它向我们证明了那只不过是“前近代”家庭的解体，“近代”家庭则取而代之登上了历史舞台。家庭史以及社会史认为，“近代”家庭的性质不言而喻，它是各种特质所组成的复合体，比如儿童的世纪［Ariès，1960］、母爱的神话［Badinter，1980］、主妇的诞生［Oakley，1974］等各种现象都集中在它形成的过程中。在“近代”形成期中，与市场形成期几乎同时形成的“家庭性”（domesticity）领域又是如何同样成为不可或缺的补充物的呢？关于这点我之前已有详细地论述，这里不再赘述。

但是，在20世纪80年代，“家庭的解体”问题又再次引起了关注。如果从民主主义的“近代”这一定义出发，对于人口停滞增长且逐渐减少的英国和法国而言，它们的“近代”早已结束了。人口停滞的原因有以下几点：（1）晚婚化；（2）结婚率的降低；（3）离婚率的上升；（4）出生率的下降。这也就是说，结婚的控制和婚内生育的控制这两个因素同时发挥着作用。更简单地说，男女双方都选择不结婚或者不受制于婚姻，并且人们越来越不想要孩子了。这种结果导致了以夫妻和孩子为单位的“近代”家庭逐渐沦为了少数群体。

为家庭解体哀叹的人将这种现象称为“解体”。20世纪80年代初期的美国，由夫妻和孩子组成的，并且仅依靠丈夫一人单方收入的典型“近代”家庭的比率跌落到了总体的14%。如今，我们只能称这种“近代”家庭是极其“**传统的**”家庭，这种家庭甚至已经成为少数。相反，**独身**家庭（single household），以及**单亲**家庭（single parent family，以单亲母子家庭即single mother family为主）则不断增加。

既不结婚也不生孩子，这种生育的控制在所谓的**自由主义**发达国家之中并不是由文化禁忌或是国家统一管理而导致的，而是由当事人依照个人的自由意志所做出的“选择”。众所周知，中国、印度就并非如此。当我们看到出于自由“选择”的人们拒绝了结婚、控制了生育时，我们反而弄清了一直以来是怎样的文化－社会性强制力作用于结婚以及生育之上的。

我们可以从男性与女性的身上同时看到拒绝结婚和生育的这种倾向。受过教育的职场女性以及不愿将“男女平等”的规范内在化从而接受性别角色分工的女性，这种情况在她们身上尤为明显。所以人们一直认为女性和女权主义应该对家庭解体负一定的责任。但实际上，仔细体会有关支撑“近代”家庭的意识形态话语，我们即可发现，这些话语的目标对象就是女性。结婚、生育的**强制力**几乎就是胁迫女性的话语。比如“婚姻才是女人幸福的终点”“女人只有生了孩子才是真正的女人”等言论比比皆是。这恐怕并不稀奇。也就是说，将男性划为生产者，将女性划为再生产者，在这种特定近代型性别角色分工之中，作为再生产制度社会单位的家庭一直对女性在家庭中的作用寄予厚望。所谓男性的作用不过是不参与和不干涉“女性的领域”罢了。

所以，这也难怪20世纪60年代以后的妇女运动和第Ⅱ期女权主义对再生产强加在女性身上的文化－社会性强制力进行了控诉，为逃离这种强制力而争取自由的女性运动不断出现。而在这些运动之中，争取“堕胎权利”（abortion right）的斗争成为了运动的焦点。他们控诉法律上禁止堕胎的国家，而这是一场发生在国家与女性之间的运动，是女性为了争取法律权利的斗争。有人说，“近代”国家对国民的“私”生活（核心是被**私事化**的性与生育）毫不关心，然而这种说法只不过是极为荒唐的“神话”而已。“近代”国家一直以来都对管理女人的子宫这一再生产资源表现出了强烈的兴趣。正因如此，争取“再生产自由”（reproductive freedom），“将子宫交还给女性”的这种斗争正是女性解放斗争的关键，并且这种要求也同样是让父权体制最为恼火的地方[1]。

家庭解体——危机论

相比欧洲各国，日本家庭解体的问题并没有那么严峻。日本人的结婚率仍然很高，倾向于婚姻的国民性仍旧没有改变。在40岁之前的人当中，有95%以上的人都有过一次结婚的经历。西欧国家则有10%到20%的国民

1　主张“堕胎权利”的女权主义者遭到了批判，特别是来自右翼以及宗教界强烈的批判和暴力。直至今日，在部分国家中，堕胎以及主张堕胎都是需要豁出性命的斗争。有关“生与不生的自由”对于女性解放的意义请参照［上野，1986b］。

选择终生不婚，与此相比，日本这样的社会实属特例。虽说日本离婚率也有上升的趋势，但是仍没有达到美国以及北欧的水平。然而最终，每个家庭平均出生婴儿的数量还是不足两人。1989年的数据为1.57人，“已经停止生育孩子的夫妻……平均生育孩子数量为2.2人，“很少有一个孩子都不生，或是只生一个孩子的夫妻”［总理府，1985：119］。日本在1983年的出生率为12.7，这虽然接近于英国（1979年）的13.1、法国（1979年）的14.1，但是由于日本老龄化比西欧各国出现得晚，因此虽说人口增长较少，但仍然呈现出了一定的增长趋势［矢野，1981］。据1980年的国势调查可知，单身户所占比率为19.9%，虽然这个数字已经接近了欧美的20%，但这并非不婚单身的数字，而是未婚单身以及老年人单身户口的数字，而且后者的增加才是主要原因。

从以上的原因中即可看出，正在席卷欧美各国的“近代”家庭单位的结构性解体，至少从表面上来看仍有挽回余地。仅从外部来看，正如集体主义式的日本型经营管理一样，日本社会即便是在家庭制度的维系上，也是**完成度好**到让人难以置信的well-organized（组织良好的）社会。

如果是这样的话，那么在20世纪80年代的日本，那些担忧家庭解体的声音仅仅只是危机的预警吗？“看看美国？”“德国呢？”这些说法仿佛把某些危机的实例作为某种“不良示范”，并力图避免这种现象的发生。然而这难道仅仅是某种威胁论吗？

早在20世纪60年代之初，日本就出现了感叹“家庭解体”的声音。实际上这种声音的基调一直都没有改变。日本社会的家庭危机，从字面上理解就是家庭单位的解体以及还原成个体单位。与其说它在根本上呈现出了激烈的变化，不如说家庭单位虽然仍旧维系着家庭单位这种形态，但它已出现了某种功能性障碍，以至于无法正常运行。当然，在这种危机话语中，包含着诸如《家庭内离婚》［林，1985］、《妻子们的思秋期》［斋藤，1984］等著作的声音。这些书几乎都在批评社会，并都指出了那些表面上过着正经家庭生活的人们实际所陷入的严峻问题。即便存在“家庭内离婚”，日本夫妻也并没有想要解除婚姻关系，并且即便存在家庭主妇症候群，大多数的女性也**并不想**从家庭主妇的位置上**退位**。大多数日本男性和女性都心知肚明，家庭单位的解体成本比维持成本要高得多。当然他们知道自己虽然面临“家庭内离婚”以及“家庭主妇症候群”（倘若并非如此，那么这些书怎会引起如此广泛的共鸣呢？），除去那些不幸且成为某种问题案例的少数，大多数的男女其实并没有陷入精神性的疾病之中，他们还是设法挺过了这种状况。如此一来，实地记者所描绘的问题案例仅仅是没能应对这种情况的愚蠢人群的悲剧而已。

“近代”家庭由夫妻和孩子组成，在家庭中存在着“性别角色分工”，这被视为理所当然之事，而将这种自明之理视为问题的也只有女权主义思想。与女权主义不同，那些叫嚷着“家庭危机”的声音是从另一个方向传来的，甚至可以说是从批判女权主义的方向席卷而来的。这与我们所预想的一样，“近代”家庭无法正常运行，具体来说，就是女人逐渐开始不想承担再生产劳动，而另一方面，社会对于女性开始不想承担再生产劳动的现象则出现了批评和指责的声音。她们主要的反击之处有两个方面：第一，由于这种家庭单位变成了**核心家庭**单位，所以导致无法继续承担赡养老人的责任；第二，在这种核心家庭单位中，职责地位无可取代的母亲开始工作，这导致了育儿质量的下降。

简而言之就是“核心家庭中外出工作的母亲”变成了众矢之的。家庭再生产功能的低下则被看作是女性的责任。当然，在家庭再生产职责方面，由于女性一人就是百分百的责任人，所以自然不会让男性为职责怠慢而负责。

有关“家庭危机”的言论可以追溯到20世纪60年代，这点的确耐人寻味。正如前一章中所论述的一样，因为60年代是城市核心家庭普及的时期，同时也是家庭主妇开始向劳动者转变的时期。所以，当“核心家庭中母亲的外出工作”逐渐开始增多的时候，她们就成为了众矢之的。

改变这种“家庭危机”的良药有两剂：第一是将“核心家庭”视为错误并试图回归大家族的期望；第二是将“家庭主妇外出工作”视为错误并高喊“女人，回归家庭”。实际上，日本的“家庭解体论”继承并延续了20世纪60年代出现的对核心家庭的批判。而所谓“危机论”，其实这种**危机**还尚未达到让核心家庭支离破碎并**解体**到个体的程度。

核心家庭本身并没有错。早先便开始了家庭核心化的欧美各国，它们的事例自不必说，引起日本核心家庭发生职责障碍的并不是家庭核心化本身，而是由于尚未成熟的社会环境并不符合家庭核心化的要求。来自家庭内外的经济要求瞬间使得对女性外出工作的批判烟消云散。时至今日，在怀抱学龄前儿童的女性之中，选择外出工作的女性人数仍在增加。如果无法批判“职场女性”，那么问题自然就向着“核心家庭是万恶之源论”的方向发展了。

当下，有的人认为，要改变“核心家庭中外出工作的母亲”，其终极解决方法就是回归传统三世同堂的生活方式，而抱有这样想法的人仍在增加。只要三世同堂，那么处于育儿期的女性就可无后顾之忧地继续工作。不仅如此，女性外出工作还能够避免因一家同时有两位家庭主妇而产生矛盾。另一方面，往后养老的看护也不用担心。三世同堂被认定是治疗“家庭危机”的特效药。但无论是哪一种看法，这些“解决方法”中仍然存在着两种再生产劳动——育儿劳动和赡养老人的看护劳动。这两种劳动是在作为祖母的女性和作为母亲的女性之间发生的隔辈交换，且仅仅出现在家庭的女性成员之中。主张回归大家族的一派，他们所提出的万能解决策略，不过还是由女性一方担负起了整个再生产劳动，这样的观点只是体现了他们的固执的一家之言而已。

而且这种观点认为，世代不同的女性之间进行了育儿和赡养老人的劳动交换。需要注意的是，由于日本特殊的情况，赡养老人依然是被看作是家庭应该承担的再生产劳动。家庭核心化，从其定义上来看是指父母辈与子女辈的分离。照顾同自己已然分离的父母是一种责任，抱有这种想法的只是上一辈的父母们，而非这一辈的子女们。伴随着家庭核心化的发展，所谓赡养年迈父母的（处于）再生产（终点的）劳动，其实是最早由家庭领域向公共社会领域转移的一种劳动。“照顾父母辈是子女辈的责任”，而这种日本所谓的“常识”在欧美各国是行不通的。三世同堂的这一剂良药本来就是极富日本特点和缺陷的，关于这一点我认为再怎么强调都不为过。在“危机论”的各种说法之中，“保卫家庭论”显示了资本主义与父权制所达成的一致，即二者根本不想将再生产劳动从家庭中转移出去。

意大利的马克思主义女权主义者玛利亚罗莎·达拉·科斯塔对此问题有着独特的见解，她将女性拒绝结婚以及控制生育看作是“拒绝（再生产）劳动”。

> 女人拒绝劳动力的再生产，她们在数量上也减少生育孩子的个数，在质量上也降低了劳动力再生产劳动的质量。这也就是我们一直看作是“重要工作”的“性的”、“源于爱的”劳动，而这种劳动质量的下降，正是从我们视为“重要工作的”、“性的”、“源于爱的”再生产劳动领域之中开始的。［Dalla Costa，1986：9］

当然，每一位女性生育婴儿的数量必然会受到各种各样外在条件的制约。即便看上去是个人的自由意志，但实际上在大多数情况下，环境条件才是决定性因素。当下，众所周知，孩子的数量是关系经济实力的函数变量，女性不是“不生”，而是“不能生”。

但是，事实上伴随着外出工作的女性人数的增加，少生少育的现象也随之出现了。对于“工业化”时期这种对生产与再生产的利弊权衡（trade-off），在面对“工作还是家庭”的两难选择时，女性们选择的答案是少生少育。女性为了继续工作而不生孩子，或是为了使后育儿期提早来到而控制生孩子的数量。因为倘若不这样做，她们就无法再重回工作岗位。当然，女性并不都是**为了**能尽早地重回工作岗位才**有意地**坚持着“孩子最多生两个”的这种想法。实际上，**因为**“孩子最多生两个”，所以才导致后育儿期的提前到来，而这才是真实的情况。但这是女性给**无法兼顾**生产与再生产的父权制资本主义所交出的答案。男人们哀叹着女人讨厌结婚并且不再想生孩子。但兼顾生产与再生产已经变得越发困难，并且还不给予再生产者的女性任何支持和帮助，女性这样做只是对于这样的社会所给出的应有的反击而已。

达拉·科斯塔进一步指出，在这种生产与再生产之间强制性的利弊权衡之中，女人的外出工作也是“拒绝再生产劳动”的一种选择。

> “选择”家庭外部劳动本身就表明了女性拒绝家务劳动。
>
> 家庭外部劳动，其劳动时间不固定，并且它是抵御众多家务劳动的一种防御手段……［Dalla Costa，1986：日译本11、12页］

她指出的对象正是那些怀抱嗷嗷待哺婴儿的女性，“只有职场才是最能喘口气的地方。因为有职场上的临时休整才能让自己接着投入繁重的育儿工作之中”。她的看法虽然与这些吐露真情实感的女性们有着共通之处，但是许多人并非是**为了逃离育儿劳动**才外出工作的。达拉·科斯塔的表达在多数人看来是一种诡辩。但是她把女性总觉得是被“强迫”做出的选择替换为主体性的、能动性的选择，这种逆转性的战略无疑是划时代的。但无论女性的选择是主动的还是被动的，都无法逃过社会机制这一函数变量。达拉·科斯塔准确地说中了女性在面对生产劳动和再生产劳动之时进行利弊权衡的一种现实反应。

欧美各国所出现的结婚率的下降、离婚率的上升以及出生率的下降等现象是女性反抗的一种表现。她们在面对由自己一人承担的再生产劳动时，不禁觉得毫无道理，并开始主动地反抗。这种对再生产劳动的“拒绝”和“质量的下降”，对于主张拥护家庭的人来说是一种危机。但是，女性被“**部分**再生产者化”（也可称为非完全的再生产者化）这一现象的背后也代表了女性的“（部分）生产者化”。倘若如此，那么这就表明了资本主义和父权制在新的发展阶段为适应生产和再生产领域而进行了**重整**。家庭并没有逐渐“解体”，而只不过是从“近代”家庭的这种形式被“重整”为另一种形式而已。

“中断－再就业”型的陷阱

“工作母亲的增加”意味着“再生产劳动质和量的下降”，它是应下层建筑（infra-structure）的要求所发生的改变。针对这种家庭危机，20世纪70年代后的日本父权制资本主义对家庭改革所提供的策略，正是我在上一节所提出的那种不适应潮流的解决对策——批判核心家庭和回归大家庭。除此之外，它还是女性的一种“（育儿期）中断－再就业”型新生命周期的形式。

对“既要工作又要孩子”的女性，资本主义和父权制给出的回答是：“OK，两个都给你，但是你必须将它们很好地安排进生命周期的各个阶段中。”在孩子需要母亲的时候，女性要毫不犹豫地回到孩子身边，待孩子长大后再回到职场。这种生活方式的提案对于母性与个性两者都想要的女性而言是理想且和谐的。事实上，这种“中断－再就业”型生命周期的形式在女性之中得到了广泛的支持，并在顷刻间成了大多数女性的选择。甚至连还没有进入社会的女学生们也接受并进入了这种所谓的理想生活。

当然，这种经过“中断－再就业”后出现的“家庭主妇－劳动者”的生活方式究竟对谁有利呢？结果一目了然。“中断－再就业”型女性的生活，看上去对女性有利，但事实上是对资本主义和父权制有利。这是因为对资本主义而言：第一，可以把结婚前的女性作为快销劳动力并过河拆桥；第二，可以以低廉的薪酬雇用作为未成熟劳动力的中断－再就业型家庭主妇劳动力。对父权制而言，这样可以使得在育儿期间确保丈夫拥有免费的专职育儿妻子，在进入后育儿期之后，丈夫也可以不负担任何家务劳动还可坐享女性带来的额外收入成果。对于中断－再就业型的女性而言，她们生活艰辛的**现实情况**昭然若揭，但至今大多数的女性还是会**主动接受**这样的生活。这是因为这种生活**对女人而言是有利的**，更具体地说，是**对育儿有利的**。

由于育儿期的中断，导致了女性的中断－再就业以及家庭主妇向劳动者转化。女性并没有**顺理成章**地接受未来劳动市场的不利因素。也正因如此，她们对于育儿产假制度和再雇佣制度的普及抱有深深的期待[1]。多数女性认为，只要有回归职场的保证，就不会被社会抛弃，就不会对看不见的未来抱有不安，这样她们就能够更惬意地度过育儿期了。而只要有回归职场的保证，女性就可以**安心地**休假。然而，**即便是没有**回归职场的保证，女性仍会抱着不安的心情选择去休假。不论如何，处于育儿期中的女性想要、也必须要专心育儿，这样的意识形态压力在不断作祟。

我们不得不提出以下疑问：如此这般的生活真的“对女性有利”吗？

1 1986年4月起实施的《雇佣机会平等法》倡导推进了再雇佣制度的革新。然而，无论是育儿产假制度还是再雇佣制度，它们的基础都是现行的性别角色分工，结果还是加强了这种分工，因此受到了许多批判。

这对于**父权制下的女性**而言的确是方便之举，所谓父权制下的女性，就是将父权制的母性意识形态的规范进行内在化的女性，她们认为照料孩子是母亲的职责所在。正是父权制使得女性无偿地背负了全部的再生产劳动。倘若如此，那么对于进入育儿期专职育儿的女性而言，她们的生活并非对**女性**有利，而只是对处于**父权制**（下的女性）有利罢了。

当然，仅仅从宏观社会体系发挥的效用上来讨论育儿这一行为，或许会遭到微观当事者的反对，他们会以母亲的体会和孩子的经历来反驳。特别是有人认为，女性进入育儿期后，她们专职育儿的生活并非对**女性自身有利**，而是对**孩子有利**。这种母性意识形态要求女性作为母亲应该有献身和自我牺牲的精神。而这种崇高的动机让一心专注育儿的人们相信女性就应当为孩子着想，比起自己，要优先考虑孩子。从这种理论来看，“工作的母亲”自然就成了将自己优先于孩子的自私的母亲。

这种献身的意识形态被众多话语所美化，比如母亲的自我牺牲有着金钱也换不来的崇高价值，再如，母亲可以亲身感受到新生命的活力。而在父权制下的这种“崇高的价值”并不会绑架男性，也正因如此，这种意识形态的虚伪性暴露无遗。但即便如此，将这种意识形态正当化的话语仍层出不穷，正可谓是无中生有。

不管怎样，女性还是“为了孩子”而辞职了。然而，是谁来断定这种做法是“为了孩子”呢？孩子自己是无法判断的。所有有关育儿的意识形态最终都逃不过一句“这都是为了孩子”的陈词滥调罢了。跨越时代及文化，我们看到了多种多样的育儿方法，而其中究竟什么才是“为了孩子”？这恐怕只会让读者陷入极度的混乱。比如说，让我们来看看以下两种相反的育儿方法：著名的规律母乳法（喂奶要按照规定的时间和规定的量）和自律母乳法（婴儿要喝奶的时候才喂奶）。在很长一段时期中，美国的育儿书一直都遵循着规律母乳法：“即便婴儿因为饥饿而哭叫，也要严格按照规定的时间喂奶。”而就是这样的育儿书，告诉母亲这都是为了孩子。日本传统的母乳法与此正相反，长久以来都是不让孩子一直哭泣，即刻要满足孩子的要求。美国的育儿方法也是以《婴幼儿保健常识》（*The Common Sense Book of Baby and Child Care*）［Spock，1946］为转折点，才开始由规律母乳法转向自律母乳法的。然而原本重视孩子“主体性”的自律母乳法，总是被批判道：“正因如此，教导出来的孩子才会没有忍耐性，总是会依赖别人。”

哺乳的方法以及排便的训练决定了一个人的人格（personality），这种夸大其词的看法出现于20世纪30年代的美国。那些被称为“文化与人格”（culture and personality）学派的人[1]遍布世界各地，他们不断钻研婴幼儿的哺乳和排便的方法。但如今看来，他们的学术成果不过是牵强附会、哗众取宠罢了。人类在长大成人的过程中，除了哺乳和排便之外，还会受更多其他因素的影响。对于那些持决定论观点的人，也就是认为母乳期的生理活动决定着未来人格的人，我只能说他们真是太过天真了。

这种决定论遵循的是弗洛伊德的一般理论，这种理论认为前俄狄浦斯阶段决定着一个人的一生。所谓“绝无仅有的婴幼儿期体验”的危险论断披着科学心理学的外衣，将女性逼迫进专职育儿的生活中去。

所有的育儿科学都只是披着科学外衣的某种意识形态罢了。以“孩子的发育”为主题的一切学术研究都逃离不了这种意识形态的特点[2]。即便是完全相反的育儿法和育儿观都是从“为了孩子”的观点出发，企图将

---

1 鲁思·本尼迪克特（Ruth Benedict）和玛格丽特·米德（Margaret Mead）都属于这一学派，他们在20世纪50年代的日本颇具影响力。

2 美国的发育心理学家鲍比（John Bowlby）提出了“母爱剥夺”（maternal deprivation）理论，他的理论为母性意识形态的建立做出了很大贡献，因而受到了不少的批判［Bowlby，1951］。在反驳鲍比理论的相关探讨中，有关孩子发育的研究所具有的意识形态性的详细论述请参考路特的《母爱剥夺的功与过》［Rutter，1972］。关于母性观的意识形态性的问题请参考［田间，1985］。

它们的一切说辞正当化。并且它们还会因学者的不同立场带有某种偏见。那些认为“由母亲来进行专职育儿是有利的”的学者会从数据上导出其结论；而与之相反的，那些主张要父母共同来育儿的学者则会从另一个角度出发找寻其立论的数据。除了在怎样的环境下养育孩子这一单纯的事实之外，育儿法的多样性并不会给予我们有关所谓“正确的育儿法”的任何解答。不仅如此，这种研究只会使读者越来越混乱。

倘若如此，我们就不应该去追寻“什么才是正确的”，而是应该去思考“这些人究竟希望什么是正确的”。明白了这点，那么当下的这种“三岁之前孩子需要母亲”的育儿观，其中所蕴含的意识形态特点就一目了然了。支持这种育儿观的人们，是**希望**实现这种想法的人，即在孩子三岁之前母亲能够专职育儿，处于育儿期的女性应当离开职场。将这种意识形态内在化的男性把带孩子的女性赶出了劳动市场，而将这种意识形态内在化的女性则选择**主动**离开劳动市场。结果，就出现了由于育儿所导致的女性的中断－再就业的劳动形态。

当下所盛行的母性意识形态还给母亲的专职育儿时间打了优惠折扣：“直到孩子三岁”便可，但这也着实让人不快。如此，专职育儿时间达到不了直到孩子“六岁”或“十二岁”的标准，相反的，也不会缩短至孩子“出生后一年之内”。专职育儿期的时长如果是直至长大成人的话未免也**太长了**，而只到一岁为止的话又会**太短**。但这长短之论究竟是就谁而言的呢？这种时间的长短绝不是由女性或孩子自己决定的。并且，**恰如其分的时间**长短是会随着时代的变化而逐渐改变的。对社会而言，更确切地来说是对市场而言，女性直到孩子长大成人都待在家里是一件棘手的事，而让她们休整一年便立即回归职场也同样是一件麻烦事。

20世纪80年代的育儿意识形态是“三岁之前孩子需要母亲照料”。而在它的影响下，女性暂时离开了劳动市场。中断－再就业之后，女性得到了所期望的“事业家庭双丰收”，但这不仅不是自我价值的双重实现（dual role），反而成了双重负担（dual burden）。这样的生活状态在现实中很快就显露出了原形。

再生产与分配的不公

贝蒂娜·伯奇（Bettina Berch）称，女性所承担的“兼顾工作和孩子”的负担岂止是双重负担，而是三重负担（triple burden）——雇佣劳动、家务劳动和育儿［Berch，1982］。这使得女性明显成为经济上的弱势群体。美国的女性学研究者使用经济用语来描述女性所受到的压迫，更露骨地说，他们倾向于用金钱来定义这种压迫。伯奇称，对女性“分配不公”的机制如下图所示［图8］［Berch，1982：113］。

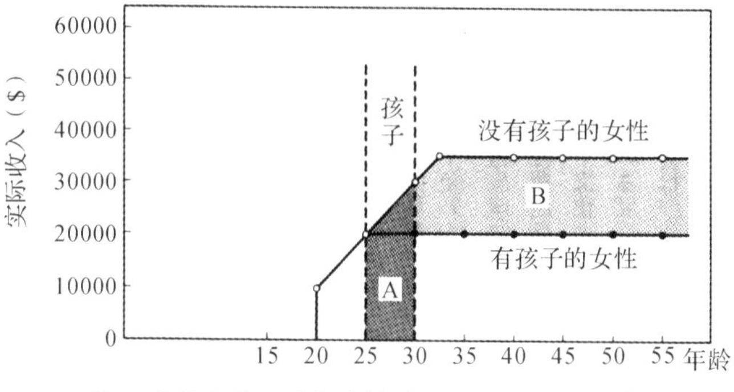

图8　年龄与收入的相关性（Berch，1982：113）

因育儿而辞职的女性，她不仅仅只是失去了收入而已。如果育儿结束后重新回到职场，那么**原本应得的**期待利益（图8中A区域）的部分也会消失。实际上，她失去了原本应得的收入并且还要承担无偿的再生产劳动。然而她失去的远不止这些。工作中断后，即使能够成功再就业，但作为中老年、非熟练工的家庭主妇劳动力，即便是美国，这样的女性的薪金仍然很低。然而，没有经历育儿期中断工作的女性们，也就是她**原来的**女同事们，在她处于育儿中断工作期间继续勤勤恳恳地积累着业绩，而当她再就业的时候，她们已经得到了应有的职位和收入。从这两类女性一生的收入来计算的话，“中断－再就业”型的女性所失去的期待利益，就是A＋B的总和[1]。

上述这种探讨简单易懂并很有说服力。也就是说，“中断－再就业”型的女性与一直持续工作的女性之间已经产生了明显的经济阶层差异。

这种现象在日本亦是如此。

因育儿而辞职的女性，通常一生都会陷入贫困。她们需要依靠丈夫单独的收入（最近，连政府用语都将这种丈夫单独的收入称为“单职工”收入）来生活。而在年龄相仿的夫妻中，年轻丈夫的收入水平并不高。倘若妻子没有了收入，那么他们就不得不缩减原本由两人共同赚钱时所需开支的家庭支出。除此之外，他们还要面对不断上升的育儿费用[2]。

所以年轻一代不想再负担这种再生产的成本也无可厚非。母性意识形态宣扬着承担再生产费用是划算的买卖，不，不单单是划算，它还附加产生**无形**的报酬。这貌似是表明，他们对现实了如指掌，绝对不会掉入文化这种意识形态机制的陷阱。但是当文化这种意识形态机制不再发挥任何作用时，再生产这种行为根本不是什么“人类的自然之举”，它只不过是文

1　正因如此，当下年轻的女性对“中断－再就业”的期望值在降低，甚至还出现了两极分化的现象。一种是想要做家庭主妇，而另一种则是要做职业女性。要工作就一直工作下去，要辞职就找一个可以负担得起家庭主妇生活的相应经济阶层的男性。无论是哪种，她们都感到“中断－再就业”是“双重负担”，得不偿失。

2　过上“中产”生活的年轻人，他们在主动选择显而易见的经济窘迫生活前就预想到了这种困难。但是，强迫女性专职育儿的母性意识形态至今仍具有如此强大的影响力吗？根据我的调查，我发现她们在处于家庭**单职工**时期时，似乎是用辞职之前积蓄下来的存款来渡过难关的。她们从最开始就没有想到要依靠年轻丈夫的单方收入来维持生活。存款就是指女性的“凝结劳动”（congealed labor），而孩子无疑就是凝结劳动的产物。

化所蓄谋的结果罢了。正是因为异性恋和母性意识形态等文化机制用尽各种手段来**强制**驱使人们进行再生产，人们才会掉入再生产的陷阱中。

事实上，欧洲的年轻人将承担再生产费用看作是劳而无功的、不划算的交易。他们开始拒绝支付这项费用。分娩、育儿都需要投入成本，而在此之前的结婚也需要投入成本。结果就导致了结婚率和出生率的下降。在不久的将来，日本是否会重走这样的老路呢？谁能保证日本的母性和家庭主义的意识形态也能打败一切经济规则而继续维持再生产呢？用达拉・科斯塔的话来说，它是资本主义将再生产**抛弃**到私人领域后，必然要承担的一笔账。

除此之外，再就业后的女性不仅与未因育儿期中断工作的女性拉开了差距，还与无须考虑育儿期是否中断工作的男性之间出现了巨大的收入鸿沟。丈夫是年收入超过一千万日元的公司职员，妻子是年收入百万日元的兼职职工，这种组合体现了二者之间所存在着的显而易见的经济阶层的差异（也就是身份的差异）。如果这样的夫妻组合是**超个人的单位（夫妻齐心同体）**，那么这种分配差异会由夫妻之间无私心的再分配得以调整。然而，这也得是建立在夫妻能够好好相处的基础上。其实很多妻子懂得，所谓“夫妻间的好好相处”不过指的是自己要遵循丈夫的意思罢了。当夫妻两人无法好好相处时，那么在作为个人的丈夫与作为个人的妻子之间所潜在的分配差异（身份差异）就会显露无遗。

据美国的数据显示：以离婚为转折点，女性的生活水平会直线下降，而男性的生活水平则会不断上升。离婚后，作为**原来的**妻子，她们中的很多人成为抚养孩子的单身母亲。并且，她们在劳动市场上面临着各方对女性的歧视，她们被迫陷入到贫困的生活中。与此相反，**原来的**丈夫则得以逃离赡养妻子和孩子的家庭责任，从而大幅度地提高了可支配收入[1]的数目。虽然仅通过测量经济变量来计算离婚盈亏的做法的确是非常美国式的，然而，离婚前后男女经济阶层差异扩大的事实，的确反映了男女之间存在着明显的分配差异。

那么，从经济**以外**的变量上来看，离婚又使男性失去了什么呢？男性失去的是自己的家庭，也就是从属于自己的妻子和孩子，以及作为丈夫－父亲的这一身份。父权制的意识形态强制女性成为妻子－母亲，同样也强制男性成为丈夫－父亲，且与此同时他们又被给予家长这一身份。而从家庭中脱离而出的离婚男性，他们也许会因失去自己的身份而陷入恐慌吧。然而，倘若他们将父权制所给予男性的这一身份看作是毫无价值之物，又会怎么样呢？这是否意味着“父权制的终结”呢？

美国女性运动的目标之一便是要求创造一个让单身母亲也能安心抚养孩子的社会环境。她们不再试图让男性同女性一起来承担再生产的责任。不仅如此，她们决定不依靠男人生活，还通过离婚这一形式让推卸责任的男性自食苦果。男性对再生产的放弃和女性对再生产的独占，在这一表象之中，男女之间存在着深深的敌对。这种对立的根源是性，其中存在着争夺性的果实——孩子归属权的问题。正因为男人不想承担再生产的责任，所以女性决定独占果实。这种战略就是敌视男性的战略。

然而，这种战略真的能如她们所愿，实现对男性的惩罚吗？并且，那些脱离了父权影响的天真的孩子，以及那些在单亲母子家庭中被抚养长大的男孩们是否能为我们带来期盼已久的“父权制的终结”呢？

我对这个问题也心存疑虑。只要在全社会中，男性处于优势地位，

1　离婚之后由于要支付给离异妻子高额的赡养费和抚养费而不得不在这种沉重负担中挣扎的丈夫，以及靠着丈夫资助过着优雅生活的妻子，像这种夫妻组合不过是美国的神话罢了。大部分男性要么就是不负担赡养费，要么就是起初还支付商定好的抚养费，后来就有始无终地放弃了支付。在美国，大部分的单身妈妈都不是靠着离异丈夫的资助而生活的。

并且女性需要继续无偿承担再生产劳动，那么这种由单身母亲承担的再生产行为就仍会是为父权制社会做的奉献（看看那些战争遗孀，她们付出辛苦艰辛的努力，最后还是抚养出了**男权式**的儿子）。倘若父权制最广义的定义是"社会中男性成员对于女性成员进行内在化的剥削与统治"，那么一夫一妻制家庭只不过是在剥削统治体系中，仅由男性成员和女性成员所组成的最小单位的极限组合。女性离了婚，成了单身母亲，她虽然逃离了一个男性的支配，但取而代之的是，她会受到作为一个阶层的男性的彻底支配。而有丈夫的女性，她所需要支付的再生产费用，只有实物费用（即劳动力）而已，她无需支付货币费用。但是，倘若离了婚，她既需要负担实物费用，同时还需要负担货币费用。这对于大多数的女性来说是极为困难的，所以无论是在美国还是在日本，她们的生活水平都跌落至了贫困线以下。

家庭的危机及其革新的发展动态就是通过再生产费用的重新分配进行的。父权制下的家庭机制是将再生产只分配给女性的机制。生产市场、再生产市场和家庭三者的盈亏在不断变动时，传统的近代父权制也无法独自存活。家庭的危机看上去是女性的主张要求，但实际上它体现的是资本主义与父权制在生产劳动和再生产劳动的分配上所进行的重新交易，它是"家庭革新"的一种表现。

第十二章　家庭的革新Ⅱ

移民劳动者

有关日本式“家庭的革新”，我有两个保留意见。

第一，为了维系丈夫**单方收入所**支撑起的近代父权制，市场除了将家庭主妇变成劳动者外，还有另一个选择——那就是引进移民劳动者。

达拉·科斯塔在题为《再生产和移民》的论文中这样写道：

> 为了能在质和量上壮大劳动阶级的队伍，并适度地将这些劳动力重整为广泛的、训练有素的阶级，我们可以**采取移民这一政策**。而**这种政策是国家给出的一种回答**，它所**针对解决的是女性拒绝生育**问题和由此**可能会产生的冲突**以及创造新的阶级内部关系等所有问题。［达拉·科斯塔，1986：157-158，粗体为原著者所加[1]］

达拉·科斯塔认为，女性转变为劳动者，这也是“拒绝生育”斗争所来带的结果之一。所以，在劳动市场上的移民劳动者们，他们的竞争对象还包括了女性所生下的孩子。实际上，根据移民政策，“欧洲资本……加

1　由伊田久美子和伊藤公雄合译的玛利亚罗莎·达拉·科斯塔的《支付家务劳动薪金》［中文译本名为《妇女与社会翻转》（2017）。——译者注］（1986）一书的后记中写道：“本书并没有选取在意大利出版的翻译版本”，达拉·科斯塔亲自为日文版选择编写了“完全独立的……论文集”。《再生产与移民》被收录于该论文集则是假定了读者为处于劳动市场“锁国”状态的日本读者，可见作者以及译者是有特定意图的。作为日本不久将来会出现的参照事例，我们可以从意大利的实例中多多学习。

深了**女人们自己之间的斗争，以及女人们同她们劳动所创造出的价值之间的较量**”［同上：157］。

移民政策有两种方式来引入外国劳动力：一种是引进“在国内拥有无可替代特殊技能的”外国劳动力；另一种是引进在国内虽然并非无可替代，但谁都不愿做的底层非熟练劳动力［二神，1986］。目前日本的劳动市场对于前者是有条件的“开放”状态，但对于后者仍旧处于严格的“锁国”状态[1]。实际上，劳动市场“开放”的好处就在于能够收购这种非熟练低工资的劳动力（cheap labor）。即便在欧洲，移民劳动力也主要是用于补充这种非熟练部门的空缺。他们一般比本国人受教育程度低，而且，对于有语言障碍的外国劳动者而言，事实上他们也只能在自己力所能及的非熟练劳动部门工作。

女性转变为劳动者，这种转变并非来自熟练部门，而主要来自非熟练部门对劳动力匮乏的要求。如此一来，在非熟练部门工作的女性（以及年轻人）劳动力和移民劳动力直接在劳动市场上展开了竞争。

日本的失业率在1986年保持在3%，放眼世界，这个数字也相对较低。连提倡充分就业的凯恩斯政策所期待的目标失业率都只是在5%以下，可见，日本的就业情况是比充分就业还要好的理想状态。但如果将寻求潜在就业机会的已婚女性也算作是“失业者”的话，那么失业率一下子就会猛增。在里根经济政策（Reaganomics）下美国的失业率为6%，并且失业率在社会少数群体以及低学历阶层中表现极高。女人也是社会中另一类的少数群体，她们与其他的少数群体之间存在着直接竞争关系。因此，正如达拉·科斯塔所言：“雇用**移民者**的做法，是**国家**对女性拒绝生育的**反击**。”［同上：159］

1　实际上，通过在《出入境管理法》上钻空子，许多亚裔劳动者以观光签证、工作签证进入日本并开始工作，甚至在一部分行业中出现了没有他们就无法运行的状态。但是，劳动市场“开放”的相关法规修改的好与坏仍然尚无定论。

我在这里要批判这种**社会共识**，也就是女人进入职场会抢夺男人的工作机会。同理，我也同样批判这种说法：移民劳动者会导致本国劳动者的失业率上升；而正是这种看法为德国发生的排挤移民现象提供了理论依据。我认为，对于女人和移民的这种攻击是毫无事实根据的无端指责。实际上，在德国，像土耳其人和希腊人等移民劳动者，他们从事的是德国人不愿去做的低工资且不划算的非熟练劳动部门，如清洁工和体力劳动者等等。而德国人的高失业率则集中在高学历且年轻的劳动者身上。他们这些拥有高学历的劳动者并不会与移民劳动者在非熟练部门中产生竞争，也就是说，移民者们并没有夺走德国人本应有的就业机会。

同理，家庭主妇劳动者取代的并不是男性家长劳动者原来所从事的职位。在超市收银台收款或是在服务业做着非全日制工作的劳动者，她们所做的工作是男性劳动者曾经从事的职业吗？这些职位都是在科技发展中新兴的、为女性所准备的且以往未曾出现的就业机会。这些职位也是男人们绝不会想要从事的工作。

因此，女人这一少数群体只同移民这另一类少数群体发生竞争关系。在大多数情况下，女人与男人，或是移民与本国人，他们之间并不发生竞争关系。只有将日本的劳动市场看作是一种封闭系统（closed system）时，日本社会才会导致大量家庭主妇变为劳动者。但是，想要预测女性变成劳动者的这种趋势，不能仅仅只将目光放在国内劳动力市场。也就是说，目前我们无法得知日本在非熟练劳动部门中的这种“锁国”的移民政策会持续到何时，但谈及“女性问题”之时，我们要明白这不单单只是日本国内的问题。

女性的劳动问题直接关系到移民劳动问题。不仅如此，女性劳动问题内部也出现了新的问题。换言之，一部分女性，由于在非熟练劳动部门同移民劳动者发生了直接竞争，她们**撤出**了该领域，而另一部分女性，由于移民劳动者代替她们进入了非熟练家务劳动部门，这使她们能无后顾之忧地进入了熟练劳动部门，这些女性之间产生了差异。从劳动的机会成本（opportunity cost）上来看，如果家庭主妇劳动的出售价格A高于家务劳动的购入价格B，那么主妇就会变为劳动者，反之，若价格B高于价格A，那么家庭主妇就会留在家庭。也就是说，家庭主妇劳动和家务劳动的偏差在这里起着决定性作用。家庭主妇劳动虽然是家庭主妇所进行的劳动，但这并不意味着它是家务劳动。反之，家务劳动未必一定需要家庭主妇来做。也就是说，这里的家务劳动只是目前这一时间点上的、偶然的活动，它是以“家庭主妇”为名的女人作为质量参差不齐的劳动力所从事的工作而已。高中毕业做着超市店员工作的女性和数学系研究生院毕业从事电脑软件开发的女性，两者作为家务劳动者的价值虽然是等价的，但当她们作为“家庭主妇劳动者”进入市场的时候，就会产生劳动力的价格差。如此一来，引入移民劳动力对于女性劳动市场产生的冲击有以下两种效果：（1）女性被赶出非熟练部门；（2）将女性推向熟练部门。也就是说：**中层**家庭依靠丈夫单方收入来生活，它维持着**传统的**性别角色分工；**上层**家庭男女平等——实际上是无论男女都能免于家务劳动所带来的负担，而上层家庭的双方都在工作，也就是说家庭有双份收入（double career－double income），而这两种家庭之间产生了差异。这种“中层”与“上层”之间的差距，虽然原来仅仅是由于丈夫的收入而产生的，但是现今由于有能力的妻子能赚取与丈夫相同的年收入，这使得这种差距一下子扩大了[1]。也就是说，现如今已经出现了亚洲型的阶级结构，即比起社会性别差异的因素，阶级因素才是决定性变量。而阶级因素使得每个家庭的亚文化也产生了差异。“一旦结婚（都）会变为家庭主妇”的这种意识形态的**全局式**观点也坍塌了。女人们能够花费比自己工资更低的成本来购买家庭劳动服务，这使得她们向劳动者转化，相反，对于那些无法购买小于或等于自己劳动薪金的家务劳动的女性而言，她们则会留在家中。处于经济阶层较低的、“不得不工作”的女人们，她们拿着与家务劳动者**同样的**工资，不仅要承担自己家庭中的家务劳动，还要从事雇佣劳动。如此一来，经济阶层决定了夫妻家庭亚文化的现状。承担家务劳动使得男女共同成为最小单位的双职工夫妻，也就是丈夫工作、妻子做家务——**传统型**性别角色分工。但家庭主妇劳动者肩负起了来自家务和雇佣劳动的双重负担的压迫。这样一来，**传统型**“近代家庭”不再是家庭的唯一模式[2]。

但无论是哪一种模式都无法改变这个事实：家务劳动在所有劳动之中处于最底层的位置。只要市场将家务劳动的价格控制在最低限度，女人们就会让其他人来代替自己，也就是让那些从事着不如家务劳动的职业的劳

1　在《周刊招聘时代》第96号（1986年2月6日号）《思考女性的时代》的特刊中，**那位著名的**长谷川三千子曾以加速“经济阶层的分裂”这一理由对《雇佣机会均等法》提出了反对意见，真可谓是**真知灼见**。因为女权主义者们也预见了《均等法》将会促使女性劳动者之间产生差异。但是，他们所提出的解决方向与长谷川完全相反。以下是对长谷川文章的部分引用。

当下，男女角色分工依然发挥着作用，但为何男女的就业机会和结果非得要均等不可呢？比如，一直以来国家的政策为了使每个家庭所得较为平均（为了平等）做了各种各样的努力。但这个均等法是引向与此相反的方向吧。这也是因为男女仅仅追求符合其各自本身能力的公平待遇（能力水平大致相同的男女才会结婚）同社会阶层、断层的扩大，极端地说就是会带来两极分裂。

2　目前，在美国雅皮士这种新兴的精英阶层之中，在配偶陪同下一起出席派对时，相较称赞妻子有多么美丽多么有女人味，现在甚至出现了相互攀比各自妻子的工资有多高的现象。拥有高学历且从事专业职位的妻子是凸显自己是配得上这样女人的、有能力的男性，这是自己身份地位的象征。

动者们来代替自己，而她们自己则进入市场出售自己的劳动力。在资本主义强行树立的“经济原则”面前，社会性别的文化规范和“家务是有价值的劳动”这种家庭主妇意识形态的呼声都相形见绌了。

因此，家庭主妇向劳动者转变的趋势与是否引进移民劳动者有着密不可分的关系。家庭主妇劳动者在某些情况下与移民劳动者互为竞争关系，而在另一些情况中，二者又互为补充关系。我认为家庭主妇劳动者的动向是20世纪90年代日本劳动市场走向开放的重要指标。正如达拉·科斯塔所言，这是因为它是资本主义给女性的一个答案。

“中断－再就业”型的阴谋

我对于日本式“家庭的革新”的另一个保留意见在于“中断－再就业”型家庭主妇的劳动者化所带来的影响。“近代”完成之后，无论是在哪个发达工业国家，女性的劳动力比率都在上升（参照第10章图5）。这种现象在已婚女性之中尤为凸显。“近代”给女性劳动带来的影响是使得已婚女性劳动力比率暂时性地大幅降低。如果取几个世纪的时间跨度来看，那么所谓的“近代”，就是随着工业化的发展，已婚女性劳动力比率暂时性地陷入低迷的**历史过渡时期**。随着“近代”的终结，女性劳动力比率与已婚率和未婚率一同回到了前工业化社会的水平，即恢复原状。这种（特别是已婚女性劳动力比率）暂时性的降低和恢复的模式在较早进行工业化的各国中更为明显，而在类似日本这样的工业化相对较迟的国家中却没有那么显著。到经济高速发展时期为止，日本的农业人口一直都维持在总人口的30%的水平。由于日本在极短的时间内完成了近代化，在已婚女性劳动力比率下降之前，她们的前工业型劳动就已经转变为脱离工业型的劳动了。

如今，各个发达工业国家正逐步迎来“近代”的结束，而已婚女性劳动力比率都在逐渐升高。但是，就其内容而言，日本与其他国家相比——无论是与欧美国家还是与第三世界国家比，都存在着一个显著的特点。这表现在已婚女性向劳动者转化这一问题上，在除日本以外的其他国家之中，即便是处于分娩育儿期的女性，她们也不会中断工作，而是继续从事全日制型工作。与此相比，日本大多数女性则是在育儿期中断工作，并在后育儿期再就业，从事非全日制型工作。我认为这种差异性应该得到关注。

中国、苏联等社会主义国家积极地发挥女性的最大效用。这些国家为了使女性的再生产劳动负担降到最低，从而让女性能够成为生产劳动者，积极推进再生产的社会化。这使得中国、苏联的女性劳动力比率在各个年龄阶级上并没有表现为包括分娩育儿期呈现的低谷状态的M字形。这些国家的女性劳动力比率模式无限接近于男性劳动力比率模式。

美国这样的资本主义国家的情况又是怎样的呢？由于自由放任主义的市场原理使得再生产成为私人之事，美国的资本家以及他们所处的资本主义型国家都对国民的分娩育儿采取不干涉原则。也就是说，国家不会介入再生产，也不会对再生产提供任何援助。而美国的公共托儿设施的不完备以及贫困也是可想而知的。在以自力更生为原则的社会中，怀孕以及分娩是私事，如此一来，市民们既无法向国家寻求援助，也不能对此表示不满。与此相比，以美国的标准来看，日本的公共托儿服务虽然称不上完善，但其普及程度已经非常高了，就此而言，日本甚至可以说是“社会主义国家”了。随着已婚女性劳动者化的发展，她们没有要求公共领域而是要求雇主提供企业内部的托儿设施。从这点上，我们仍然可以看到资本主义理论的影响。因为，雇用已婚女性劳动者而获益的企业理应负担起作为受益者应该负担的再生产费用。

在美国，近年来，抚养未满6岁孩子的女性的劳动者化得到了最快速的发展。并且全日制工作比非全日制工作增加得更快［Masnick & Bane，1980］。这使得美国各个年龄阶级的女性的劳动力比率不再呈现M字形。虽然公共托儿服务设施尚不完备，但处于分娩育儿期的美国女性还是会花高额的育儿费用聘请保姆或日间妈妈，并且继续以全日制的劳动形式进入劳动市场。

可以说，亚洲及非洲也处于同样的状况中。这些国家地区拥有相应的文化条件，即由传统的扩大版家庭取代公共育儿服务来支援在外工作的母亲。然而，这些国家地区的已婚女性仍不会中断育儿期，而是一直以全日制的劳动形式继续工作。上层女性可以雇佣奶妈或女佣以方便从事全日制的工作，而下层女性则需要一边照顾孩子一边工作。他们并不存在专职育儿期的问题。只有像日本这样实现了国民全体中产阶级化的异常社会才会出现已婚女性所面临的专职育儿期问题。

但由于这种专职育儿期不会一直持续下去，所以女人们还是会步入中断－再就业型的生活。这种中断－再就业型的生活对女性而言是非常不划算的选择，这一问题我在前面的章节已经详细论述过了，这里不再赘述。但是，大多数女性都选择了中断－再就业，这才是日本资本主义与父权制的阴谋。

日本的已婚女性劳动力比率的上升主要是由于这种中断－再就业型的非全日制劳动者的增加。女性的工资在1978年达到峰值56.2（男性工资为100），之后出现了逆转，开始逐渐降低，并于1981年下跌到53.3。在“联合国妇女十年”的时间里，各国都出现了男女工资差异缩小的趋势，但为何日本反而出现了持续扩大的趋势呢？当然，这是由于日本女性从事的是非全日制工作。而非全日制就业的增加，使得日本女性劳动者工资水平整体上降低了。

我们也可以把已婚女性劳动力比率上升的这种现象称为专职主妇向兼职主妇的转化[1]。1983年，在已婚女性之中，专职主妇的比率与兼职主妇的比率发生了逆转，专职主妇变成了少数派。将兼职主妇再进一步细分，可以分为第一种兼职主妇与第二种兼职主妇。正如专职和兼职的分类与农民的分类相似，第一种兼职主妇和第二种兼职主妇的分类也与农民的分类类似。农民可以分为以下两类：第一种兼职农民是指以农业收入为主、以非农业收入为辅的农民；第二种兼职农民是指以非农业收入为主、以农业收入为辅的农民。以此类推，第一种兼职主妇就是以家庭劳动为主、以雇佣劳动为辅的已婚女性，第二种兼职主妇则是以雇佣劳动为主、以家务劳动为辅的已婚女性。第一种兼职主妇基本上与“中断－再就业”型非全日制劳动者的人生轨迹相一致；第二种兼职主妇则对应的是在育儿期未中断工作的全职劳动者。之所以这样说，是因为第二种兼职主妇把重心更放在职业上，所以她们没有中断育儿期中的工作。她们连续工作十至十五年，现在收获了相应的职位和收入。而与此相反的是第一种兼职主妇。正因为她们把主妇这一角色视为是重中之重，所以她们一心扑在专职育儿的生活上，而且正因为她们将母亲这一角色优先于其他选项，所以才选择了非全日制劳动[2]。并且，为“中断－再就业”型女性敞开工作大门的劳动机会总是不能给她们提供一个完全的职业工作者的身份，她们从事的往往是不用承担责任的工作。“中断－再就业”型的女性属于第一种兼职主妇。

在农业领域中，人们以雪崩之势从专职向兼职转变、从第一种兼职向第二种兼职转变。

1　政府公职部门将家庭主妇劳动者称为“在职主妇”或“就业主妇”。在这里，相对于“专职主妇”来说，我们使用“兼职主妇”这一词来命名。

2　从事非全日制劳动型工作的女性的最大动机就在于不想让孩子成为挂钥匙的儿童（当孩子说“我回来了”的时候，她们能够在家迎接孩子）。家庭主妇的门禁时间与孩子的归家时间相一致。

时至今日，日本农民的百分之九十以上都是第二种兼职农民，同样的变化会不会也发生在家庭主妇身上呢？

当下，日本的专职家庭主妇正逐渐向第一种兼职主妇转变。在日本以外的其他国家地区，如欧美、亚非诸国正在向第二种兼职主妇转变。这种转变有的是经过第一种兼职主妇化而发生的，有的则是未经第一种兼职主妇化而发生的变化。

倘若按照发展阶段论的说法，在日本，在第一种兼职主妇转变之后的下一阶段是否会迈入向第二种兼职主妇化转变的方向呢？这恐怕没有像直向演化说（orthogenesis）那样简单。日本家庭主妇的劳动者化是以第一种兼职主妇化的形态出现的，并一直维持在第一种兼职主妇化的形式上。而且，在这一过程中，日本资本主义并没有想要彻底颠覆父权制，而是出现了与之相妥协的姿态。资本主义在进入新阶段的过程中出现了将已婚女性向劳动者转化的种种选择。而日本资本主义选择了中断－再就业型、将家庭主妇向劳动力转化的这一选项，这种特殊性值得我们留意［樋口，1985］[1]。

再生产的QC思想

资本主义并不愿意支付再生产费用，而这一事实在“家庭危机”之中已逐渐露出马脚。对资本主义而言，父权制只会增加成本，但即便这样，还要继续维持父权制的理由又是什么呢？纳塔利·索科勒夫指出，女性解放的对策就存在于资本主义与父权制之间的辩证法中，即两者既协调又存

1　樋口惠子批判道，战后逐渐加强的不是女人的人权，而是妻子的“身份地位”。“中断－再就业”导致以往“丈夫主工作、妻子主家庭”的性别角色分工变为“丈夫主工作、妻子兼顾工作与家庭”的“新性别角色分工”（这也是樋口命名的）。樋口指出，家庭主妇的劳动者化不过是性别角色分工的一种新形式而已。

在着矛盾。倘若如此，那么“家庭革新”的时代就是迫切需要重新协调资本主义与父权制关系的时代，因此，这个时代正是争取女性解放的绝好时机。在欧美，有些人认为资本主义已经不再需要父权制的支持了，它已经进入了“无需父权制的资本主义”（capitalism without patriarchy）［Van Allen，1984］阶段。如果资本主义已经变成没有必要再同父权制相妥协的一元化制度，那么主张二元论的马克思主义女权主义的理论分析就变得无足轻重了。这也就是说，女权主义将会再次解体，它只需重新回到马克思主义便可。

然而，正如市场的一元化就意味着市场的终结一样（如果资本主义也能将“孩子的生产”市场化，那么则另当别论[1]），我不认为父权制会消失（因为这就意味着“家庭的终结”），所以马克思主义女权主义的分析框架目前仍然有效。

日本的资本主义以第一种兼职主妇化这种不彻底的形式支撑着父权制（即日本式的家庭制度）。我认为这表现在它对再生产品质管理（QC，Quality Control）思想所发挥的作用上。日本式家庭制度虽然没有对作为妻子这一角色的女人提出很多要求，但它要求女人作为母亲要自我奉献（self devotion），而这才是这一制度的核心之所在。在核心家庭化和低生育的进程中，女人作为母亲的角色反而被逐渐强化了。让女人成为再生产者，这种思想正在以前所未有的势头逐渐被推进至极限，而这正是**近代**父权制所设下的圈套。

在低生育的时期，女人育儿的负担看上去比子孙成群的时代有所减

1　在科幻小说的世界中，总是反复出现“孩子再生产”工厂这种意象。然而，这种社会是缺少家庭制度的社会，是社会体系与个人未经媒介而连结起来的社会。人的再生产工厂似乎已经不再是天方夜谭，生命工程学可以使其成为可能。但要实现人的再生产，恐怕需要很高的成本。在保持同样**品质水准**的情况下，很难判定在家庭中进行再生产的成本与通过高科技再生产工厂的再生产成本孰高孰低。

轻，但实际上却恰恰相反。低生育的压力（最多生两个孩子）直接源于女人要将每个孩子抚养到他们能独当一面为止，如此一来，就会出现这种问题：时间的长期化以及费用的极度增加。所谓“子孙成群”的时代，也是孩子社会化所需时间极短和社会化费用极低的时代。正因为实行放养式的抚养，人们才能一个接一个地生育孩子。

伴随着“近代”化的发展，与孩子第一次社会化所需的时间相比，第二次社会化（孩子成为能够独当一面的成人）所需的时间明显变长了。也就是说，**教育**所占比重与**养育**所占比重相比明显提高了。再生产劳动是指在整个第一次以及第二次社会化过程中的劳动，它指的不仅仅是养育活动。借达拉·科斯塔的话来说就是：

> 全面到来的技术革新使得女性负担有所减轻，对于这种广泛流传的妄言，我们需要予以反驳。再生产的对象由体力劳动者变为技术劳动者，而这对于女性来说，意味着她需要花费时间带孩子去学游泳、学柔道、学跳舞、学外语等等。女性为了保证孩子的训练和练习，她们不得不一直处于精神高度集中的状态。比起将孩子放养在大自然母亲的怀抱里、向村里的人们学习，她们现在所花费的精力要高得多。［达拉·科斯塔，1986：27-28］

再生产不仅要求劳动的量要有所保证，它还要求劳动的质也要有所保证。重要的不是能生几个孩子，而是能教育出怎样的孩子。通过创造大量的“中断－再就业”型第一种兼职主妇劳动者，我们可以说日本的资本主义与父权制在再生产儿童的品质管理目标上，几乎理想地达成了一致。

日本的儿童在第一次社会化的过程中，由于他们依赖着无私奉献的母亲，所以他们同样也形成了具有依赖性的、顺从的身体。这些儿童在第二次社会化阶段中由家庭被转手到了学校，他们在管理式的教育中进一步被加工成拥有相同的、整齐划一的、顺从的身体。

如此一来，我们可以清楚地看到：育儿期“中断－再就业”的主妇劳动者化与“三岁之前由母亲抚养”的育儿意识形态是狼狈为奸的关系。母亲在孩子第一次社会化时期需要遵从这种观念，但是这也最多只能持续到孩子的第一次社会化结束前。因为完成养育孩子的任务后，她们不得不将孩子转手到学校。在传统社会中，孩子的第二次社会化是在家庭和共同体中进行的。然而，如今那些不将第二次社会化的任务委托给学校的父母们，会让孩子成为不符合市场要求的产品，而使孩子被社会淘汰。

教育是指花费费用的再生产劳动。如今，母亲不再亲手承担教育职能，她们为了购买教育服务，又需要转变为生产劳动者，而这些教育服务从她们手中夺走了她们的孩子。母亲们为了将孩子打造成适合劳动市场的产品，她们需要购买统一的商品——管理式教育，为此她们需要主动地外出工作。对于“中断－再就业”型主妇劳动者而言，进入后育儿期后，“好主妇”的条件便是成为劳动者。

樱井哲夫将学校类比为加工整齐划一的顺从身体的工厂［樱井，1984］。工厂产品的品质管理（QC）思想是由美国提出的，但日本却将QC思想引入并超越了其思想发源地美国。日本式家庭制度也体现了这种再生产QC思想。

美国的资本主义没有负担任何再生产的费用，它让女性被卷入激烈的劳动市场的竞争之中。并且，由于单身妈妈数量的增加，女性不得不承担父权制的再生产费用[1]。这种再生产放任经济导致QC的效果不佳。日本的孩子相比美国的孩子，他们更好地受到了控制，在整齐划一主义和教育管理下，他们相对远离了性交和毒品。在创造日本这个“秩序井然的社会”

1　它导致了虐待孩子和儿童的毒品滥用等问题。像美国这样的社会，能让孩子远离性和毒品是难上加难的事，父母费尽心力让孩子远离毒品却收效甚微。

（well-organized society）上，对日本孩子的QC发挥了不可或缺的作用。

然而，这种水平较高的QC是很难通过社会化的再生产劳动达成的。诚然，在苏联和中国这样的社会主义国家之中，从第一次社会化阶段开始便设有托儿服务。然而，无论是怎样的育儿专家，他们所实施的共同育儿在再生产劳动的密度和热忱上都无法跟母亲单独实行的育儿相提并论。卢梭在被视为近代教育圣经的《爱弥儿》（*Emile*）［Rousseau，1762］一书中，先就教育提出了各种各样的建议，然而之后他提到：无论是何种专家所提供的教育，其热忱和慈爱程度都远远不及真正的母亲所能给予的教育。无论与何种育儿专家相比，外行的母亲都是优秀的教育家。如果把母亲给予的热忱和密度的育儿公共化，那么这种成本将异常昂贵。无论是公共化还是市场化都无法实现育儿彻底社会化，其原因在于这是一种成本过高的选择。

然而，资本主义将**养育**完全交给女性，并没有将**教育**交给女性。因为教育也是一种成本极高的再生产劳动。但出乎意料的是，资本主义出色地克服了这个困难。它通过把“中断－再就业”型的生活强加给女性而实现了“让受益者来承担这个困难”，这也就是说，资本主义以无偿劳动的形式让女性背负**养育**责任，之后，又将**教育**所需的费用负担同样让女性来承担。在当事人的承担下，适应市场要求的顺从的身体以较高水准的QC接二连三地被再生产出来。如此一来，对于资本主义而言，它就与父权制完美地达成了调停的平衡。作为父权制产物的母性意识形态，它并没有与资本主义相抵触，再生产劳动在**自发性地**剥削着女人和孩子的过程中、在“家庭革新”的进程中，逐渐形成了一套体系。

日本资本主义的选择

当下，人们正在从对极端式的生产者化的重新审视，逐渐向着谋求缩短劳动时间的方向迈进。即便这是为了确保男女劳动者进行再生产所需要的劳动时间，但缩短工时似乎确实是顺应了女性解放的潮流。并且1986年《劳动标准法》的修改以及在同时期引入的弹性劳动时间制（flex-time），似乎都在保证劳动者能够获得人本该拥有的生活。

然而细细想来，女性在“母亲”的名义下，不是早就已经了经历这样的阶段吗？她们由从事非全日制这种**自主性**缩短工时的工作转变成了从事“中断－再就业”这种**自主性**弹性劳动时间形式的工作。但这些对于她们而言都是毫无收益的。让女性背负自主性缩短工时、自主性弹性劳动时间工作的是父权制强加在女性肩膀上的再生产劳动的负担，而能从女性的自主性缩短工时和自主性弹性劳动时间工作中获益的一方是能够廉价收购女性生产劳动的资本主义。日本资本主义选择了将“中断－再就业”型主妇转变为劳动者的这一选项，这使它与父权制没有产生激烈的矛盾，而是走上了一条得以回避二者矛盾的道路。

第十三章　尾声——寻找女权主义者的另一种选择

国家、企业、家庭——革新的时代

即将跨入的20世纪90年代，是人、物、金钱以及信息的无国界经济（borderless economy）时代。在这一时代中，柏林墙倒塌了。然而，这就意味着西柏林所代表的资本主义取得了胜利吗?

回答是否定的。资本主义再一次不得不面对时代的变动。这个时代也就是资本主义与暂时处于协调状态的资本主义“外部”的各个变量——国家、人种和家庭等达成和解的时代。而这样的变化拉开了时代的序幕。

尽管经济无所不在，不，应该说尽管经济不断蔓延，但经济与周边环境（不仅是自然环境）的关系却并非处于需要重建（restructuring）的时期。

我们先来看一下与市场有关的参与者所处的环境条件。市场中有三类参与者：国家、企业和家庭（收支），而就是它们的出现奠定了经济学的基础。实际上，在市场的参与者中，个体始终都没有出现。无论是国家还是企业，它们都如同个体一般拥有“法律人格”，参与经济活动。个体是无法再进行分割的单位，它处于国家、企业所未能触及之处。由于家庭（收支）单位也仿佛拥有“人格”一般同样参与着经济活动，这样一来，

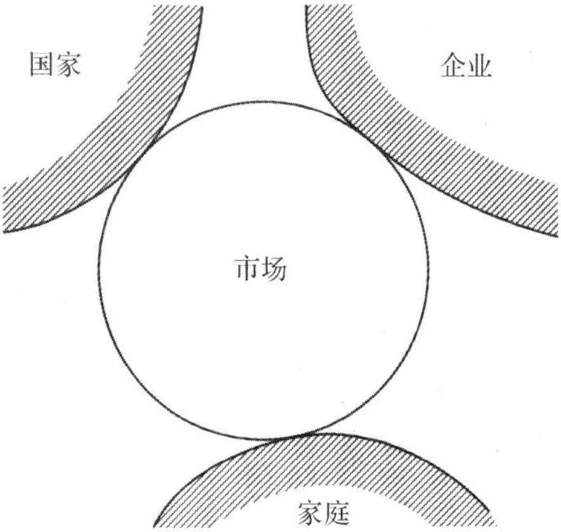

图9

家庭的内部仿佛是无法介入的“黑匣子”。想来，市场就是被内部结构不明的国家、企业以及家庭这片“黑暗”所笼罩的、像机械一样的、透明的游戏领域。对于国家、企业以及家庭，资本主义究竟解析出了什么呢？［图9］

马克思一直都知道国家是非资本主义的变量，因而他所提出的马克思主义国家论才得以存在。马克思主义国家论并不能完全等同于资本主义的理论。国民国家是市场与国家暂时达成调停的结果，它并不是一个超历史的概念。而国家垄断资本主义理论则主张国家等同于垄断资本，它试图使国家完全从属于资本主义。但随着资本总额的帝国主义式扩张，最终导致了个别资本的破灭，继而使资本主义整体出现了危机。国家不会像资本总额那样合理运转。因为国家是权力，而权力无须遵循市场规则。

正如“近代家庭”是资本主义与家庭达成历史性妥协的结果，“近代国家”也是资本主义与国家达成历史性妥协的结果。但倘若我们说，存在着马克思主义国家论却不存在马克思主义家庭论，那么就意味着马克思知道国家是人为创造之物，但他却将家庭看成“自然”之物。也就是说，谈论家庭时的禁忌远比谈论国家时的要更多。而正是女权主义，打破了这种禁忌，并揭露了家庭这种人为制度中所存在的“不自然”之处。

然而，“企业”真的属于资本主义吗？企业虽然**进行着**资本主义式的**经济活动**，但企业的内部结构却丝毫没有依照资本主义式结构建立。所以经济学与管理学的准则大相径庭，经济学主要研究企业的行为，而管理学主要研究企业组织。由于马克思主义将管理视为劳资双方的对立，所以虽然马克思主义有劳动运动论，却没有马克思主义管理论。实际上，工会这种组织已经变成了企业组织的缩影。但由于它欠缺从管理角度出发的组织论，所以出现了这种讽刺性反论，也就是说，工会组织其实比企业组织更加死板落后。

但是，在日美贸易战中，日本企业之所以能够取得“市场的胜利”，其中一个原因恐怕就是市场外部因素的“日本式管理”给市场带来了效果。在市场理论之下，组织经常被置于“黑匣子”之中。在组织中，历史、文化、习惯等非市场性因素也发挥着重要作用。虽说家庭在市场中如代理人一般从事着经济活动，但家庭内部丝毫没有被市场化。以此类推，企业虽然是资本主义最强有力的代理人，但其内部结构也丝毫没有被市场化。管理学的盛行以及近年来对网络组织论［金子，1986；金井、金子，1988］的关注，都体现了人们迫切要求企业人进行企业组织的流动化和企业革新的工作。而这也意味着市场与企业的分界线将会被重新划定。

不仅仅只有家庭急需重新调整与市场的关系，国家、企业也试图进入与资本主义调停的新阶段。如此一来，国籍、人种、性别、年龄等经济外部的变量则又重新被赋予了巨大的意义。

女权主义引入了“性”这一视角，因此它可以尝试做横跨各个领域的总括性分析。也正因为女权主义引入了“父权制”这一性统治的概念，因此女权主义的探讨对象不只是父权制资本主义，它还可以涉及父权制式的国家以及父权制式的企业组织等相关问题。但是，从性统治这一分析视角出发，其本身也存在着局限。因为女权主义并不涉及种族主义以及年龄歧视等问题。而将女权主义称为“所有歧视”的解放理论，这其实是一种越权行为。女权主义虽然在性统治问题上进行了彻底的讨论，但却没有解明种族歧视的运作机制。正因如此，当下女权主义需要做的是，提出一种兼容国家主义、种族主义、年龄歧视等其他各种关于歧视的理论，并构筑起一套有关压迫机制的**多元化**理论。与其批判马克思主义女权主义将“市场和家庭的理论”二元论化，不如应该将眼光投向包含国家、人种等要素的更多元的理论。经济语言至多不过是进入近代之后的市场经济语言而已。与其试图用经济语言将一切事物进行一元化的描述，倒不如去探讨市场与市场外部问题——市场是如何被市场外部领域包围着的？而市场又是如何依存于市场外部领域的？只有这样，才能找到取代市场和资本主义的另一种“经济”方式。而女权主义就是为了达成这个目标所提供的一种方法。

批判经济学

当经济学一词从“oikos的学科”（Oeconomia）演变为Economy的时候，“经济”的概念就把“生活”从“生产”中驱逐出去了。卡尔·波兰尼试图将“经济”的含义扩大为整个“生存”（subsistence）的含义［波兰尼，1982］。而他所做的尝试被坐井观天、一心只热衷于市场模拟游戏的主流经济学家所忽视了。马克思主义经济学也是从“批判经济学”出发的。而当我们谈到经济时，我们就只能通过讨伐这种本末倒置的理论来批判经济学了。

> 在资本主义社会中，并不是为了生活而生产，而是为了生产而生活。我们首先需要确认的是：资本主义社会就是这种颠倒的社会。［渡边，1987：143］

在二战之后的日本，大熊信行从根本上颠覆了“经济”的概念，同时他也参与了家庭主妇论争。

> 目前……如果重新描绘近代家庭的因素，即便只是一种框架，我们首先应该考虑的基本事实仍然是生产行为。由于“生产”和“被生产”原本都是与生命有关的术语，所以“生产”这一词语（例如马克思、恩格斯所提出的观点即是如此）就自然地优先被使用于家庭领域。然而，当下“生产”这一术语不幸成为被经济学独占的用语，它早已转意为物质财富的生产，并且仅仅意味着物质财富的生产。如此一来，它逐渐成为所有人使用的日常用语。并且，人们习惯性地遵循这些用语的使用方法，实际上这就意味着，人们不自觉地遵循着当下经济理论中所特有的观点。也就是说，将自我的思考寄托于企业营利之上，或是以物质财富生产为中心。当下，对于试图弄清家庭生活本质的我们而言，如果不能脱离以往的经济理论式的观点，那么我们今后将会举步维艰。［大熊，1956；上野，1982a收录：114–115］

面对如此明了的经济学批判，战后的经济学家们却没有接受这样的挑战。于是大熊的尝试在日本学界始终孤立无援、无人继承。襁褓之中的“颠覆经济学”的想法尚未成形，大熊就辞世了。大熊提出，“这意味着在有关家庭以及家庭生活的问题上，需要提出一种与以往经济学不同的、另一种独立的科学”。而真正实现了大熊这种预见的，正是30年后登场的女权主义。

女权主义挑战的是以生产为中心的“经济”概念本身，以及对此并未提出疑问的“经济学”。女权主义与马克思主义经济学共享了“批判经济学”，但女权主义者认为马克思主义对“经济学”的批判不彻底，至少它对于家庭这一再生产领域表现出了视若无睹。这就好比一些男性对自己的男性气质产生了怀疑继而走向了女权主义，但他们却在女权主义者集会时成了无可置疑的被声讨对象，这样的矛盾与上文所述的情况类似。

20世纪70年代之后，学界所有的社会科学都因迫于女权主义带来的冲击而进行自省，而这时只有经济学领域（特别是近代经济学）似乎依旧风平浪静。诚然，女性经济学家的数量的确增加了，但她们仅仅只是一心为了展示女性拥有与男性同样的定量分析能力。或者说，她们将研究目标转向了“隔离区”的女性劳动市场，并努力构建更加精细的理论模式。然而，她们都没有对经济学的准则提出根本性质疑以及挑战。这仅仅是因为经济学是高度发达的社会科学的神圣地带吗？我认为这只源于经济学家狭隘的科学主义和操作主义以及对知识的懈怠而已。

在过去的20年间，马克思主义女权主义不断地对经济学提出了批判，他们相继提出了“家务劳动”、“无偿劳动”、“父权制”、“再生产”等相关概念。这些概念对解决当下女性的问题是不可或缺的分析概念。至此，我们可以说，马克思主义女权主义拥有了一定的解析能力，并做出了对理论进行补充的贡献[1]。

不仅如此，马克思主义女权主义者成功地对马克思主义的概念进行了修改和扩大。这些概念越是适用于“对性视而不见”的领域，外界对这个概念机制的不满就也愈发强烈。换言之，当我们将“女人所从事的活动”表述为“（家务）劳动”以及“（再）生产”概念的时候，我们忽略了什么呢？

如果用马克思的术语来描述，以往的马克思主义女权主义者所从事的工作就是“女人所从事的活动”。但是，马克思理论是有关市场和经济的理论。马克思理论的广泛应用就是将“劳动”、“生产”这些经济术语用于“女人所从事的活动”之中。

即便马克思主义将“女人所从事的活动”称为“再生产”而非“生

1　这种理论贡献无论再怎么强调都不为过。“家务劳动”这个概念**发现**了“家务”是一种“劳动”。在这个概念出现之前，“家务”并不是“劳动”。

产”活动，但是马克思主义将社会视为“生产和再生产单位”的生产至上见解依旧没有任何改变。倒不如说，马克思主义将性和生殖定义为“再生产”，是将其仅仅看作是一种合乎近代功利主义目的的活动。从这两点上来看，这种观点符合了人们的性规范[1]。另外，女权主义者将“家务”定义为“劳动”（无论“家务”是有使用价值的生产还是有交换价值的生产），即便我们暂且不谈这种分析概念对女权主义者意识的形成所做出的巨大贡献，单单将“劳动”这一概念所拥有的各种属性都纳入分析领域，这种做法的贡献就不容小觑。与此相似的是，近代人逐渐把自己的各种活动当作是劳动，这种看法也同样影响了女性的领域。但“家务劳动”论没有看到家务中所包含的“性”（Erōs）这一特征，而这就是小浜逸郎提出批判的依据之所在［小浜，1986］[2]。

对“劳动”概念的再探讨

我们将“女人所从事的活动”用“劳动”和“生产”的概念来表述，如此一来，我们接下来的任务就是通过从根本上重新审视“劳动”以及“生产”的概念来进行理论的“颠覆”。对马克思主义者而言，近年来就“劳动”概念的重新审视意义非凡。

鹫田小弥太在题为《论“人类的本质是非劳动”的相关准备性考察》［鹫田，1987］这一篇极富挑衅性的文章中提出，“应该将马克思主义中‘生产至上主义’的趋势重新定义为‘劳动至上主义’”［同上：106］，并建议重新审视“人类的本质是劳动”这一马克思主义基本原理。

1　人口学将生殖看作是“人口资源”的“生产”。这种观点是在近代形成期出现的。而将性看作是为生殖目的服务的一种生产至上主义的性爱观，这也是近代所特有的。

2　小浜的女权主义批评在一定程度上是合理的。但另一方面我们更要认识到，强调家务中所包含的“性的特征”，其实也是一种近代主义幻想对“家务”的投影。

> 提议1：暂且先舍弃从历史连续一贯的角度去思考这一问题。提议2：该问题首先应该从近代资产阶级（市民）社会所固有的理想理念的角度来考察。提议3：将这一问题从解放劳动者的原理出发去理解，使之成为建构社会主义、共产主义思想的一个重要条件。［同上：103］

马克思理论认为，人类是由“劳动”来定义的。从“劳动”的概念看，正如鹫田所指出的一样，孩子是劳动力形成过程中的“不完全的人”，而老人则是“无用之人”。接下来这点虽然他并没有提及，但如果再加上女人的话，那么女人就自然是二流的“劣等”劳动力了[1]。

“劳动”的概念将人的活动分成了“劳动”和“非劳动”。而非劳动只不过是为了将“劳动的剩余变为劳动所作准备”的“休闲（再创造）”［同上：105］。

当下，休闲时间逐渐增加，可以说社会在不断“休闲社会”（leisure society）化。在这样的背景下，马克思主义者提出了对“劳动”概念进行再讨论的课题任务。但我们先不说鹫田的观点，这里所提出的“休闲”不过是作为劳动的剩余和补充物的非劳动而已。

马克思主义中有关休闲社会论的先驱之作应该是保尔·拉法格（Paul Lafargue）的《懒惰权》（1880）。拉法格是马克思的女婿，他是马克思的二女儿劳拉的丈夫。这篇副标题为《驳斥1848年“劳动权”》的论文早在19世纪便由马克思的女婿撰写而成。由此可见，这暗示了马克思主义从一开始就在重新审视“劳动”的概念了。

井上俊在介绍拉法格的一片短评中指出，极端地来说，“‘懒惰权’就是‘休闲的权利’”，他认为拉法格的理论是前沿的休闲理论，“这种

1　在本书的第一章中，我已经论述了如果成年男性是近代“个人”概念的标准，那么孩子必然就是“人之前”，老人是“人之后”，而女性则是“人之外”的存在。

看法即便在现代也是有效的”。另外，他还这样补充道：

> 然而，虽然这样的见解并无问题，但却存在着某种局限性。拉法格不仅仅是被其语言上的挑战性所吸引，他难道不是将“休闲”所无法完全承载的含义用“懒惰”这一词来表现吗？［井上，1973：144］

井上认为，对拉法格而言，“‘懒惰’意味着对‘劳动’长子——‘进步’之神”的逆反，这是“自由”的主张［同上］。对拉法格而言，他所面临的并非是通过“劳动”向“非劳动”的转变而超越、解决的问题，也不是将“劳动”变为主体性、自发性的“自由劳动”的问题，更不是从“劳动”中逃向“非劳动”的问题，而是“劳动”与“非劳动”这种划分方法本身存在着问题。他那伟大岳父的思想反映了工业社会形成时期的禁欲式生产伦理，然而，他对此所提出的异议也只能用“懒惰”这一充满诙谐的、挑衅的方式来表现罢了。并且，作为马克思一族的浪子，他的声音在马克思主义流派里很快就销声匿迹了。

“自由劳动”与“脱离劳动的自由”

马克思将“劳动”神圣化是因为他沿袭了他所经历的那个时代的思想。那是一场资产阶级对劳动观进行的革命。在那之前，在犹太教－基督教的传统中，“劳动”（labor）这一概念一直是带有消极意义的，它指的是人类被逐出乐园时所要背负的苦难。因此，长久以来“劳动”被认为是牛马、奴隶等做的事，而不是贵族的事。贵族应该在神学、哲学（既意味着“休闲”又意味着“学问”）上消磨时间。

若想逆转这种看法，把被视为卑贱之事的劳动赞美为符合绅士贵族的行为，势必要对劳动观进行革命，而资产阶级就做到了。资产阶级就是要把这种“**为了资本的劳动**”，也就是被错当作一种崇拜一般的异化劳动，当作是有价值的行为加以赞赏，而他们的做法不过只是一种诡辩罢了。因此，马克思对“劳动”的批判，就是揭穿这一诡辩，就是对“**异化**劳动”的批判。

马克思试图从异化手中夺回劳动，恢复真正“自由的劳动”。然而，所谓“真正自由的劳动”究竟是什么呢？倘若“没有被异化的劳动”的“本质”、“根本性”不是意识形态构建之物，那它又是什么呢？这种“自由劳动”的意识形态，“与其说是在资本家社会，不如说是在劳动者社会”中，以“荒诞”的形式得以实现［鹫田，1987：105］。鹫田曾指出，奥斯维辛集中营的入口处所挂着的“劳动使人自由”的标语，这极具讽刺意味。

他提出由“脱离劳动的自由”来代替“自由劳动”，并且针对“人类的本质是劳动”这一命题，他颠覆以往的观点，提出了“人类的本质是非劳动”。然而，在“劳动”与“非劳动”之间出现的这种反复摇摆，只会使得讨论再次走入死胡同。我们需要的并非是“脱离劳动的解放”，而是“脱离‘劳动’这一**概念**的解放”。并且我们需要重新审视把人类活动（activity）划分为“劳动”和“非劳动”的这种观点。

从“非劳动”的角度将“劳动”相对化，这种反复摇摆的做法使我想起了女权主义者们。他们对“家务劳动”这一概念在正面评价和负面评价的两极之间不断变换。只要将再生产劳动定义为父权制下的、无偿的劳动，那么“家务劳动”对女性而言便是极度的异化劳动。这种拒绝劳动异化的方式，正如达拉·科斯塔所说，看上去只不过是一种女性“拒绝家务劳动”的战略式罢工而已。

另一方面，总有这样的观点反复出现，即相对于生产劳动而言，家务劳动是非生产劳动。从资本主义中的“劳动”来看，正因为家务劳动是“非劳动”，才使得家务劳动在“相对意义上没有被异化”［Vogel，1973；Donovan，1985收录：日译本120页］。家务劳动是生产使用价值的劳动。与生产交换价值的劳动相比，它“相对而言是没有被异化的”。所以，承担家务劳动的家庭主妇从事“没有被异化的生产活动，她们所进行的活动更接近于生产”［同上］。

> 正是这种未被异化的劳动经验，给主妇们批评异化劳动问题提供了攻击点……［Donovan，1985：日译本120页］

对家务劳动的两极评价，影响着对作为家务劳动者的“家庭主妇”是否具有“革命性”的判别，两者息息相关。家庭主妇应当被看作是“最为落后的”、“最被异化”的人，还是“最为解放的”、“最为自由的”人呢？对于她们的评价在这两种观点之间反反复复、摇摆不定。如果让我来回答的话，我认为，上述两极分化的观点不过是用相同理论所组成的盾牌的两面而已。

要想反驳十分简单。第一，家务劳动只要也是劳动，它就不可能是“非劳动”。第二，就所谓“生产使用价值”的这种说法而言，在资本主义的语境下只不过意味着家务劳动“不生产交换价值”而已。第三，处于父权制资本主义下的家务劳动不可能脱离生产劳动而实现一个人的“自由”。许多学者都十分欣赏以下这种看法，即“只有家庭或是私领域才能提供资本主义工业社会中唯一不被异化的空间”。但反言之，所谓的“避难港湾”对女性和孩子而言，瞬间就可以摇身变为“压迫和暴力的专制王国”。如果生产劳动会被异化，那么家务劳动也同样也会被异化；相反，如果家务劳动带有喜悦和自我实现的意义，那么生产劳动应该也有。

生产劳动与家务劳动，无论将哪一方特权化都是错的。劳动划分本身，以及使“劳动”和“非劳动”这种划分成为可能的“劳动”这一概念才是问题之所在。

“劳动”的颠倒

安永寿延在题为《“劳动”的终结》这部颇有争议的著作中提出的以下观点耐人寻味。亚当和夏娃的神话告诉了我们：人类背负着原罪，以及人类为了偿还原罪而要进行劳动—苦役的起源。书中写道：

> 人类……在被诅咒的“劳动”和“分娩”之中，不断进行着生命的生产与再生产。如此一来，“劳动”和“分娩”就不仅仅是平行的两件事了，甚至可以说“劳动”的原型就是“分娩”。因此，男人们每天不得不经受着阵痛。他们虽然免于分娩的痛苦，但不得不每日生产“生命之粮”[1]。［安永，1985：8］

经过马克思主义女权主义者的不懈努力，他们通过把分娩称为“再生产”，使分娩能用“生产”这一用语来表述。但是安永则认为，“生产”的原型就是“分娩”的隐喻。倘若如此，那么马克思主义女权主义者所论述的生产与再生产的关系就犯了颠倒黑白的大错。即便如此，正是在这“颠倒”的论述中，蕴含着马克思主义女权主义解析“近代”的秘密。将“再生产”表述为“生产”的这种颠倒内在逻辑的表述方式并非马克思主义女权主义者所犯下的**错误**。而正如马克思主义理论历史性地**体现**了它所分析的工业社会中的生产至上主义那样，这种近代父权制资本主义所犯下的颠倒黑白的错误，也在这种理论中有所体现。

1 原文附加了ビオス一词，这里指希腊语的βιός，英语为bios，意为生命。——译者注

> “劳动一分娩”，即希腊人所说的珀诺斯（辛苦）……诚然，珀诺斯这一希腊文的原义就是直接地指代**生育之苦**，并且意为养育孩子的**劳神费心**。［同上：8，强调部分为原作者所加］

他从词源学上对“劳动”一词的考察并非只是故弄玄虚。**他认为，“劳动—关怀”向“关怀—劳动”这一转化过程的颠倒变化，正是“从中世纪到近代的过渡”**。

> 以前，“劳动一分娩”绝不是“以贪图方便为目的的、为迎合某种事情所做的劳动”（霍布斯语）。如今，自然变成像人类的孩童一样的、“顺从”的存在。自然成为人类的随从（subject），人类相对于自然一客体而言，是主体（subject）的存在。劳动正是规定自然与人类关系的、极为**历史性的概念**。［同上：9，强调处为原作者所加，括号内为引用者所加］

所以，马克思认为劳动概念这一表述自古以来就有。对此安永则提出，“**发现劳动的近代人**把劳动当作超历史概念，并将其普遍化”，而这恐怕才是问题的“最大元凶”［同上：28］。

当劳动力开始转变为商品，当劳动成为**为了资本**而存在之物的时候，“劳动”概念便产生了颠倒。当生产被置于崇拜的错觉之下时，包括再生产之内的一切都不可能逃脱这种颠倒。倒不如说，在“家庭性”（domesticity）这一领域中，一旦把“女人所从事的活动”用“再生产”这一术语来表述，就能明确再生产究竟**从属**于（subject）什么了。如此一来，一切颠倒便开始了。在父权制资本主义之下，只有一人户[1]才能逃离压迫，一人户的家庭宛如是自由的“避难港湾”，这种说法是毫无道理的。“家庭

1　指一个家庭只有一个人。——译者注

性”亦是如此，它使女人处于从属地位，将孩子视为“人的资源”。而这种想法更是一种严重的颠倒和倒退。“再生产论”不正是解析了这种颠倒是基于何种机制而形成的，以及明确了这种倒退的最终走向吗？

我们无法通过“生产论”来突破“生产”的难关，也无法通过“再生产论”来突破“再生产”的难关。安永与拉法格都试图将“从劳动中解放出来”当作处方良药。然而，如果这意味着从“劳动”向“非劳动”的解放，那么我们只会再次陷入同样的两极分化和循环往复的陷阱中。真正的问题在于从“劳动”这一**概念**中解放出来。与此同时，我们还要提出革新人类行为的新方法。

然而，即便如此，假如把我提出的观点看作如同意识变革一样的观念论的话，也着实让人苦恼。“劳动”这一概念是被嵌入（embeded）在一定历史社会体制（asset）之中的。我们如果想要改变某一概念，就要改变其存在的体制和语境。倘若如此，在重新审视“劳动”概念时，女权主义者式的观点又是怎样的呢？

女权主义必须要做的是去质疑表述女性经验的概念是否恰当，并去改变产生这种概念的基础。这样一来，只有当我们使用这些概念并试图淋漓尽致地表述女性经验时，这些概念的局限性才会显现出来。

比如说，育儿真的可以称作是“再生产劳动”吗？它是**为了“再生产”**某种事物而进行的**“劳动”**吗？将育儿称为“再生产劳动”，对于表述资本主义父权制之下的女性经验，在某种程度上来说是恰当的。这是因为父权制资本主义规定了女性的社会分工。所以，质疑并试图重新创造“再生产劳动”这一概念，不仅仅意味着改变理论的框架，它还意味着质疑和改变父权制资本主义强压给女性的角色。

同样，如果把女性进入了“劳动”市场这一行为，仅仅看作是她们同男性一样被置于“劳动”异化之下的活动，那么这样的看法就只是多此一举了。女性参与“劳动”不可避免地应该要求改变“劳动”的意义。相反，如果男性参与“再生产”，倘若仅仅是同现在的母亲们一样，处于同样的生产/再生产分工下，只会导致男性成为母亲而已。也就是说，孩子不再只有一位母亲了，他拥有两位母亲。如果这仅仅只是角色的交换，男性参与育儿劳动，这种改变本身就是毫无意义的。如果仅仅以功利性目的及手段出发，对处在性统治与世代间统治的“再生产”进行改革，而不对其进行质的改变（若改革达成，育儿就不能再称作是“再生产”了吧），就无法撼动父权制的地位。马克思主义女权主义尽可能地用父权制资本主义的术语来表述女性的经验，他们所做出的努力只是证明了这些术语不过是应该被废弃的对象而已。

女权主义者的另一种选择

> 究竟在怎样的条件下，女性才会接受自己所处的状况不是“自然”的且不是“命运的定数”这种观点呢？我认为，这关键在于生产过程之中发生的变化。当社会性别（gender）机制与劳动性分工陷入矛盾对立关系时，当两者之间不再存在和谐时，这种观点才会被女性接受。二者无法兼顾的事实给（女性的）斗争和疑问提供了潜在的可能性，而这也是两性之间对立和冲突的原因。然而我们无法提前“看透”这种斗争的方向。［Edlholm et al.，1977：126］

正如埃德霍姆（Felicity Edholm）所说，在父权制与资本主义互相矛盾和冲突的时候，对女性而言的另一种选择才会逐渐变为现实。资本主义与父权制一直处于“冲突与紧张”的关系中。“二战后，延续至今的已婚女性所从事的非全日制劳动，也是在围绕争夺女性劳动的问题上，资本主

义与父权制相互妥协的结果。”［Walby，1986：247］

在题为《回顾女权主义的二十年》的这篇回忆式的随笔中，米切尔这样谈道：

> 回顾女权主义过去300年的历史，从开始到高潮，在其断断续续的发展之中，它兴起的时期或许与特定社会经济变动期并不一致。在其发展过程中，只有当女性重新进入生产时，抑或是她们的进入重新被认可时，她们才能暂时性地占据了先驱的地位。［Mitchel，1986：48］

米切尔所说的女性在变革之中所处的先驱地位是指：

> 这不仅只意味着社会全体的女性化（feminized）或者雌雄同体化（androgynized），当然，这也是改变的其中一个原因。更是因为女性处于社会的边缘地位，因而她们更容易受到变革的影响。［同上：47］

我们当下正处于社会发展的急速巨变期。在这个巨变期之中，资本主义和父权制共同面临着革新的危机。丝黛西（Judith Stacey）谈道，“女权主义者对近代核心家族的批判，正出现于家族体制穷途末路的衰退时期”［Stacey，in Mitchel&Oakley eds.，1986：237］，

> 这丝毫不是什么悖论。所谓有效的批判是不可或缺的、能够代替现状的蓝图，并且这一蓝图在变化过程中是一目了然的。［同上：237］

丝黛西指出，在某种意义上，女权主义已经在批判危在旦夕的体制了，但他们的批判对历史的推程只起到了加速的作用。

米切尔这样谈到有关生产领域中女性的参与问题：

> 在这种急速的巨变期之中，通常而言，似乎中老年女性更趋向于进入新的工种。无论是中产阶级的女性还是劳动者阶级的女性，她们都从事着新兴的工作。在我看来这里出现了一种可能，即无论男女，他们未来从事的工作都属于劳动者阶级般的工作。倘若如此，那么男性恐怕会沦落为失业者。［Mitchel，1986：41］

米切尔预言，在“男性失业者”与“从事新兴工作的中产阶级女性”中，也许会出现新型的“自营业者”（self-employed）或“企业家”（entrepreneur）。20世纪90年代的日本就惊人地印证了她的预言。

与丝黛西一样，米切尔也曾讽刺地自问自答道：女权主义加快了这一过程，“对资本主义已经开始发生的变化，女权主义不过是起了一种推波助澜的作用吧？”［同上：47］然而，

> 我们的展望没有任何过错。只不过是反映出了历史进程中的变化而已。［同上：48］[1]

这种变革的意识形态与历史之间的关系，正如同马克思主义理论的发展。马克思主义实践也会参与并推进“正在进行的历史变化”，继而落下帷幕。但这并不意味着这些运动可有可无。

丝黛西指出，“这些变化所带来的改变对大多数女性而言不一定是积极的结果”［Stacey，in Mitchel&Oakley eds.，1986：238］。这不可避免地导致了在变化之中得利的女性与被淘汰的女性这两者之间的分裂。并不是所有女性都处于“变化先驱”的地位。米切尔认为，反而是处于最边缘

1　有关20世纪80年代英国和日本女性（和女权主义）所面临的资本主义变化的真实写照，请参照Ueno（1989）。

地带的女性占据了先驱的地位，她的这种看法产生于女性向“新阶级（革新）的发展期，这是新阶级革新尚未完全确立的时期”。

在这一过程之中，男人与女人、男性气质与女性气质这种界限已被混为一谈，需要重新定义。米切尔说，这时不仅出现了“新男性”（new men），在这种性差的重新定义中还出现了拥有新价值的当代“女性”［同上］。

> 女权主义并没有以现有的姿态改变男性和女性或者男女双方。女权主义试图改变男女之间的**关系**。［Barrett，1980：254，强调处为引用者所加］

女权主义者在经历了一系列尝试（这种尝试也就是把女性的经验用男性的概念痛快淋漓地表述）之后，他们才第一次收获了男性字典中所没有的概念，并对这些概念给予了新的评估。在这些常识中，我将引用海迪·哈特曼，一位最果敢的马克思主义女权主义学者的“发现”：

> 资本主义下的性分工使得女性学习到了一种经验，即究竟什么才是人类的互相依存和需要呢？长期以来，男性都在与资本**对抗**和斗争，而女性明白了自己要为**追求**什么而斗争。就一般常识而言，父权制与资本主义中男性的地位会阻止人们认知相互关怀、互相分享、成长等这些人与人之间的需求。而这种需求在没有差异化的关系中，在非父权制社会中是可以实现的，但这种实现的能力也会被男性剥夺占有……我们要构建的社会，是把相互依存看作解放而不是看作耻辱的社会［Hartman，1981：33，强调处为原作者所加］[1]。

1　女权主义的成熟，就是从“依存”（dependence）到“自立”（independence）再到达“相互依存”（inter-dependence）的过程。我们并不赞同以往那种“孤立”、“拒绝帮助”等狭义的“自立”概念。而这也是对“近代个人主义”的质疑。

我们并不是将“女性的经验用男性的语言来表述”，而是当“男性所做之事可以用女性的语言使其相对化”这种行为成为可能之时，只有这时，马克思主义女权主义的局限之处，准确来说，处于资本主义与父权制中的女性经验，才第一次能够脱离资本主义与父权制的语境，并找到另一种选择吧！

附论　后工业化和社会性别的革新——90年代的父权制资本主义

“近代”一直都在干涉社会性别（gender），而它的这种干涉行为与个人主义和平等的“神话”背道而驰。对理性资本主义而言，社会性别是经济外部的非理性变量，而资本更是将社会性别这种变量理性地利用到了极致。伊凡·伊里奇（Ivan Illich）指出，“资本主义将男人和女人还原为无性的个体”，而他的观点恰恰说明了他不过是天真地相信了那个近代资本主义所散布的“神话”而已。讽刺的是，正如他自己所说的那样，工业社会是一种实现了“生产归男性、家务归女性的，史无前例地对性进行隔离（Apartheid）”的社会。

女权主义跨越了性的区别而质疑“差别对待”的问题，从这点上来看，女权主义的确是“近代”的产物。要在两性之间产生“差别对待”，两性之间首先需要出现作为“人”的平等观念。虽然激进女权主义将性统治的机制称为“父权制”并将其定型化，但女权主义从形成之初就已经将“近代”特有的性统治方式视为问题之所在了。

工业化创造出了近代特有的性别角色分工。它指的是，男人从事生产而女人从事再生产的、按照性别所划归领域的规则。纳塔利·索科勒夫称之为资本主义和父权制的历史性妥协，即“维多利亚式的妥协”。并且，在这种妥协下形成的体制，他称之为父权制资本主义。但在历史上，资本主义与父权制所达成的妥协不仅只有这一次，它们会根据工业化各阶段的需要，反复进行微调整。而为了应对资本主义的这种变化，与其相适应的性统治方式也无法停留在过去了。由此，我们的问题就出现了：资本主义究竟在何时、以何种形式才会停止从性这一变量中获利呢？

德国的马克思主义女权主义者沃尔霍夫（Claudia von Werlhof）试图用“资本的原始积累”来解释资本主义与社会性别的本质性关系。资本主义本应是对等的交换游戏，但在这个游戏场域形成并开始自我运转之前，我们首先必须要划分资本占有者与非占有者的界限。资本最初是怎样出现的呢？马克思认为是通过掠夺出现的。18世纪的英国就是靠圈地运动来剥夺农民的土地而强制性地把农民变成了“自由劳动者”，于是这些农民成了劳动力的来源。资本的原始积累是依靠城市对农村的剥夺而形成的，这就是通过经济外部的政治强制力所实施的“资本的不正当行为”。

资本主义是交换游戏，它的内部兼具了等价交换和不等价交换。从理论上来看，利润仅在进行不等价交换的时候才会产生。资本占有者和非占有者的分离，换言之，只有在劳动力的买方和卖方分离之后，劳动力的交易披着等价交换游戏的外衣才能够开始进行，而这种劳动力的交易其实是不等价的交换游戏。看破这种把戏的正是马克思。也就是说，资本看似购买了**劳动**，但实际上是购买了**劳动力**。换言之，资本仅支付了劳动力再生产成本相等价的部分，而没有对**劳动**的产物进行等价的支付。这种不等价的交换游戏之所以能够实现，是因为生产领域与再生产领域之间存在着落差。

在劳动力商品化之初，资本主义就开始利用生产领域与再生产领域之间的这种落差。从这个意义上来讲，资本不仅利用了农村和城市的落差，它还把性这一变量变成了剥削的手段。沃尔霍夫指出，在资本原始积累的背后不仅仅有农村，还有资本新开辟的广袤的领地——女性。

在资本的原始积累期，它还利用了国别这一因素。工业资本主义前期被称为重商主义，商人资本通过将财富从一个区域转移到另一个区域来获取巨额利润。在经济全球化出现之前，重商主义趁机利用地区性交换规则的差异来获取利益。理性资本主义称重商主义为未成熟的资本主义或是不完全的资本主义，把重商主义看作是一种耻辱的历史。但是，耶鲁学派的经济学家岩井克人重新评价了重商主义。他认为，资本原本就是从差异中获取价值的。从这点来看，从重商主义直至今日，资本主义丝毫没有任何改变。

无论是城乡差异、国别差异，还是因性别而产生的差异，这些都是经济外部的变量。前者是政治性的，但是通过这种差异而诞生出的利润却是经济性的。看似已“脱离”政治的资本主义实际上从未独立于政治。我们将这种机制（economy）称为政治性已深入骨髓的政治经济（political economy）。

无法否认的是，女权主义在资本主义发展的各个阶段应运而生，它在抨击资本主导下的性别革新的同时，在某种程度上也助长了这种革新。从某种意义上来讲，资本主义和女权主义“携手”进行了历史性变革。女权主义看似在呼吁性别差异的消亡和随之而来的“近代”的最终完结，但实际上女权主义反对的是以性别规范为基础的、近代父权制资本主义的根基。如此一来，女权主义本就诞生于“近代”，但它的批判其实是在自己摧毁诞下自己的母体。

通过消除社会性别这一变量，近代在完全形成的同时也开始步入了解体之路。而使这一现象变为可能的正是资本主义，资本主义开始试图要超越近代工业资本主义所固有的框架。后工业化是资本主义新的发展阶段，它让近代工业资本的各种特性都变得无效，并创造出了一种被称为“后现代”的崭新的历史阶段。

1973年石油危机爆发之后，所有发达工业国家都把伴随着第四次技术革命而发生的产业结构转型作为发展的重中之重，它们都在经历后工业化的历史性转变。英国通过“撒切尔主义”成功实现了产业结构的转型，而日本也实现了工业经济向服务业的转型，并经历了日元升值的前所未有的经济繁荣期。维罗妮卡·比彻在有关石油危机后OECD（经济合作与发展组织）各成员国中女性雇佣的比较研究中指出，20世纪70年代，在不合理的经济结构下，尽管OECD各国失业率很高，但女性雇佣率都呈现上升趋势。“在男性高失业率的背景下，女性雇佣则有所增加”，这种逆转现象推翻了女性劳动力预备军论。女性劳动力预备军论认为，女性“是最后被雇佣的以及最先被解雇的”（last hired，first fired）。按比彻的解释来看，第一，工业的信息化、服务化创造出了“面向女性的工作”。第二，正因为是“面向女性的工作”，所以那些非全日制以及临时性非固定的雇佣机会才有所增加。女性并没有抢占传统意义上男性所从事的工作，她们涌入了新形成的边缘性工作领域。也就是说，女性劳动被边缘化了。

日本在进入工业结构转型期之后，女性雇佣也出现了大幅提升。与OECD的各成员国不同，即便在经济结构仍存在问题的时期，日本也没有因高失业率而烦恼。这是因为，日本产业结构转型是以极快的速度向前推进的，所以衰落部门的剩余劳动力能很顺利地被新兴产业部门所吸收。而在OECD各成员国，高失业率给尚未进入市场的年轻劳动力当头一棒。但在工会组织强大的欧洲各国中，中老年劳动者的既得权益得以保全。而在日本，产业结构转型直接打击了在熟练部门中工作的中老年男性劳动者。他们虽然没有直接面临着要失业的危机，但是随着企业的转型，他们已经跟不上企业部署以及职业种类的转变了。另一方面，被边缘化的女性雇佣人数大幅增加。1986年，非全日制劳动者的人数突破了500万，其中有7成是女性，这个数字占到了女性雇佣者总体人数的22.7%。从1985年到1986年，女性雇佣者的人数与前一年相比增加了36万，相对于男性多了31万。其中长期雇佣者的人数增加了17万，非全日制雇佣者增加了19万人。新增人数有一半以上是源于非全日制雇佣者的增加。

文明史的倡导者、文化人类学家梅棹忠夫认为，后工业化会让女性的劳动向着好的方向发展。这是因为，这个社会没有了劳动的性别区分，所以也同时消除了工业化时期劳动性别分工所带来的影响。正如信息产业中的电脑软件开发不存在“男性化的软件”和“女性化的软件”，信息产业中也不存在性别差异的问题。由科技革新带来的经济下层结构的变化为消除性别差异提供了物质保证。

但另一方面，比彻的分析一语中的，“正因为人们觉得某些工作是适合女性的工作，所以才出现了雇佣的边缘化”。一直以来女性作为无偿劳动力（unpaid labor）被隔离在非正式劳动领域。而如今她们已变成了边缘劳动力，根据需要而自由穿行于正式劳动领域和非正式劳动领域。但她们究竟是“为了谁的需要呢”？第一，为了应对资本的需要；第二，为了应对父权制的需要。虽然有数据显示许多女性是凭借个人的自由意志选择了非全日制工作，但这是因为她们已经将“父权制的需要”内在化了。许多已经过了35岁的女性，她们在结束育儿期之后，紧接着要面临的则是为了应对父权制的需要——照料老人（主要还是照顾丈夫的父母）而进入了待命状态。她们不得不做好随时重返非正式劳动领域的准备。而这些都隐藏在“劳动自由的扩大”、“休闲社会化”等意识形态的名义之下。在劳动的“休闲”这一部分之中，女性通常是服从于私领域“所需要”的变化的，而这正是女性劳动边缘化的根源之所在。沃尔霍夫将这种现象称为“劳动力的主妇化”（housewifzation of labor）。他继续说道，如今包括第三世界国家在内的越来越多的女性和男性，都被卷入了在正式劳动领域和非正式劳动领域间自由穿行的浪潮之中，他将这种现象称为“全球性劳动力的主妇化”（global housewifzation of labor）。

需要指出的是，日本在劳动力“闭关锁国”的状态下，通过扩大内需型的经济发展而大幅度增加了女性的雇佣人数。这是因为，第一，日本在经济成长期没有像其他发达工业国家一样选择引入移民劳动力。女性所从事的领域就像各国引入的移民劳动者所从事的领域，绝不是劳动市场的核心行业，而是低薪酬且不稳定的非熟练劳动力行业。第二，由于资本主义逐渐将家务劳动商品化，所以生产领域与再生产领域之间的界限也变得模糊不清。极具讽刺意味的是，对于日本而言，二战后失去殖民地且无法依靠战争经济继续发展，所以只能通过和平的方式来发展经济。正如章鱼吃自己的腕足一样，日本也把眼光投向了自身内部的差异，只能开始蚕食全民中产阶级化社会残余在最后边境上的社会性别差异。于是，女人们为了购买家电产品、加工食品、成衣等商品而从事雇佣工作，家务劳动得以减轻，但同时也使得女性渐渐地走出了家门。家务范围被极大程度地缩小了，这正是资本主义的企图。后工业化促成了大量女性的就业，同时也在一定程度上消除了劳动的性差。在基本完成了产业结构的转型之后，日本在20世纪80年代后期出台了《男女雇佣机会均等法》，继而加速进入了“黄金的90年代”。这项法律虽然只不过是日本政府勉强批准了联合国的《消除对妇女一切形式歧视公约》的一种托辞，但是从另一个方面来看，日本资本主义之所以能做好接受《男女雇佣机会均等法》的准备，也是因为它已经部分摆脱了性差。**后《均**等法》时期的父权制资本主义进入了第四期，实现了女性劳动力发展方向的分化，即与性别无关的精英方向和与性别有关的大众方向。由于《男女雇佣机会均等法》加强了女性之间的竞争，所以它促进了女性中精英与大众的两极分化。旨在提高女性地位的一些政策已经成为了一把双刃剑，这些政策有利于一部分女性，但对其余的女性是不利的。女权主义要求“建立与性无关的劳动市场”，他们的这一要求有一部分甚至是在资本主义的主导下积极地实践跟进的。在女权主义者之中，甚至有人高喊着——“资本主义是女性解放的战友”。

在1989年11月举行的国际会议［（1989年度国立妇女教育会馆主办的女性国际研讨会“不断变化的性别角色的全球视野”（“Global Perspectives on Changing Sex-role”）］期间，海迪·哈特曼在同我的交谈中提到，“资本主义对于女性而言是具有解放性意义的”。哈特曼说，在过去的十年间，美国女性劳动者身上发生的最大变化是，在女性劳动力之中，带着不满6岁儿童工作的女性数量大幅增加。而这使得女性劳动力比率的变化曲线脱离了M字形，这意味着育儿期对女性而言不再是绊脚石了。在过去的十年间，美国资本主义在消除性差的方面有着长足的进步，而这是由资本主义**合理性**运作所带来的结果。现如今，无法任用女性的企业是由于它们“不合理”的规定。如此一来，企业则会提供诸如企业内部的日间照料等服务设施。另一方面，我认为在“mommy track”（这是一种针对有育儿责任的劳动者的、对他们而言负担较少的选择）、“职场天花板”（女性劳动者在升职过程中有着看不见的壁垒）等问题上，哈特曼对于美国女性劳动力市场的预想虽然太过乐观，但从20世纪70年代之后女性的劳动所发生的急速变化上来看，的确让人感慨。而她也承认了这种变化已经“超过了预想”。

针对“资本主义对于女性而言是否具有解放性意义的”这一问题，我给出的回答是既是肯定的又是否定的。在过去的十年间，同时期日本女性劳动所发生的急速改变丝毫不输美国。然而，资本主义虽然给予了女性就业机会，但其代价是周边劳动力市场也被编入了体制之内。资本主义没有消除性差，而是将性差以新的形式进行了重组再编。

以下我将简短地总结进入后《均等法》时期的女性雇佣所呈现出的新动向。从1973年石油危机到1985年《男女雇佣机会均等法》的颁布，在这一时期中，如果产业结构转换期就是“女性雇佣的边缘化”时期，那么从1985年到“黄金的90年代”，这一时期呈现了女性雇佣的新动向。从统计上来看有以下两种动向：（1）四年制大学女毕业生的就业人数大幅上升；（2）女性雇佣者的平均出勤年数有所延长。

有关（1）——从1985年6月《均等法》颁布到1986年4月1日实施，各个企业建立了综合职位和一般职位的组织体系，并通过导入因职位而异的人事管理制度迅速地应对了《均等法》的“倾向和政策”。《均等法》只是一个无处罚式的“灰色地带”的规定，它仅仅是一种倡导。实际上在《均等法》的实施过程中，新录用职员里99%的男性从事可以出差、转职、转业的“综合职位”，而99%的女性则要从事没有以上自由变动的“一般职位”，这种性别歧视昭然可见。这种因职位而异的人事管理制度在“选择自由”的名义下掩盖了现实中的性别歧视问题。因职位而异的人事管理制度的**发明**使企业将《均等法》对职场的影响缩减至最小。其他国家并不了解《均等法》下表面和实质的这种双重构造。

然而，还未等《均等法》发挥效用，或者说抢先于《均等法》一步，20世纪80年代起，企业就逐渐开始了对高学历女性的录用。企业对于四年制大学女毕业生的需求量大幅增加，相反地，它们对短期大学女毕业生的聘用则止步不前。曾经所谓的“就业就要选短期大学”这种**共识**逐渐被颠覆。我们可以预见，比起短期大学女毕业生，四年制大学的女毕业生的就业形势将会更好。

关于（2）——1976年全职女性雇佣者的平均出勤年数达到了5.3年。而到了10年后的1985年，该数字增长了1.7年，达到7.0年。这些女性是《均等法》颁布之前进入企业的，她们也一直坚守岗位。短期大学毕业后

20岁就职，7年后她们就27岁了，而当下平均初婚年龄接近26岁，所以平均出勤年数的延长推进了晚婚化。然而与此相反的是，晚婚化也导致了能够得到工作和薪金的女性，也就是OL，她们在结婚和单身生活这座天平的两端之间摇摆不定。《均等法》颁布之前入职的女性，她们通常比男性职员学历低，并且一般都从事着辅助工作。《均等法》颁布后入职的女性职员与《均等法》颁布前入职的女性相比，她们所接受的教育培训内容有所不同。《均等法》颁布后入职的女性职员受到聘用后，法律规定企业禁止实施有歧视性的教育培训。在企业中，《均等法》颁布前入职的女职员与《均等法》颁布后入职的女职员两者因为待遇不同而引发了纠纷。针对**即便如此也不选择辞职**的《均等法》颁布前入职的女性，为了提高她们的积极性，企业为入职五年以上的女性职员积极实施了“人才活性化”政策，为她们开辟了升职渠道，实施培训并努力培养中坚力量的女职员。针对《均等法》颁布前入职的女职员，企业所实施的这些对策，也是《均等法》的颁布所带来的、始料未及的影响之一。

高学历女性就业的增加，以及女性雇佣者出勤年数的增长，使得女性劳动力比率发生了“脱M字形”的变化。美国在过去十年间所发生的情况，如今在日本也逐渐开始出现了。这种情况发生的背景是，新兴经济所带来的全社会的人手不足问题，特别是在新兴行业之中，质量较高（受过教育的）劳动力的短缺成为了一大问题。从目前来看，在不介意劳动性差的众多行业之中，比起性差，学历差异所带来的问题更加显著。如今，虽然《均等法》规定，“在同等学历条件下”禁止性别歧视，然而这一规定却不适用于学历条件不同的男女。所以，如今大学毕业的男性与短期大学毕业的女性，他们之间的性别差异是堂而皇之的“学历差异”。同样，女性之间的“学历差异”也在逐渐变大。少数的大学女毕业生，她们所签约的综合职位对于短期大学的女毕业生而言是完全没有机会获得的。至此，在以往**同样**遭遇歧视的女性之间开始因为质的不同而产生了差异。

参照美国的种族歧视和阶级歧视等许多问题，上述情况则更加明了了。受教育程度较高的女性，也就是竞争力较强的女性，相比种族、阶级因素，她们更容易克服性差。如今，今后的日本劳动市场中也可能会出现人种、国籍等多种因素，而比起这种人种歧视和国籍歧视，“职业隔离”（job segregation）的壁垒在性别歧视方面是更容易打破的。当下，对于卷入激烈国际竞争的企业而言，他们已无暇顾及高质量劳动力中的性别问题了。性别歧视将会使得企业流失潜在的人才资源而得不偿失。

我预计，今后全日制持续就职型女性会继续增加，并且我想将她们在职场所处的地位分为以下三种类型：第一，专业职位；第二，在女性人数较多的行业中的女性管理岗位；第三，在不介意性差的真正竞争性职场中的成功女性。第一种类型通常属于直线（line）组织部门而非参谋制（staff）组织部门[1]。虽然它的优势在于避免与男性进行竞争，但这同时也是计无所出的“被隔离的”职位。第二种类型，在服务业、物流行业等雇用女性较多的行业中，“领导女性的男上司”逐渐被“领导女性的女上司”所代替。众所周知，所谓“首个女董事的诞生”的情况往往出现在百货商店、通信、保险、化妆品等原本女性人数就较多的行业中。第三种类型，在对设计、电脑等业务能力要求较高的行业之中，往往无法避免不介意性差的激烈竞争。而这些往往也是非传统的、风险较高的企业。因此，在中小规模的企业之中，女性的晋升还存在着可能，但倘若在雇员五百人以上的一些上市企业中，至少直至21世纪，女性升为总裁的愿望仍然难以实现。

不管怎样，“家务劳动的负担”减少到最小化是她们工作的前提。其方法包括：第一，不生育孩子；第二，三世同堂或者临近居住的母亲或婆

1　这里所说的 Line-staff 组织，对应的是直线参谋制。——译者注

婆的帮助；第三，购买私人的家务劳动服务商品；第四，彻底的HA（全智能家居）；第五，公共社区服务的帮助。在种种选择之中，最有可能实现的是“通过让丈夫同等地承担家务育儿劳动”来减少妻子家务劳动的负担。但由于男性劳动的机会成本较高，所以可以借由参与家庭的第三者或商品化的服务来替代丈夫，通过这样的替代使得丈夫和妻子得以免于家庭责任，而这种选择实际上更容易实现。无论如何，当下我们已经否定了性差是天生的。倘若没有家庭责任，那么女性则可以像男性一样工作，有关这一问题我们早已论证过了。但是，这样的选择只存在于劳动机会成本较高且竞争力较高的女性劳动者之中。女性分成了三派——精英职业女性、占大多数的边缘化的职场女性，以及均不属于前两者的无业家庭主妇（拥有“不用工作也行”的这种特权的专职主妇）。并且，上述这种女性的多样化在“自由选择”以及“个性化”的意识形态的影响下都隐藏在了看似是女性自身的选择之中。20世纪90年代日本资本主义新的阶层变动就是由“个性化”、“多样化”的意识形态所导致的，女性的多样化与这种过程有着异曲同工之妙。

回顾历史，无论何时，女权主义的确在某种程度上是与资本主义共进退的，它也在某种程度上促进了资本主义的发展。然而即便如此，也不能简短地将其归纳为女权主义与资本主义的“狼狈为奸”。与其他所有的意识形态一样，女权主义也是时代的产物，同时也永远是批判时代的一种意识形态。对于同时期的父权制资本主义这一时代进程而言，女权主义永远是一种批判性的话语。

倘若如此，资本主义想要对与社会性别不相关的劳动市场进行再革新之时，女权主义就一定要解决下面的课题——为对抗因资本而导致的女性的竞争和分裂。女性之间能够建立怎样的“连带”关系呢?

资本主义看上去是通过将私人领域最小化来挣脱父权制的桎梏，至少，将女性作为承担再生产劳动的专职劳动力置于私人领域这种具有排他性质的做法不再像以前那样能够获得利益了。然而与此相反的是，在整个市场中出现了全球化的父权制革新。也就是说，如今，女性、老年人、移民作为边缘性劳动力从事着女性曾经在家庭中所做的工作。在家务劳动的外部化和社会福利劳动之中，这种变化开始不断蔓延。如此一来，包括性在内的年龄、阶级、种族、国别等经济外部变量就创造出了新政治差异的“边境”。女性作为国民国家这一利益共同体的一员，作为阶级集团的一员，在如今国际化资本主义的背景下，她们既是受益者又是加害者。女权主义从发端之初便一直是具有国际主义性质的。当下，女权主义的课题是如何对抗国别、阶级、种族、年龄等种种分裂，进而建构女权主义者的国际主义（Feminism Internationalism）。

最后仍残留的问题是，不考虑所有变量的、存在于劳动结构内部的差异性问题。也就是为什么生育人的生命、守护死亡这种劳动（再生产劳动）是处于所有劳动之中最底层的这一根本性问题。在解决这一问题之前，女权主义的课题将会一直存在吧。

本论文是基于国际妇女教育会馆主办的平成元年度女性学国际研讨会——“不断变化的女性的性别角色”（1989年11月）中的基调演讲稿修改而成的。

参考文献

日文参考文献

青木やよひ编，1983a. フェミニズムの宇宙（シリーズ「プラグを抜く」3）新評論.

青木やよひ，1983b. 日本における近代化と儒教イデオロギーについての覚え書き//山本哲士編. 経済セックスとジェンダー（シリーズ「プラグを抜く」1）新評論.

足立真理子，1987. マルクス主義フェミニズムの現在. クライシス32. 社会評論社.

アルチュセール，L，1975. 国家とイデオロギー西川長夫編訳福村出版.（Idéologie et appareils idéologiques d'état et al.）

磯野富士子，1960. 婦人解放論の混迷上野〔1982a〕に収録.

伊藤幹治，1982. 家族国家観の人類学. ミネルヴァ書房.

伊藤セツ，1985. 現代婦人論入門. 白石書店.

伊田広行. 家父長制的資本制と性差別構造—上野千鶴子氏の二元論的マルクス主義フェミニズムの検討を中心として—（未発表）.

井上俊，1973. 怠けと自由. 死にがいの喪失. 筑摩書房.

今井賢一，金子郁容，1988. ネットワーク組織論. 岩波書店.

岩井克人，1985. ヴェニスの商人の資本論. 筑摩書房.

岩田昌征，1971. 比較社会主義経済論. 日本評論社.

上野千鶴子，編. 1982a. 主婦論争を読むI・II. 勁草書房.

上野千鶴子，1982 b . 主婦の戦後史. 上野，編. 主婦論争を読むI巻解説. 勁草書房.

上野千鶴子，1982 c . 主婦論争を解読する. 上野，編. 主婦論争を読むII巻解説. 勁草書房.

上野千鶴子，1984. マルクス主義フェミニズムの挑戦. Kuhn&Wolpe，eds.，1978. 訳者解説.

上野千鶴子，1985. 資本制と家事労働—マルクス主義フェミニズムの問題構制. 海鳴社.

上野千鶴子，1986a. 女は世界を救えるか. 勁草書房.

上野千鶴子，1986 b . 女性にとっての性の解放. 女という快楽. 勁草書房.

上野千鶴子，1986c. 女性学とは何か. 山村，大越，編［1986］所収.

上野千鶴子，1986-1988. マルクス主義フェミニズム（14回連載）. 思想の科学七四—九八号.

上野千鶴子，1987a. 新しいシャドウワーク上・下. 毎日新聞，1987-10-06. 中国女性学会交流会（於上海社会科学連合会）での講演原稿（未発表）.

上野千鶴子，1989. 日本の女の二〇年. 女性学年報第一〇号. 日本女性学研究会.

梅棹忠夫，1959. 妻無用論. 上野〔1982a〕に収録.

江原由美子，1985、女性解放という思想. 勁草書房.

江原由美子，1988.「フェミニズム理論への招待—ブルジョワ的フェミニズムからポスト・モダン・フェミニズムまで」『フェミニズム入門』（別冊宝島85）JICC出版局.

江原由美子，編，1990. フェミニズム論叢—七〇年代から九〇年代へ. 勁草書房.

大熊信行，1956. 家族の本質と経済. 婦人公論1956年10月号. 中央公論社. 上野［1982a］に収録.

沖藤典子，1979. 女が職業を去る日新潮社.

落合恵美子，1985a. フェミニズムの諸潮流. ジュリスト増刊総合特集女性の現在と未来有斐閣. 落合［1989］に収録.

落合恵美子，1985b. 〈近代家族〉の誕生と終焉. 現代思想1985-06. 青土社. 落合［1989］に収録.

落合恵美子，1987. 江戸時代の出産革命. 現代思想1987-03.青土社. 落合［1989］に収録.

落合恵美子，1987. 近代家族とフェミニズム勁草書房.

小野寺英夫，1986. 資本制社会における労働力の再生産システムと家父長制—"learning to labor" 再考.（東京大学教育学部教育学科教育社会学コース一九八五年度卒業論文）.

柏木博，1988. ミクロユートピアの家族. 筑摩書房.

桂容子，1982. 主婦論争年表. 上野〔1982a〕所収.

金井淑子，1985. 転機に立つフェミニズム. 毎日新聞社.

金子郁容，1986. ネットワーキングへの招待. 中公新書.

金塚貞文，1986. 人工身体論. 創林社.

加納実紀代，1985. 社縁社会からの総撤退を. 新地平131号，1985年11月号. 新地平社.

河村貞枝，1982. ヴィクトリア時代の家事使用人. 角山栄，川北稔，編. 路地裏の大英帝国. 平凡社.

川副詔三，1990. フェミニズムからの挑戦にこたえて—上野千鶴子理論によせて——マルクス主義者より. ぶたの木出版.

菅孝行，1984. 女の自由・男の自立. 毎日新聞社.

久場嬉子，1987a. マルクス主義フェミニズムの課題—女性抑圧からの解放の理論と解放の戦略をねぐって. 女性学研究会，編. 女の目で見る（講座女性学第四巻）. 勁草書房.

久場嬉子，1987b. 新しい解放理論としてのマルクス主義フェミニズム. クライシス32. 社会評論社.

古庄英子，1987. 母性保護論争をどう超えるか—社会主義とフェミニズムを揚棄しようとすること. 婦人通信182号，1987年4月号. 社会主義婦人會議.

小浜逸郎，1986. 家族のみかた・とらえかた. 家族の現在.（共著）. 大和書房.

駒尺喜美，1978. 魔女の論理. エポナ出版.

駒尺喜美，1982. 魔女的文学論. 三一書房.

斎藤茂男，1984. 妻たちの思秋期. 共同通信社.

桜井哲夫，1984.「近代」の意味—制度としての学校・工場. NHKブックス.

下村満子，1982. アメリカの男たちはいま. 朝日新聞社.

鈴木裕子，1986. フェミニズムと戦争. マルジュ社.

住沢とし子，1985. ブルジョア女性運動とナチズム. 思想七二七号. 岩波書店.

瀬地山角，1990a. 家父長制をめぐって. 江原由美子，編. フェミニズム論争—七〇年代から九〇年代へ. 勁草書房.

瀬地山角，1990b. 主婦の誕生と変遷. 相関社会科学第一号.（東京大学大学院総合文化研究科相関社会科学専門課程修士論文）.

総理府，編. 1982. 婦人の現状と施策［国内行動計画第二回報告書］. ぎょうせい.

総理府，編. 1983. 婦人の現状と施策［国内行動計画第三回報告書］. ぎょうせい.

総理府，編. 1985. 婦人の現状と施策［国内行動計画第四回報告書］. ぎょうせい.

武田京子，1972. 主婦こそ解放された人間像. 婦人公論1972-04. 中央公論社. 上野［1982a］に収録.

竹中恵美子，1985. 私の女性論. 啓文社.

竹中恵美子，1989. 一九九〇年代マルクス主義フェミニズムについての若干の覚え書き. 経済学雑誌九〇巻二号. 大阪市立大学経済学部.

田間泰子，1985. つくられた母性愛神話. 女性学年報第六号. 日本女性学研究会.

田嶋陽子，1989.「冠つきフェミニズム」批判―フェミニズムを阻害する日本の文化的土壌について. 日本女性学会ニュース三七号.

ダラ・コスタM，1986、伊田久美子，伊藤公雄，訳. 家事労働に賃金を―フェミニズムの新たな展望インパクト出版会（イザラ書房）.

千本暁子，1981. 明治期紡績業における男女間賃金格差. 経営史学一六巻一号.

都留重人，1959. 1982. 現代主婦論. 上野〔1982a〕に収録.

鶴見良行，1986. アジアの歩き方. 筑摩書房.

中川スミ，1987. 家事労働と資本主義的生産様式―私的・無償労働としての家事労働の性格づけをめぐって. 高田短期大学紀要五号.

二神恭一，1986. 日本企業における労働力の国際化の課題. 国際問題

321号，1986-12. 日本国際問題研究所.

服部範子，1986. 家族における性差別山村・大越編〔1986〕所収.

林郁，1985. 家庭内離婚. 筑摩書房.

樋口恵子，1985.「主婦」という名の座権. 世界1985年8月号. 岩波書店.

樋口恵子，中島通子，暉峻淑子，増田れい子，1985. シンポジウム・女たちのいま、そして未来は? 世界1985-08. 岩波書店.

藤枝澪子，1985. ウーマンリブ. 朝日ジャーナル1985年2月22日号，女の戦後史Ⅲに収録. 朝日新聞社.

婦人教育研究会編，1988. 統計にみる女性の現状（1988年度版）. 垣内出版.

松田道雄，1979. 女と自由と愛. 岩波新書.

水田珠枝，1979. 女性解放思想史. 筑摩書房.

村上信彦，1977. 明治女性史第三巻女の職業. 講談社文庫.

村上信彦，1978. 日本の婦人問題. 岩波新書.

矢木公子. 1981. 家庭性の崇拝—産業化の生み出した女の神話. 女性学年報第二号. 日本女性学研究会.

矢野恒太朗記念編，矢野一郎監修，1984. 数字でみる日本の一〇〇年. 国勢社.

安永寿延，1985.「労働」の終焉. 農山漁村文化協会.

湯沢雍彦，1973. 図説家族問題. NHKブックス.

鷲田小彌太，1987.「人間の本質は非労働である」にかんする予備的考察. クリティーク7. 青弓社.

渡辺多恵子，1987.「階級闘争と性別闘争—マルクス主義フェミニストの提起した問題に答えて. 掲載労働研究. 経済労働研究会.

西文参考文献

Ardener，E，1972. Belief and the problem of women，in J. La Fontaine ed.，The interpretation of ritual. London：Tavistock.

Ariés Philippe，1960. L’enfant et la vie familiale sous l’Ancien Régime. Paris：Plon，Editions du Seuil.

杉山光信，杉山恵美子訳，1980.〈子供〉の誕生. みすず書房.

Armstrong，Pat，Hugh，1978. The double ghetto：Vanadian women and their segregated work. Toronto：McLelland and Stewart.

Bachofen，JJ，1861. Das Mutterrecht. Basel：Beno Schwabe，1967，Myth，religion and mother rights：selected writings of J.J.Bachofen. trans. By R.Manheim. Princeton University Press. 吉原達也，訳. 上山安敏解説. 母権論序説創樹社.

Badinter，Elisabeth. 1980. L’amour en plus. Paris：Librairie Ernest Flammarion. 鈴木晶，訳プラス・ラブサンリオ.

Barrett M，1980. Women’s oppression today：problems in Marxist feminist analysis. London：Verso.

Barrett M，Mary M. Christine Delphy：towards a materialist feminism. Feminist Review，1979，！（1）：95-105.

Becker G，1982. Family treaty. Chicago：The University of Chicago Press.

Beechy V，1982. A discussion，SocialistEconomic Review（special issue on socialist feminism）：99-101.

Beechy V，1987. Unqual work. London：Verso.

Beechy V，1988. Rethinking the definition of work：gender and work，in J.Jensen，E.Hagen&C.Reddy eds.，Feminization of labour force：paradoxes and promises. Cambridge：Polity Press.

Benston M，1969. The political economy of women’s liberation. Monthly Review，sept. 1969：13-27，in Evans，M. ed.，1982：192-202.

Berch B，1982. The endless day：the political economy of women and work. New York：Harcourt Brace Jovanovich.

Blumenfeld，E，Susan Mann，1980，Domestic labor and reproduction of labor power：towards an analysis of women，the family and class，in Fox ed.，Hidden in the household：women’s domestic labor under capitalism. Toronto：The Women’s Press.

Bowlby，J，1951. Maternal care and mental health，WHO. 黒田実郎，訳. 乳幼児の精神衛生. 岩崎書店.

Braverman H，1974. Labor and monopoly capital：the degradation of work in the twentieth century. New York：Monthly Review Press.

Bruegel I，1982. Women as a reserve army of labor：a note on recent British experience，Feminist Review，1982，？（3）：12-23，in Evans M. ed.，1982：273-288.

Burnham，Louie. The impossible marriage：a Marxist Critique of socialist feminism. Line of March：a Marxist-Lenist Journal of Rectification，1985，no.17.

Chodorow N，1978. The reproduction of mothering. Berkeley：The University of California Press.1981. 大塚光子，大内菅子，訳. 母親業の再生産. 新曜社.

Cott，Nancy F，1977，The bonds of womanhood：women’s sphere in New England，1780-1835. New Haven：Yale University Press.

Coulson M，Megas&Wainwright，1975，The housewife and her labou

under capitalism—a critique，New Left Review no.89：59-71.

Coward R，1983. Patriarchal precedents：sexuality and social relations. London：Routledge & Kegan Paul.

Dalla Costa M，Selma James，1972. The power of women and the subversion of the community. Bristol：Falling Wall Press.

Davin Anna，1978. Imperialism and motherhood. History workshop：a journal of socialist historians，no. 5：9-65.

Delphy Christine，1984. Closeto home：a materialist analysis of women's oppression，trans. By Diana Leonard. Amherst：The University of Massachusetts Press.

Donovan J，1985. Feminist theory：the intellectual traditions of American feminism. New York：Frederick Ungar Publishing. 1987. 小池和子，訳. フェミニストの理論. 勁草書房.

Eagleton Terry，1982，The Rape of Clarissa. Oxford：Basil Blackwell. 1987. 大橋洋一，訳. クラリッサの凌辱. 岩波書店.

Edholm F，Harris Young. Conceptualizing women，Critique of Anthropology，special issue：Women's issue，1977，3（9/10）：101-131.

Eisenstein Zillah ed.，1978，Capitalist patriavchy and the case for socialist feminism. New York：Monthly Review Press.

Eisenstein Zillah，1984，Feminism and sexual equality：crisis in liberal America. New York: New York Review Press.

Elder G H，1974，Children of the great depression：social change in life experience. Chicago：The University of Chicago Press. 1986、本田時雄，訳. 大恐慌の子どもたち. 明石書店.

Elson Diane，Ruth Peason，1981，Nimble fingers make cheap workers：an analysis of women's employment in the Third World export manufacturing. Feminist Review，no.7. 1987. 編集部，訳「「器用な指は安い労働者をつくる」—第三世界の輸出産業における女性雇用の分析」. 経済労働研究7. 経済労働研究会.

Engels Friedrich，1891. Der Ursprung der Familie，des Privateigenthums und des Staats—Im Anschluβ anLewis H. Morgan's Forschungen. 1965. 戸原四郎，訳. 家庭・私有財産・国家の起源. 岩波文庫.

Evans Mary，ed.，1982，The woman question：readings on the subordination of women. London：Fontana Paperbacks.

Evans-Prichard E E，1965. The position of women in primitive societies and other essays. New York：The Free Press.

Finch J，Groves，eds.，1983，A labor of love：women，work and caring. London：Routledge & Kegan Paul.

Folbre Nancy，1983，Of patriarchy born：the political economy of fertility decisions. Feminist Review（2）：261-284.

Foucault Michel，1976，La volonté de savoir. Paris：Editions Gallimard，English translation，1980，The history of sexuality，Volume 1：An introduction. New York：Vintage Books，Random House. 1986. 渡辺守章，訳. 性の歴史 I　知への意志. 新潮社.

Fox Bonnie，eds.，1980，Hidden in the household：women's domestic labor under capitalism. Toronto：The Women's Press.

Fox Bonnie，1986，Never done：The struggle to understand domestic labour and women's oppression，in Hamilton，Barrett eds.，The politics of diversity：Feminisim，Marxism & Nationalism. London：Verso.

Friedan Betty，1963，Feminine mystique. New York：Dell. 1975. 三浦

富美子，訳. 新しい女性の創造. 大和書房.

Gardiner J，Himmelweit，Mackintosh，1975. Women's domestic labor. Bulletin of the Conference of Socialist Economists，（4）：1-11.

Gardiner J，S，1982. Socialist feminism and economic strategy. Socialist Economic Review：29-45.

Gregory C A，1982. Gifts and commodities. London：Academic Press.

Hamilton Roberta，1986. Working at home，in Hamilton&Barrett eds.，The Politics of diversity：Feminism，Marxism&Nationalism. London：Verso: 139-153.

Hamilton Roberta，Michele Barrett eds.，1986，The politics of diversity：Feminism，Marxism&Nationalism. London：Verso.

Hareven Tamara，1982. Family time and industrial Time. Cambridge：Cambridge University Press. 1990. 正岡寛司，監訳. 家族時間と産業時間. 早稲田大学出版部.

Harrison Jhn，1973. The political economy of housework，Bulletin of the Conference of Socialist Economists.

Hartman Heidi，1981. The unhappymarriage of Marxism and feminism：towards a more progressive union，in Lydia Sergent ed.，Women&Revolution：1-42.London：Pluto Press.

Hellerstein E O，L P Hume，K M Offen，eds.，1981. Victorian women：a documentary account of women's lives in nineteenth century England，France and the United States. Stanford：Stanford University Press.

Himmelweit Susan，Mohun，1977. Domestic labor and capital. Cambridge Journal of Economics（1）：15-31.

Himmelweit Susan，1984. The real dualism of sex and class. Review of

Radical Political Economy 16（1）. 1987. 編集部，訳. 性と階級の現実的二元論. 経済労働研究7. 経済労働研究会.

Honey Maureen，1981. The“woman power”campaign：advertising and recruitment propaganda during World War Ⅱ. Frontier5（7）.

Humphries Jane，1983. The“emancipation”of women in the 1970’s and 1980’s：from the latent to floating. Capital and Class（20），Summer：6-28.

Illich Ivan，1981. Shadow work. London：Marion Boyers. 1982、1990、玉野井芳郎，栗原彬，訳. シャドウ・ワーク. 岩波書店.

Kaluzynska Eva，1980，Wiping the floor with theory—a survey of writings or housework. Feminist Review（6）：27-54.

Keohane，Rosaldo eds.，1982，Feminist theory：a critique of ideology. London：Harvest Press.

Kuhn Annette，Ann Marie Wolpe，eds.，1978. Feminism and materialism：women and modes of production. London：Routledge&Kegan Paul. 1984. 上野他，訳. マルクス主義フェミニズムの挑戦. 勁草書房.

Kuhn Annette，1985. The power of the image：essays on representation and sexuality. London：Routledge&Kegan Paul.

La Fontaine，Jane ed.，1972. The interpretation of ritual. London：Tavistock.

Land Hilary，1980. The family wage. Feminist Review（6）：55-78. In Evans Med.，1982：289-296.

Lévi-Strauss，Claude，1949. Les structures élémentaires de la parenté. Paris. 1977. 1978. 馬淵東一，田島節夫，監訳. 親族の基本構造上下. 番町書房.

Lévi-Strauss，Claude，1962. La pensée sauvage. Paris:Librairie Plon.

1976. 大橋保夫，訳. 野生の思考. みすず書房.

Mackinnon，Catharine A.，1982. Feminism，Marxism，method and the state: an agenda for theory，in Keohane&Rosaldo eds.，Feminist theory: a critique of ideology. London: Harvester Press.

Machintosh，MAUREEN，1977. Reproduction and patriarchy: a critique of Claude Meillassoux，"Femmes，greniers et capitaux"，Capital and Class（2），Summer:119-127.

Macleod M，SaragaE，1987. Abuse of Trust，Marxism today，Aug: 1987.

Maillassoux Claude，1975. Femmes，greniers et capitaux. Paris: Librairie Francois Maspero. 1977. 川田順造，原口武彦，訳. 家族共同体の理論. 筑摩書房.

Marx，Karl H，1857-1858. Formen，die der kapitalistischen production vorhergehen，in Grundrisse der Kritikder politischen Ökonomie（Rohentwurf）Anhang，1850-1859. Dietz Verlag Berlin 1953. 1959. 岡崎次郎，訳. 資本制生産に先行する諸形態. 青木文庫.

Marx，Karl H，1867. 1885. 1894 Das Kapital. I II III. 1969，1970. エンゲルス，編，向坂逸郎，訳. 資本論. 全九巻. 岩波文庫.

Masnick G，Bane，1980. The nation's families:1960-1990，Joint Center for Urban Studies of MIT& Harvard University. 1986. 井手生，監修. 青木久男，久門道利，訳. アメリカの家族　1960-1990. 多賀出版.

Mattews GLENDE，1987. "Just a house wife"，the rise and fall of domesticity in America. Oxford: Oxford University Press .

McCormack Gaban，Yoshio Sugimoto，eds.，1988. Modernization and beyond: the Japanese trajectory. Cambridge: Cambridge University Press.

Milkman Ruth，1976. Women’s work and economic crisis: some lessons of the great depression. Review of Radical Political Economy8（1）.

Millet Kate，1970. Sexual Politics. New York: Doubleday（1977，Virago）. 1973. 藤枝澪子，訳. 性の政治学. 自由国民社. 1985. ドメス出版.

Mitchell Juliet，1974. Psychoanalysis and feminism. London: Kern Associates. 1977. 上田昊，訳. 精神分析と女の解放. 合同出版.

Mitchell Juliet，1986. Reflections on twenty years of feminism，in Mitchel& Oakley eds.，What is feminism? Oxford: Basil Blackwell:34-48.

Mitchell Juliet，A Oakley，eds.，1986. What is feminism? Oxford: Basil Blackwell.

Molyneux Maxine，1979. Beyond the domestic labor debate. New Left Review（116）:3-27. 1987. 編集部，訳. 家事労働論争をのりこえて. 経済労働研究7. 経済労働研究会.

Morton Peggy，1972. A woman’s work is never done，in Morton ed.，Women unite! Toronto: The Women’s Press.

Oakley A，1974. Woman’s work: the housewife past and present. New York: Vintage Books. 1986. 岡島茅花，訳. 主婦の誕生. 三省堂.

O’Laughlin，Bridget，1977. Production and reproduction: Meillassoux’s Femmes，greniers et capitaux’. Critique of Anthropology（3）:3-32.

Patterson James T，1981. America’s struggle against poverty，1900-1980. Cambridge: Harvard University Press.

Pimia Daola Thomas，Michele，1978. The strategy and campaign for wages for housework. Scarlet Woman 8：3-5.

Polanyi Karl，1944. The Great Transformation. New York: Rinehart and Co. 1975. 吉沢英成，野口建彦，長尾史郎，杉村芳美，訳. 大転換. 東洋経

済新報社.

Polanyi Karl，1977. The livelihood of man. New York: Academic Press.1982. 玉野井芳郎，栗本慎一郎，訳. 人間の経済. I・II. 岩波書店.

Riesman D，1950. The lonely crowd. 1955. 佐々木徹郎，訳. 孤独な群衆. みすず書房.

Rosaldo EZ，1974. Woman，culture and society：a theoretical overview. in Rosaldo& Lamphere eds.，Woman culture and society. Stanford: Stanford University Press.

Rostow Walt Whitman，1960. 2 ed.1971. The stages of economic growth: a non-communist manifesto. 1974. 木村健康，久保まち子，村上泰亮，訳. 増補・経済成長の諸段階. ダイヤモンド社.

Rousseau Jean-Jacques，1761. Julie ou la Nouvelle Héloïse letters de deux amants habitants d’une petite ville au pied des Alpes.1967. Garnier Flammarion. 1979. 松本勤，訳. 新エロイーズ上・下. ルソー全集第九、十巻. 白水社.

Rousseau Jean-Jacques，1762. Émile ou De l’Education，1962 ~ 1964. 今野一雄，訳. エミール上・中・下. 岩波文庫.

Rowbotham Sheila，1973. Women’s consciousness，men’s world. London: Penguin Books. 1977. 三宅義子，訳. 女の意識・男の世界ドメス出版.

Ruberty J，R Tarling，1982. Women in the recession. Socialist Economic Review:47-75.

Rutter M，1972. Maternal deprivation ceassessed. London: Penguin Books. 1976. 北見芳雄，訳. 母親剥奪理論の功罪. 誠信書房.

Sacks K，1982. Sisters and wives: the past and future of sexual equality. Champaign:University of Illinois Press.

Sahlins M，1974. Stone age economics. London: Tavistock Publications.

1984. 山内昶，訳. 石器時代の経済学. 法政大学出版局.

Schneider D，1961. Matrilineal kinship. Berkeley: The University of California Press.

Seccombe Wally，1974. The housewife and her labor under Capitalism. New Left Review （83）:3-24.

Seccombe. Wally，1986a. Patriarchy stabilized: the construction of the male breadwinner wage norm in nineteenth-century Britain. Social History vol.11（1）.London:Matheuen.

Seccombe Wally，1986b. Reflections on the domestic labour debate and prospects for Marxist-feminist synthesis，Hamilton，Barrett eds.，The politics of diversity: Feminism，Marxism& Nationalism. London: Verso.

Sergent Lydia ed.，1981. Women&revolution.London:Pluto Press.

Smeal Eleanor，1985. The universal structure of discrimination and the worldwide movement for change.（unpublished manuscript）.

Smith Paul，1978. Domestic labor and Marx's theory of value，Kuhn，Wolpe eds.，1978:198-219.

Sokoloff Natalie，1980. Between money and love: the dialectics of women's home and market work. New York:Praeger publishers. 1987. 江原，訳. お金と愛情の間一マルクス主義フェミニズムの展開. 勁草書房.

Spock Benjamin McLane，1946. The common sense book of baby and child care. 1975. 高津忠夫，奥山和男，監訳. スポック博士の育児書. 暮らしの手帖社.

Stacey J，1986. Are feminist afraid to leave home? the challenge of conservative pro-family feminism. Mitchel，Oakley eds.，1986:219-248.

Tilly Louis A，Joan W Scott eds. 1978. Women，work and family. New

York: Holt, Rinehort& Winston.

Ueno Chizuko, 1983. On the Japanese domestic labor debate. Paper presented at NWSA'83 at Ohio (unpublished manuscript).

Ueno Chizuko, 1985. Japanese women's movement: the counter-values to industrialism, McCormack Gaban, Y Sugimoto eds., 1988:167-185.

Ueno Chizuko, 1990. Women's labor under patriarchal capitalism in the eighties. Review of Japanese Culture and Society3 (7). Center for Inter Cultural Studies and Education, Josai University.

Van Allen T, 1984. Capitalism without Patriarchy. Socialist Review (77). 1985. 加地永都子, 訳. 家父長制をはなれた資本主義. 新地平一二八号, 1985-08. 新地平社.

Vogel, 1973. The earthly family. Radical America 7, nos.4-5.

Walby Sylvia, 1986. Patriarchy at work: patriarchal and capitalist relations in employment. Cambridge: Polity Press.

Werlhof Claudia von, 1983. Die Frauen und die Peripherie. Der Blinde Fleck in der politischen Ökonomie, Arbeitspapiere Nr.28, Universität Bielefeld. 1986. 丸山真人, 編訳. 家事労働と資本主義. 岩波書店所収.

Werlhof Claudia von, 1983. Zum Natur-und Gesellschaftsbegriff im Kapitalismus, in: C.v. Werhof, M. Mies und V. Bennholdt-Thomsen, Frauen, die letzte Kolonie, Die Zukunft der Arbeit 4, Technologie und Politik 20. 1986. 丸山真人, 編訳. 家事労働と資本主義. 岩波書店所収.

Werlhof Claudia von, 1984. >> Schattenarbeit>>oder Hausarbeit ? Zur Gegenwart und Zukunft von Arbeit. Eine feministische Kritik an Ivan Illich, in Olk, Th. Und Otto, H.U. (Hg.), Soziale Dienste in gesellschaftlichen Wandel, 2 (3 Bande), Neuwied, 1986. 丸山真人, 編訳. 家事労働と資

本主義. 岩波書店所収.

Young Iris，1981，Beyond the unhappy marriage :a critique of the dual systems theory，in Sergent ed. 1981 :43-70.

后　记

这本书的写作经历了十年的时间。

1980年我得知水田珠枝女士在杂志《未来》上连载了有关马克思主义女权主义的文章。在那期间，我接触到了库恩和沃尔普的著作《女权主义与唯物主义》，并决心要翻译这本完全不会畅销的书。当时这项默默无闻的翻译工作被劲草书房的编辑町田民世子女士所接受，并在女性学研究伙伴矢木公子女士以及住沢（姬冈）俊子（住沢とし子）女士的协助下，这本译名为《马克思主义女权主义的挑战》的书于1984年出版了。1982年我赴美国，经由小林富久子女士的朋友戴安娜·辛普森（Diane Simpson）女士的介绍，我得知了纳塔利·索科勒夫的著作《在金钱与爱情之间》（索科勒夫的这本书在1987年由江原由美子等人译成日文，并由劲草书房出版发行）。早在1982年，我就在劲草书房出版发行了《读家庭主妇论战》的第一部和第二部，我在考虑女性问题时逐渐倾向于将问题的核心放在对“家务劳动”问题的理解上。于是，我渐渐对马克思主义女权主义产生了强烈的兴趣，我觉得马克思主义女权主义的理论或许能够解答这些问题。

1983年的夏天，我从美国暂时回国，与日本女性学研究会的成员们一同迎来了主题为“资本主义和家务劳动”的研讨会，会议中大家给予了我发言的机会。那次研讨会的企划源于一次相遇，也就是同年春天我遇见了大阪市立大学的在职大学生森屋裕子女士以及竹中惠美子女士。同年8月和9月分别召开了第一次和第二次夏季研讨会。这两次研讨会的会议记录收录于日本女性学研究会1983年夏季研讨会研究小组编纂的《从女性解放的视角探讨家务劳动》一书中。那时我所作的演讲记录在海鸣社渡部基之先生的协助下，于1985年定名为《资本主义和家务劳动》，并以单独一册的形式出版发行了。而竹中女士的演讲记录则收录于她的著书《我的女性论》（1985）中。

这本拙作的副标题——“马克思主义女权主义的问题构成”是海鸣社所加的。我未曾想到这本书会多次再版，它在受到各方广泛关注的同时也收到了不少批判的声音。由于这本演讲记录只是粗略删减到仅留要点而已，因此我想要回应那些批判的声音，将我的马克思主义女权主义论写成正规严谨的论文。

1984年我从美国回日本以后，每天忙忙碌碌，没能完成各种任务。而盐沢由典先生没有放弃我，并将《思想科学》编辑部介绍给我。《思想科学》向我发出了邀请，他们说：“请你写30页左右有关马克思主义女权主义的文章。”对此，我回应道：“30页的话那就算了吧，如果是300页的话我就写。”而编辑部的增井淳先生对我的回应丝毫没有表现出惊讶之意，他只是说了句：“那就这样定了。”于是，从1986年3月起到1988年1月的前后大约3年的时间内，我开始了杂志的连载，前后共写了14篇文章。在这期间，我有许多“暑假休假”或是“偏题跑题”等任性的举动，增井先生对于我断断续续的连载行为给予了最大程度的宽容与耐心。大约有两年的时间，我一边更新连载，一边每个月坚持写30至40页的理论性论文。这样的生活远比想象中的要艰难得多。我完全没有精力写新的长篇文章，这种写了改、改了又重写的理论性工程不知何时才是尽头。在迫于连载文章有截稿期限的压力下，这部论文终于守得云开见月明了。在此，我想借此机会向《思想科学》编辑部表示由衷的感谢。

1987年的夏天，我在伦敦度过了一个月，在这期间，我有幸得以见到安妮特·库恩（Annette Kuhn）、爱玛丽·沃尔普（Ann Marie Wolpe）等伦敦社会主义女权主义者伙伴。也正是我去福西特图书馆（Fawcett Library）和伦敦政治经济学院（LSE）图书馆搜集资料的时候，我接触到了琳恩·西格尔（Lynne Segal）以及维罗妮卡·比彻（Veronica Beechey）。LSE研究日本的学者雅内·亨特（Hunter Janet）在图书馆的阅览查询上给予了我诸多帮助。她在温布尔登的家，是我度过写作的最后一周的、充满回忆的地方。在那里，我写了第十一章到第十三章，共计50多页的内容。那时到手的新资料我都用到了连载的写作之中。

1988年连载结束后，有若干出版社都联系我，让我立即出版。我非常感谢他们的邀请，却始终没有同意。因为我对于将连载时的原稿原封不动地出版为定稿这一做法略有迟疑。我多次拒绝了出版的要求，因为对于没有修改的原稿，我不想以单行本的形式出版。有位编辑朋友热心地告诉我说：“如果是那样，就不知道什么时候能出版了，还是现在就出版吧。”这的确是事实，但我对她的热情仍无动于衷。

在这期间总有人来不断询问：“您的连载什么时候能出书呢？”在这些人之中，只有岩波书店的编辑高村幸治先生跟我说：“我们把连载的内容出版吧！但请你修改一下，我们会等你的。”就这样，我决定同高村先生合作。

如此一来，高村先生等了我一年多的时间。因为我不喜欢回头看以前的工作，而是更倾向于提前着手下面的工作，于是我度过了一段繁忙的时间。终于，连忍耐力十足的高村先生也都坐立不安了。今年3月我不得不放下手头上所有的其他工作，专心于这本书的出版事宜。由于连载的时间大约有两年，书的内容和结构上都有所调整。并且，这期间我的想法和所处状况也有所改变。另外，在连载之初，我就已经收到了相关领域对本文的引用和批判。整理每章平均30页、共计14章、将近500页稿子的工作量比我想象的还要庞大。因此，我对文章结构作了大量修改，并且补充和添加了许多内容。因而，这本书应该比连载时的论点更为系统，并且更加易懂了吧。

连载之时，几乎没有人知道马克思主义女权主义是什么。我尝尽了没有观众、独自奔跑在竞技场上的孤独滋味。之后，通过研究会、研讨会等途径，逐渐有越来越多的人了解到马克思主义女权主义，并且对该理论的共鸣和批判的论文也接二连三地出现了。所谓理论，不是独自创建而成的，而是在同时代众人的讨论、交流和相互批判中产生的。首先，我从英美等国的马克思主义女权主义者那里学到了很多，并且在同日本学者的讨论中也得到了锻炼提高。无论评价是否定的还是肯定的，对于所有对我工作给予关注的人，我都在此对他们表示深深的感谢。除此之外，我还要感谢给我提供报告和讨论机会的人，还有倾听我演讲的听众朋友们。最后，对上面所提到的所有的人，特别是与本书的出版有着直接、间接关系的增井淳先生和高村幸治先生，我想再次向他们表示感谢。

我希望这本书能够促进这一领域的讨论和发展。

1990年9月于京都

上野千鹤子

图书在版编目（CIP）数据

父权制与资本主义 /（日）上野千鹤子著；邹韵，薛梅译. -- 杭州：浙江大学出版社，2020.3（2023.5重印）
ISBN 978-7-308-19738-0

Ⅰ. ①父… Ⅱ. ①上… ②邹… ③薛… Ⅲ. ①女性—文化研究—日本 Ⅳ. ①G131.3

中国版本图书馆CIP数据核字（2019）第257156号

KAFUCHOSEI TO SHIHONSEI: MARUKUSUSHUGI FEMINIZUMU NO CHIHEI
by Chizuko Ueno

Originally published in 1990 by Iwanami Shoten, Publishers, Tokyo.
This simplified Chinese edition published 201X
by Zhejiang University Press Co., Ltd., Hangzhou
by arrangement with Iwanami Shoten, Publishers, Tokyo
浙江省版权局著作权合同登记图字：11-2019-287 号

父权制与资本主义
（日）上野千鹤子 著

责任编辑 谢 焕
责任校对 许晓蝶 杨利军
封面设计 云水文化
出版发行 浙江大学出版社
（杭州天目山路148号 邮政编码：310007）
（网址：http://www.zjupress.com）
排 版 浙江时代出版服务有限公司
印 刷 杭州钱江彩色印务有限公司
开 本 880mm×1230mm 1/32
印 张 9.25
字 数 237千
版 印 次 2020年3月第1版 2023年5月第28次印刷
书 号 ISBN 978-7-308-19738-0
定 价 58.00元

浙江大学出版社市场运营中心联系方式：（0571）88925591；http://zjdxcbs.tmall.com